No centro do poder

No centro do poder

A trajetória de Petrônio Corrêa,
fundador da MPM e o maior
articulador da publicidade brasileira

Regina Augusto

Copyright © 2013
Todos os direitos reservados.
Nenhuma parte desta publicação poderá ser reproduzida por qualquer meio ou forma sem a prévia autorização da Editora Livros de Safra.
A violação dos direitos autorais é crime estabelecido na Lei n. 9.610/98 e punido pelo artigo 184 do Código Penal.

Gerência de produção: Marcela M. S. Magari Dias
Preparação de texto: Monique Murad Velloso
Revisão: Thaís Mendes Iannarelli
Capa: Adriana Melo
Foto do autor: Arthur Nobre
Diagramação: Kathya Yukary Nakamura

Dados Internacionais de Catalogação na Publicação (CIP)
(Câmara Brasileira do Livro, SP, Brasil)

Augusto, Regina
No centro do poder: a trajetória de Petrônio Corrêa, fundador da MPM e o maior articulador da publicidade brasileira / Regina Augusto.
- São Paulo: Virgiliae, 2013.

1. Agências de publicidade - Brasil - História 2. Corrêa, Petrônio 3. Empresários 4. Liderança 5. Propaganda 6. Publicidade - Brasil - História 7. Sucesso profissional I. Título.

12 - 14039   CDD - 659.1

Índices para catálogo sistemático:

1. Mercado publicitário: Líderes: Vida e obra   659.1

um selo da:

Livros que fazem o tico, o teco e a turma toda funcionar

A gente aduba, planta e colhe palavras!

Livros de Safra
tel 55 11 3094-2511
www.livrosdesafra.com.br
Rua Simão Álvares, 663
cep 05417-030 São Paulo - S.P.

Para as duas mulheres mais importantes da minha vida:
Julita, que partiu enquanto eu escrevia este livro,
e Candy, que chegou enquanto eu escrevia este livro.

Para os dois homens mais importantes da minha vida:
Tim, minha âncora, meu escudo, meu chão,
e Theodoro, o primeiro grande milagre da minha vida.

sumário

Agradecimentos	13
Prefácios	
Cledorvino Belini	14
Gilberto Leifert	17
1. Uma história a ser contada	21
2. O Brasil e a publicidade em meados do século XX	27
Cultura de massa e indústria cultural	31
Um mercado em consolidação	34
Os nossos *Mad Men*	37
3. Dos grotões gaúchos	41
Espírito desbravador	45
Paixão pelos cavalos e política no sangue	52
O empreendedor nato	56
4. Um encontro de perfis complementares	61
Sócios, amigos e irmãos	65
Consultório médico de fachada	67
A importância dos clientes fundadores	69
Relação íntima com o poder	71
O Golpe e o cavalo pego no doping	74
5. Cruzando a fronteira gaúcha	79
Entrada no maior mercado do País	83
Multirregionalismo: uma nova forma de atuação nacional	85
A MPM e o Golpe	88
O furor Elza Soares	93

6. Aflora a vocação de articulador — 95
Rivalidade entre Rio e São Paulo — 96
Comissão de 20% — 98
Vida associativa — 103

7. A guinada da liderança — 115
Complementaridade — 119
No topo do ranking por 15 anos — 123
Primeiro projeto internacional — 125

8. De Veríssimo a Graciotti — 129
Coleção Adão Juvenal de Souza — 133
Criação protegida — 135
Parceria com a Fiat — 137
Leave me alone — 140
MPM*Lovers* — 141

9. As sete irmãs — 145
Indicação e influência — 148
Construindo as bases do mercado — 154

10. Conar: uma reação à censura — 157
Participação da Globo — 160
O início de uma relação duradoura — 162
Dualidade de posições — 166

11. Agência chapa-branca — 171
Figueiredo: um case de mudança da imagem — 176
Sem ideologia política — 179
Anos de chumbo — 182

12. Um complexo de comunicação — 195
O acordo com a Grey — 198
Altos e baixos dos anos 1980 — 199
Quarta onda — 202

13. A venda para a Lintas — 205
- Arrependimento — 212
- Tratamento experimental — 213
- Impasse na sucessão — 215
- Contas voando — 217
- A perda da liderança — 219

14. A vida depois da aposentadoria — 223
- Um final triste e solitário — 226
- Dedicação ao mercado em tempo integral — 228

15. O modelo bem-sucedido do Conar faz escola — 231
- A inevitável desregulamentação — 235
- Afastando os *bureaux* de mídia — 238
- Passando o bastão — 244

16. IAP: uma contribuição para a posteridade — 249
- Maior embasamento técnico — 253
- Acesso restrito — 258

17. Um legado incontestável — 261
- Resiliência e rigidez de caráter — 265
- Um ícone do mercado — 267

Posfácio
- Petrônio Corrêa — 271

Referências e fontes — 275

agradecimentos

"Para escrever só existem duas regras: ter algo a dizer e dizê-lo"
Oscar Wilde

Há algum tempo eu acalentava o desejo de escrever meu primeiro livro. Faltava-me, no entanto, uma grande história a ser contada. A generosidade de Petrônio Corrêa em me convidar para escrever uma obra sobre sua trajetória e a liberdade a mim concedida para fazê-lo foram os maiores presentes que já recebi de alguém. Uma jornada deliciosa e rica às origens de uma indústria que olho atentamente há dezessete anos. Um aprendizado para a vida.

Agradeço imensamente ao trabalho incansável de Christiane Santoro Balbys, que me ajudou na pesquisa e em algumas entrevistas e mergulhou no acervo da MPM doado à UFRGS. Também não poderia deixar de expressar minha gratidão à Odila Urusola, a dedicada secretária de Antonio Mafuz, por nos ajudar com informações preciosas sobre o antigo chefe e algumas fotos de seu arquivo pessoal.

Agradeço ainda a dois grandes incentivadores deste livro: Luiz Lara, pelo entusiasmo, e Gilberto Leifert, que deu grande contribuição com sua revisão precisa após a leitura dos originais.

E, por fim, esse livro simplesmente nunca teria se materializado se eu não tivesse o privilégio de ser casada com um homem tão abnegado e disciplinado como Tim Lucas. Os inúmeros finais de semana em que ele teve de cuidar do nosso filho Theodoro, enquanto eu me dedicava a escrever, valeram a pena. A maior prova de amor que eu poderia ter.

prefácio do Belini

O primeiro comercial da Fiat no Brasil está vivo em minha memória. E certamente na de muitas pessoas. O filme apresentava um posto de gasolina em meio a um deserto e o aviso de que se tratava da última opção de abastecimento em muitos quilômetros. A aproximação de um veículo quebra a monotonia da vida do frentista, que, sonolento e com gestos lentos, prepara-se para abastecer o carro que se anuncia através de uma nuvem de poeira no horizonte. A surpresa da cena fica por conta do carro que passa pelo posto acelerando e dispensando seus serviços, para desaparecer em um rastro de areia. Diante da cara de espanto do velho frentista, vinha a explicação: "Chegou o Fiat 147, o carro mais econômico do Brasil".

O ano era 1976. A Fiat chegava ao Brasil e, para apresentá-la aos consumidores brasileiros, a MPM criou campanhas memoráveis, que marcaram época no País. Quando a montadora decidiu se instalar no Brasil, em 1973, já havia no País um setor automotivo estabelecido e com marcas consolidadas junto aos consumidores. A Fiat tomou a decisão de participar do mercado brasileiro e assumiu os riscos e o ônus da opção inovadora de instalar-se fora do parque industrial paulista, onde o setor se concentrava, para construir sua fábrica em Betim, Minas Gerais. Estas duas decisões – a data de chegada e a localização da planta industrial – condicionaram fortemente as necessidades de comunicação da Fiat em seus primeiros anos no Brasil.

Precisávamos de um aliado forte nesta área e nossa opção foi a MPM, agência com reconhecida capacidade de planejamento e criação, que compreendeu bem a complexidade do desafio de apresentar a Fiat aos brasileiros. Juntos, Fiat e MPM deram início ao processo de construção de imagem e reputação que, anos mais tarde, culminaria com a conquista da liderança de mercado, que se repete, em 2012, pelo 11º ano.

O desafio de introduzir uma nova marca no mercado automotivo brasileiro era tremendo. Dizia-se na época que as chances de sucesso na implantação da Fiat no Brasil eram pequenas, porque o mercado doméstico já estava condicionado e atendido pelas marcas então presentes. Era preciso pensar e comunicar com muita precisão e emoção as razões que traziam a Fiat ao Brasil. A MPM foi muito feliz em mostrar, antes mesmo de seu lançamento, que o carro que a montadora introduziria no mercado era diferente. Destacava-se pela economia, claramente comprovada. Aos poucos, portanto, a Fiat buscou nas campanhas seguintes uma mensagem que foi se tornando mais abrangente, mostrando o amplo espaço interior e o design que se destacava no cenário. Nas campanhas seguintes, a agência trabalhou novos conceitos como italianidade, projeto eficiente e diferenciado, economia de combustível e racionalidade.

Iniciou-se um trabalho notável de construção de uma forte identidade da marca junto aos brasileiros. Numa estratégia de mostrar fatos concretos aos consumidores, a MPM registrou o desempenho do Fiat 147 descendo os 365 degraus das escadarias da famosa igreja da Penha, no Rio de Janeiro ("para provar que você não precisa pagar seus pecados toda vez que lançam um carro novo no Brasil"), e também percorrendo em doze minutos, perante grande plateia, os catorze quilômetros da recém-inaugurada Ponte Rio-Niterói com menos de um litro de gasolina. O feito foi registrado por todos os ângulos possíveis, e o carro gastou apenas 85% do litro durante o percurso.

Por trás desta parceria estava uma agência comprometida com seus clientes. E por trás da agência estava um homem brilhante, capaz de reunir pessoas, ideias e sonhos para articulá-los em uma nova realidade surpreendente. Refiro-me a Petrônio Corrêa, o P da MPM, que somou suas virtudes às de Antônio Mafuz e Luiz Macedo, os dois M que faltavam à fórmula mágica. Petrônio Corrêa, cuja trajetória pessoal e profissional será analisada nas páginas deste livro, tinha o dom de aglutinar e a capacidade de traduzir demandas em soluções brilhantes.

Para quem não o conhece, Petrônio é, antes de tudo, uma pessoa que nos surpreende por seu conteúdo, sua cultura e o agradável uso que faz disso tudo. Ele é simples e natural, e compartilha de modo agradável o muito que sabe. Impossível não pensar em seu patrono, o Petrônio do mundo clássico, o escritor romano. Seu patrono latino mereceu do Império Romano o título de *arbiter elegantiae*, o Árbitro de Elegância, atuando sobre questões relativas à estética e ao bom gosto em várias áreas das atividades de seus contemporâneos.

Assim também é o nosso Petrônio, uma referência na estética e no bom gosto. Estes são os atributos que se destacavam em sua agência e nas relações que estabelecia. Sobre Petrônio, posso dizer que é uma personalidade universal, mas ao mesmo tempo fiel às suas raízes. É um gaúcho profundo, cuja alma emerge do cenário e da cultura que Érico Veríssimo tão bem retratou em seus livros. Mas também é o humanista culto e refinado, que coloca o homem no centro de tudo. Por isso, ele contagia pelo entusiasmo e pela vontade de compartilhar o que sabe. Por isso, é um sedutor de seus interlocutores, que estabeleceu uma ampla e sólida rede de relacionamentos pessoais e profissionais em todo o País e em todos os níveis. A publicidade brasileira não seria a mesma sem a cabeça e a capacidade de articulação de Petrônio. Para a Fiat, é uma grande honra ter compartilhado o desafio de instalar a montadora no Brasil com a MPM e com Petrônio Corrêa. Incorporamos parte de seu jeito e sua elegância ao DNA de nossa marca.

Cledorvino Belini,
presidente da Fiat no Brasil

prefácio do Leifert

Convivo com Petrônio Corrêa desde 1980. Nesse longo período, tive a oportunidade de conhecer muito de perto sua insuperável vocação associativa e seu singular sentido de dever. Uma *persona* inteligente e interessante. Ora um *latin gentleman*, cativante e conquistador; ora desconcertando os interlocutores ao assumir a postura de caudilho carrancudo *"mais grosso que um dedo destroncado"*, como dizem seus conterrâneos gaúchos, para, em seguida, transformar-se em um monge paciente, concentrado e infenso a provocações. Às vezes se excede; xinga, esbraveja; depois, restabelece a cordialidade e a rota do entendimento.

Trabalhando diretamente com ele no Conar, na MPM e, mais tarde, no Cenp, tive o privilégio de vê-lo atuando em cena e nos bastidores. Competente escutador-mor, interlocutor-mor e conciliador-mor do mercado, a história recente da publicidade brasileira se confunde com a dele. Neste sentido, não seria exagero dizer que Petrônio Corrêa é, ele próprio, uma entidade.

Em incontáveis reuniões de trabalho, almoços e viagens, ouvi muitas das histórias inteligentes e saborosas contadas neste livro. Outras, pelo jeito, jamais serão publicadas.

Dotado de extraordinária memória e de incrível capacidade de reproduzir diálogos, Petrônio nos propicia com esta obra relatos minuciosos e detalhados, envolvendo figurões da República, empresários importantes e colegas do nosso meio, ou casos bizarros do interior do Rio Grande. Eu curtia e ainda curto muito essas conversas. Foram tantas que me tornei um "petroniólogo", por assim dizer. Portanto, se já conhecia bem suas histórias, passei a admirá-lo ainda mais depois de ler *No centro do poder*.

Devorei os originais em algumas horas, na primavera de 2012, a partir de um surpreendente convite feito pelo biografado para escrever este prefácio.

Na verdade, o livro é uma magnífica reportagem da jornalista Regina Augusto, que conseguiu retratar com fidelidade um dos maiores líderes da indústria da comunicação brasileira.

Regina pesquisou a fundo a trajetória do personagem, contextualizando os fatos no espaço e no tempo, e permitindo ao leitor, sobretudo aos que atuam na publicidade, captar a estatura profissional e a dimensão humana de Petrônio em sua plenitude.

A saga do menino nascido em São Sepé, no interior do Rio de Grande do Sul, alcança seu esplendor máximo com a fundação da MPM e a consagração dela como primeira agência do ranking brasileiro ao longo de quase duas décadas. "A história da MPM – que foi o grande arcabouço da projeção de Petrônio e seus dois sócios – ocupa boa parte desta obra pela importância de seu modelo inovador, da força e da contribuição ao mercado. Paralelamente, ela é entremeada com a trajetória pessoal de líder e articulador de Petrônio", destaca a autora.

Minha explicação, depois de ler este livro, é que estamos diante de um raro fenômeno de sincronicidade. A "trindade" MPM resultou de fórmula mágica. Essa estrutura complexa uniu personalidades, afinidades, diferenças e competências – os caras certos nos lugares certos, na hora certa. Talvez alguns dos elementos dessa química fina tenham sido a impressionante modéstia, a simplicidade e a naturalidade com que os donos da agência lidavam com sucesso, riqueza, poder e influência. Como executivo responsável pela área corporativa da MPM durante dois anos, trabalhei com a trindade e a vi trabalhando. Impressionavam-me o respeito e a confiança que havia entre os sócios. Mais do que isso, a afeição e a camaradagem presentes em cada encontro. Eram autênticos e sinceros, inclusive na relação de capital. Refletindo a respeito, arriscaria dizer que a distância geográfica (o fato de não trabalharem juntos, com Mafuz em Porto Alegre, Macedo no Rio e Petrônio em São Paulo) contribuiu fortemente para uni-los ainda mais. Parece improvável que algo semelhante (a reação química) possa se repetir. Tanto é que nem mesmo os americanos da Interpublic conseguiram sintetizá-la. Aliás, a passagem da venda da agência, pela riqueza de detalhes e revelações de bastidores, é um dos momentos mais interessantes do livro.

Petrônio se firmou e se realizou como empresário e como liderança. Sua habilidade para construir pontes, sua obstinação e sua disciplina diante dos projetos criaram condições peculiares para a edificação do Conar e do Cenp, duas obras de arte institucional. Ambas as tarefas foram muito árduas.

Colocar em funcionamento um órgão de ética baseado em normas de autorregulamentação, em 1980, ainda durante o regime militar, num país conhecido por não levar a sério as leis e dar jeitinho em tudo, exigiu muito esforço. A ideia era genial, mas, na ocasião, ainda existiam dúvidas acerca da legitimidade das decisões proferidas pelo Conselho de Ética e da aceitação delas pelo mercado. Como executivo do Conar recém-fundado e, na época, um *outsider*, recebi carta branca e cobertura do presidente para implementar minha estratégia: espelhar nos órgãos de imprensa isentos e independentes a atuação do conselho e dos conselheiros, de tal maneira que os julgamentos ficassem imunes a influências ou pressões dos interessados ou da direção. Foi assim que a instituição e seus membros foram sendo testados, e, enfim, conquistaram-se a legitimidade e a credibilidade indispensáveis.

O *know-how* de "ongueiro" adquirido por Petrônio no Conar facilitou mais tarde a tarefa da fundação do Conselho Executivo das Normas-Padrão, o Cenp, entidade interassociativa encarregada de editar as normas de autorregulação comercial e de acompanhar seu cumprimento pelo mercado. Petrônio foi convocado em 1997 para conduzir as negociações que precederam a celebração de um novo pacto entre anunciantes, agências e veículos, quando o governo resolveu "desregulamentar" a atividade. Eram reuniões intermináveis na sede da Associação dos Profissionais de Propaganda (APP), na Rua Hungria, em São Paulo. Fazendo jus aos apelidos de Coronel e Guru, o líder empenhou-se até não poder mais e conseguiu plasmar o consenso dos contrários e dos heterogêneos. Mais uma obra de arte do mestre.

A implantação da mais nova entidade do *trade* exigiu que Petrônio, já setentão, visitasse os mercados e suas lideranças, comparecesse a eventos e concedesse entrevistas em vários pontos do País. Como nos velhos tempos, lá ia o homem de vendas e de atendimento com a mesma disposição que marcou o início de sua carreira, quando enfrentava estradas precárias e precários serviços de telecomunicações, deficiências que foram superadas pelo relacionamento humano direto, no *tête-à-tête*, como detalha este livro em várias passagens.

Quando me preparava para fechar estas notas, lembrei-me do que o nosso protagonista costuma repetir "Você sabe as pingas que eu tomo, mas não sabe os tombos que eu levo". Neste sentido, acredito que os leitores terão sido bem atendidos: Regina Augusto fez um trabalho correto, benfeito.

Antes de lhes desejar boa leitura, permito-me aqui fazer uma apreciação final: as histórias contadas no livro são ótimas. Porém, prefiro o Petrônio – a "entidade" fundada em 1928 – ao vivo. Acho que tem a ver com a descoberta que ele mesmo fez no poema *El Viejo Vizcacha*, do argentino José Hernández: "O diabo sabe por diabo / Porém mais sabe por velho". Concordo.

GILBERTO LEIFERT,
presidente do Conar e
diretor de relações com o mercado da TV Globo

1

uma história a ser contada

No início da segunda metade dos anos 1990, a indústria publicitária brasileira vivenciava sua mais séria crise institucional. As bases de um negócio que por mais de três décadas havia se consolidado graças à garantia por lei do comissionamento das agências em 20% de toda a verba de mídia de seus clientes, negociada com os veículos de comunicação, estavam seriamente ameaçadas. Em comparação com outras atividades econômicas, este é um percentual alto de margem de receita, mas era legal e foi o grande responsável por fazer florescer e prosperar a indústria brasileira de agências de publicidade a partir da década de 1960. O Brasil experimentava pela primeira vez a estabilização da economia com o recém-empossado presidente Fernando Henrique Cardoso. Sob sua gestão, o País passaria por mudanças profundas, que transformariam definitivamente o estado das coisas vigentes até então em diversos setores econômicos.

Ao assumir o posto de Ministro-Chefe da Secretaria de Comunicação Social da Presidência da República, o também porta-voz de FHC, embaixador Sergio Amaral, percebeu, no entanto, que os tais 20% já não eram praticados no dia a dia por clientes da iniciativa privada. Devido ao ritmo intenso de mudanças de grandes contas e ao aumento da competitividade – uma conjuntura que se mostrou bastante nefasta para a indústria –, as agências passaram a flexibilizar sua remuneração. Dessa forma, em muitas concorrências o que entrava em jogo na negociação era exatamente o percentual de comissão. No entanto, como os 20% constavam do Decreto n° 57.690/66, que regulamentou a lei, 4.680/65, que regula a atividade publicitária, o governo era obrigado a cumpri-la.

Sergio Amaral, incomodado com essa situação, começou a expor às lideranças do mercado publicitário sua insatisfação com relação a esse tratamento desigual. Afinal, o governo sempre foi – e continua sendo – o maior anunciante do País. O embaixador manifestou, então, sua intenção de retirar do Decreto o artigo que fixava em 20% a comissão das agências para que se abrisse também ao governo a possibilidade de livre negociação em todos os seus contratos de publicidade.

Essa decisão causou pânico na glamorosa e rica indústria publicitária brasileira. Por mais que os 20% tivessem se tornado, na prática, uma vaga referência do teto de comissão das agências, esse percentual estava previsto em lei, e isso dava força a elas. Sem essa garantia legal, abria-se um flanco importante de fragilidade negocial para o mercado. Além disso, a desregulamentação da atividade publicitária também deixava livre o caminho para a entrada no Brasil das agências especializadas em comprar mídia no atacado e vender no varejo aos clientes e a outras agências, em uma operação eminentemente financeira. A prática dos chamados *bureaux* de mídia é sistemática e corriqueira em todo o mundo, com a qual os grandes clientes multinacionais presentes aqui estão acostumados a trabalhar em seus países-sede, mas no Brasil, por conta de um modelo então sob ameaça, sempre houve forte resistência a esse tipo de operação.

Diante desse cenário, lideranças estavam à beira de um ataque de nervos nos bastidores da reluzente indústria publicitária nacional. Era preciso pensar em algum tipo de reação a uma situação inexorável. Afinal, o País estava entrando em uma nova era como economia e como nação. Era necessário sair da sombra da rigidez das regras do governo.

A realidade não pede licença nem prevê ensaios. Exatamente por isso, não havia alternativa desenhada pelo mercado para fazer frente a esse cruel panorama e a todas as ameaças prementes naquele momento.

Encabeçados pelas principais entidades representativas das agências, como a Abap (Associação Brasileira de Agências de Publicidade), alguns dirigentes começaram então a se articular para desenhar uma forma de atuação da indústria baseada na autorregulamentação. O bom exemplo do Conar (Conselho Nacional de Autorregulamentação Publicitária) – órgão que regula o conteúdo das campanhas publicitárias lançado em 1980, e que começou a ser esboçado em meio aos anos de chumbo da ditadura militar – representava até então a maior conquista do mercado em torno de uma causa comum. Ele foi uma das bases para que se criasse um conjunto de regras que serviriam como referência e padrão para a indústria nas suas negociações financeiras.

No entanto, faltava ainda encontrar um líder, um representante do mercado que tivesse autoridade, legitimidade, respeito e trânsito não só entre as agências, mas também entre veículos e clientes – e, principalmente, que tivesse boa articulação com o governo. Diante do desafio colocado, era necessário ainda que essa pessoa pudesse se dedicar em tempo integral a amarrar todas as pontas da indústria para criar um novo ecossistema. O nome que o mercado rapidamente atinou, que tinha estofo e envergadura para conduzir esse processo, era óbvio e consensual: Petrônio Corrêa.

Sua experiência como liderança ativa em diversos momentos da história de desenvolvimento do mercado desde os anos 1950 era incontestável: foi sócio da MPM – agência que fundou em Porto Alegre em 1957, ao lado de Luiz Macedo e Antonio Mafuz, e que se tornaria a principal do Brasil e da América

Latina por 15 anos, da segunda metade da década de 1970 até 1991; fez parte do grupo que encaminhou ao governo, nos anos 1960, o anteprojeto de lei que definiria a atividade publicitária e que daria origem à famosa Lei 4.680; e integrou, em plena ditadura militar, a comissão que criou as bases do Conar, tendo sido presidente do órgão por quase dez anos. Todas essas eram credenciais mais do que suficientes para o desafio que se apresentava.

Petrônio faz parte da geração de líderes que formou as bases empresariais do mercado publicitário como o conhecemos hoje. Destacou-se ao longo de quase seis décadas de atividade por uma rara obsessão pelo consenso e por trabalhar em prol de causas coletivas. Exímio negociador, costurou por cerca de dois anos um acordo que, em muitos momentos, esteve fadado ao fracasso devido à dificuldade em fazer os grandes clientes participarem dele. Depois da instalação do Cenp (Conselho Executivo das Normas-Padrão), órgão responsável por zelar pelas relações comerciais da indústria publicitária e que estabeleceu os novos parâmetros para as negociações entre agências, anunciantes e veículos, Petrônio percorreu o País inteiro em uma incansável peregrinação para fazer com que também o mercado de cidades distantes dos grandes centros fizesse parte dessa nova proposta de bases comerciais para a indústria.

Comecei a cobrir o mercado publicitário como repórter do *Meio & Mensagem* em janeiro de 1996, exatamente nesse momento de turbulência histórica diante de uma mudança significativa das regras do setor. Apesar da minha pouca experiência nos assuntos mais específicos da configuração política e institucional dessa indústria, tornei-me setorista das intermináveis reuniões para alinhar o texto do acordo que seria a base do Cenp, do qual Petrônio seria o primeiro presidente, permanecendo nessa posição por onze anos. Foi nessas reuniões que o conheci.

Passei a ser testemunha de um longo processo de paciência, empatia, humildade, jogo de cintura e, principalmente, de uma determinação obsessiva em acreditar que é possível chegar a um consenso por meio de muita conversa e disposição para sobrepor interesses coletivos aos individuais.

No início de 2011, Petrônio me chamou para um café da manhã e me convidou para escrever um livro sobre sua trajetória. "Quero escrever um livro que conte não só minhas glórias, mas também todas as minhas cagadas", disse ele no encontro, com seu jeito curto e grosso, sempre acompanhado do semblante fechado que, instantes depois de engatar a prosa, dá lugar a um sorriso maroto. A partir daí, passamos a nos reunir periodicamente numa jornada de entrevistas e bate-papos que resultaram em longas horas de gravações.

Mais do que uma referência biográfica de Petrônio Corrêa, este livro procura ser um relato do importante período de que ele foi, ao mesmo tempo, testemunha e – principalmente – agente da transformação da indústria publicitária.

Com sua personalidade pragmática e seu estilo direto, simples e objetivo, Petrônio Corrêa é um dos mais respeitados e destacados representantes de uma geração que hoje está na casa dos 80 anos, e que tem como principal característica a preocupação com os assuntos de interesse comum do setor e uma forte atuação política e institucional.

O fio condutor deste livro abrange o início de carreira de Petrônio em Porto Alegre, como chefe de publicidade do jornal *A Nação*, atividade que conciliava com a de fiscal de outdoor da Grant Advertising – empresa da qual acabou se tornando gerente – até ganhar projeção para abrir a MPM, passando pela história de pioneirismo e empreendedorismo de três gaúchos obstinados em construir algo realmente relevante e moderno para o seu tempo, desenhando um modelo completamente inédito de expansão nacional a partir do Rio Grande do Sul: o multirregionalismo. Aborda também sua relação íntima com o governo e, ainda, seu perfil acentuado de líder e articulador.

A história da MPM – que foi o grande arcabouço da projeção de Petrônio Corrêa e seus dois sócios, Macedo e Mafuz – ocupa boa parte desta obra pela importância de seu modelo inovador, da força e da contribuição ao mercado. Paralelamente, ela é entremeada com a trajetória pessoal de líder e articulador do mercado de Petrônio. Muito dessa sua atuação ocorreu depois da venda da MPM à Lintas, em 1991, quando seus sócios decidiram se aposentar e ele passou a se dedicar integralmente à carreira institucional.

Em um mercado que carece de referências bibliográficas que contem e resgatem sua história, este livro pretende contribuir não só para deixar registrada uma das trajetórias mais interessantes da indústria publicitária, mas também para lançar luz sobre o papel da propaganda dentro do contexto histórico e econômico das últimas seis décadas no Brasil.

2

o Brasil e a publicidade em meados do século XX

Se o Brasil de 2012 definitivamente passou a figurar no rol das grandes estrelas globais com avanços expressivos no desenvolvimento social e econômico, o contexto histórico do período em que o foco inicial deste livro se concentra remonta a um País totalmente diferente. Na década de 1950, ao mesmo tempo em que o Brasil parecia estar anos-luz distante da nação sobressalente e pujante que é hoje, as bases para o desenvolvimento da indústria brasileira e da profissionalização do próprio setor de comunicação e marketing foram lançadas. Por isso, vale uma revisita a esse período importante do século passado antes de começarmos a falar especificamente sobre o personagem central deste livro.

Depois de uma primeira metade de século marcada por duas grandes guerras mundiais, a segunda metade teve início sob o auspício de profundas transformações. A década de 1950 ficou conhecida por aqui como "Anos

Dourados" em função de uma forte política nacionalista que pautou a agenda do País. Foi um período que começou com a realização da primeira Copa do Mundo no Brasil, marcando a inauguração do estádio do Maracanã e, como o destino nem sempre ajuda, consagrando o Uruguai como campeão.

Mesmo distante dos centros do conflito armado, a sensação era de alívio geral. Embora a Segunda Guerra Mundial tenha trazido dor e desolação, o confronto acabou por favorecer o desenvolvimento da indústria brasileira. Em vista da guerra e da valorização das matérias-primas nacionais, o Brasil tornava a atravessar um período de substituição de produtos importados. Era o momento de dar um salto qualitativo no processo clássico de desenvolvimento industrial, a hora de passar para outro estágio, em que a indústria pesada se consolidasse e se expandisse.

Nesse período foi criado o Banco Nacional de Desenvolvimento Econômico e Social (que, de início, se chamava Banco Nacional de Desenvolvimento Econômico, sem o "Social", só agregado nos anos 1980), com o objetivo de fomentar a incipiente indústria nacional. A vitória dos Aliados contra os Países do Eixo na Segunda Guerra Mundial consagrou definitivamente os Estados Unidos. Sua forte influência cultural e econômica já era sentida por aqui, e foi ainda mais acelerada a partir desse período. A presença de marcas norte-americanas no Brasil assinalava a vitória do *American way of life*.

Aos antigos e singelos nomes de produtos nacionais – Fixbril, Fixol, Modonal e Eucalol, por exemplo – vieram se juntar as grandes marcas comerciais americanas, como Kolynos, Bendix, Remington, Frigidaire, Walt Disney e Bardahl. Sem falar das demais marcas estrangeiras de origem europeia: Nestlé, Facit, Bayer e tantas outras. Na esteira desse processo, a publicidade começava a se sofisticar, preocupando-se com a linguagem direta e o apelo visual. Já estavam presentes aqui nos anos 1950: a J. Walter Thompson, primeira agência norte-americana a se instalar no País, em 1929, impulsionada pela conta da General Motors; a McCann Erickson, que iniciou as operações em território nacional em 1935, tendo como cliente inaugural a Standard Oil Company of

Brazil – mais tarde denominada Esso Brasileira de Petróleo; e a inglesa Lintas, abreviação de Lever International Advertising Services, que aqui chegou em 1937 como *house agency* da multinacional de bens de consumo.

A campanha "O petróleo é nosso", que mobilizou a população a partir de 1946 através das conferências patrocinadas pelo Clube Militar e se consagrou, em 1953, com a criação da Petrobras, serve como um marco do início da organização do nacionalismo como movimento político preocupado em atingir e mobilizar a sociedade brasileira o mais globalmente possível.

O suicídio de Getúlio Vargas, em agosto de 1954, representou a vitória dos partidários do desenvolvimento dependente do capital estrangeiro. Contudo, seria um exagero atribuir o suicídio de Vargas apenas a essa questão e, sobretudo, emprestar a ele, postumamente, a imagem de um nacionalista intransigente. Contrariamente ao que se pode supor, o comportamento político de Getúlio em relação ao capital estrangeiro – ao imperialismo, em suma – era bastante ambíguo, e em nenhum momento se descartou por completo sua participação na economia brasileira. Na verdade, ele recusava-se a atuar como peça subordinada ao capital estrangeiro.

Com o suicídio de Vargas, faltavam dezesseis meses para o cumprimento do mandato presidencial ainda em curso. Até a eleição que levou Juscelino Kubitschek ao posto de presidente, alternaram-se no poder o Vice-Presidente Café Filho, o Presidente da Câmara dos Deputados Carlos Coimbra da Luz e o Presidente do Senado, Nereu de Oliveira Ramos.

Nos anos 1950, o Brasil ainda tinha a sua economia sustentada em bens primários, uma agricultura pouco desenvolvida e centrada principalmente no cultivo, na produção e na exportação de café, produto que perdia valor no mercado externo. Com 36% dos votos, Juscelino Kubitschek de Oliveira assumiu a Presidência em 31 de janeiro de 1956, tendo João Goulart como seu vice. Diante do cenário e da constatação de que o País precisava dar um salto foi elaborado o Plano de Metas, resultado da análise pragmática do capitalismo brasileiro, que visava uma mudança substancial na estrutura produtiva da nação, deslocando o eixo da economia para a produção de bens duráveis – tornando-se a base do governo de JK.

O Plano de Metas abrangia cinco setores básicos da economia e inicialmente 30 metas, que depois viraram 31, com a inclusão da construção de Brasília como capital. Os segmentos de energia, transportes e indústria de base foram os que receberam mais recursos, totalizando 93% do montante alocado no Plano. Os outros dois setores – alimentação e educação – basicamente foram esquecidos. Uma das premissas do Plano era que o Estado Brasileiro assumiria o papel de empreendedor, investindo na infraestrutura necessária para viabilizá-lo. Essa infraestrutura envolvia energia, siderurgia, estradas e comunicações – claramente uma solução de redução da pobreza fundamentada nos princípios do capitalismo, sistema no qual investimentos geram empregos, renda e consumo, propiciando um círculo virtuoso conforme preconiza Adam Smith. Com o famoso slogan "50 anos em 5", todos os sonhos eram possíveis. Extremamente ambicioso, o Plano dava a dimensão da mudança que se buscava, um salto qualitativo para a sociedade brasileira, alterando e modernizando a oferta agregada de produtos e sua matriz produtiva.

Além da Petrobras, empresas como Cosipa, Volkswagen, Ford, Metal Leve, Caterpillar, Brastemp, Philips e Olivetti foram fundadas ou chegaram ao País nessa década. Grande parte desse crescimento foi financiada por capital externo e pelo aumento da dívida interna. E a inflação brasileira começou seu trajeto desastroso; a década teve uma inflação média anual de 19,4%, mas a de 1959 foi de 39,4%.

Todos esses investimentos começaram a se refletir no cotidiano do brasileiro. A incipiente televisão, inaugurada no País em 1950 pelas mãos de Assis Chateaubriand, com a TV Tupi, reforçou a necessidade da energia elétrica. Afinal, os brasileiros começavam a acompanhar os teleteatros e programas como "Alô, Doçura", "Repórter Esso" e "Mappin Movietone". Em 1952, foram televisionados os primeiros jogos de futebol. A publicidade começava a ocupar o seu espaço na então nova mídia, com os programas patrocinados por anunciantes e os famosos "reclames" ao vivo.

Além da televisão, o universo dos eletrodomésticos dos lares brasileiros da década de 1950 começava a ser invadido pelas novas maravilhas, como batedeiras, liquidificadores e secadores de cabelos. De olho nesse movimento e no potencial de negócios que ele poderia gerar para a indústria, o publicitário Caio de Alcântara Machado, fundador da agência Alcântara Machado Publicidade e, posteriormente, da Alcântara Machado Feiras, trouxe para o Brasil as famosas feiras de negócios. Inaugurou, em 1958, a Feira Nacional da Indústria Têxtil (Fenit), no Pavilhão Internacional do Parque do Ibirapuera, em São Paulo, e, em 1960, a Feira de Utilidades Domésticas (UD) e o Salão do Automóvel.

cultura de massa e indústria cultural

Essas transformações foram se consolidando ao longo da década de 1950 e alteraram o consumo e o comportamento de parte da população que habitava os grandes centros urbanos. A paisagem urbana também se modernizava, com a construção de edifícios e casas de formas mais livres, mais funcionais e menos adornadas, com uma decoração de interiores despojada, segundo os princípios da arquitetura e do mobiliário moderno. Expoentes da arquitetura da época, Oscar Niemeyer e Lúcio Costa ganharam proeminência com o projeto de construção de Brasília. Em São Paulo, Vilanova Artigas e João Artacho Jurado também faziam história.

Por meio da propaganda veiculada pela imprensa escrita é possível avaliar a mudança nos hábitos de uma sociedade em processo de modernização: produtos fabricados com materiais plásticos ou fibras sintéticas tornavam-se mais práticos e acessíveis. Consolidava-se a chamada sociedade urbano-industrial, sustentada por uma política desenvolvimentista que se aprofundaria ao longo da década e, com ela, um novo estilo de vida, difundido pelas revistas, pelo cinema – sobretudo o norte-americano – e pela incipiente televisão.

A consolidação da chamada sociedade de massa no Brasil trouxe consigo a expansão dos meios de comunicação, tanto no que se refere ao lazer quanto à informação, muito embora seu raio de ação ainda fosse local. Mesmo com a recente concorrência da televisão, o rádio cresceu no início dos anos 1950, quando houve um aumento da publicidade. As populares radionovelas, por exemplo, tinham como complemento propagandas de produtos de limpeza e toalete. Na televisão, a publicidade não se limitava a vender produtos: as próprias empresas anunciantes eram também as produtoras dos programas que patrocinavam.

Houve um aumento da tiragem de jornais e revistas e se popularizaram as fotonovelas, lançadas no início da década. O cinema e o teatro também participaram desse processo, tanto do lado das produções de caráter popular quanto daquelas mais sofisticadas. No caso do cinema, as populares chanchadas, comédias musicais produzidas pela Atlântida, empresa criada nos anos 1940, tiveram seu auge na década de 1950, e seus atores foram consagrados pelo público. O teatro de revista, que também misturava humor e música, fazia bastante sucesso. Apesar de originárias da década de 1940, as experiências tanto de um cinema industrial, como foi o caso daquele produzido pela Vera Cruz, quanto de um teatro menos popular, como o do Teatro Brasileiro de Comédia, ainda perduraram ao longo dos anos 1950.

Se o otimismo e a esperança implicaram profundas alterações na vida da população em todo o mundo, permitindo não a todos, mas a uma parcela – os setores médios dos centros urbanos –, consumir novos e mais produtos, por outro lado a vontade do novo trazia embutido, em várias áreas da cultura, o desejo de transformar a realidade de um país subdesenvolvido, de retirá-lo do atraso, de construir uma nação realmente independente.

O entusiasmo pela possibilidade de construir algo novo originou o surgimento e o impulso de vários movimentos no campo artístico. Eram novas formas de pensar e fazer o cinema, o teatro, a música, a literatura e a arte, que se aprofundavam provocando uma verdadeira revisão do que fora feito até então. Em alguns casos, consolidou-se um movimento que já se iniciara em décadas passadas. Mas outros movimentos nasceram exatamente naquele momento, e se tornaram marcos e referências de renovações estéticas que viriam a se firmar mais plenamente depois.

Guardando suas especificidades e em graus diferenciados, o cinema, o teatro, a música, a poesia e a arte, movidos pela crença na construção de uma nova sociedade, abraçavam expressões artísticas e estéticas inovadoras que vinham sendo praticadas não só em outras partes do mundo, mas também no próprio País. Essa foi, em linhas gerais, a marca do processo de renovação estética em curso ao longo da década de 1950. Por outro lado, o vigor do movimento cultural encontrava eco entre setores das camadas médias urbanas em franca expansão, sobretudo as universitárias, sintonizadas com o espírito nacionalista da época e com a crença nas possibilidades de desenvolvimento do Brasil.

Um grupo de intelectuais de destaque produziu importantes trabalhos para o entendimento do Brasil e da formação de seu povo nesse novo contexto. Obras como *Geopolítica da fome*, de Josué de Castro, *Visão do paraíso*, de Sérgio Buarque de Hollanda, e *Formação econômica do Brasil*, de Celso Furtado, tiveram grande influência nas correntes políticas das décadas seguintes.

A efervescência da década também se manifestou nas artes em geral. Alicerçada nas grandes festas do IV Centenário de São Paulo – celebrado em 1954 –, a Bienal, organizada por Francisco Matarazzo Sobrinho, integrou definitivamente o Brasil no circuito internacional de artes plásticas, processo iniciado por Assis Chateaubriand e Pietro Maria Bardi, com o Masp, e pelos museus de Arte Moderna de São Paulo e do Rio de Janeiro, precedendo a integração política e econômica em mais de 30 anos. Foi a década na qual surgiu a mais importante geração de artistas brasileiros. Nomes como Bonadei, Di Cavalcanti, Volpi, Brecheret, Niemeyer e Burle Marx marcaram época.

A identificação dos chamados "Anos Dourados" com o espírito otimista que consagrou o governo Kubitschek acabou, assim, por englobar todo um conjunto de mudanças sociais e manifestações artísticas e culturais que ocorreram dentro de um debate mais geral sobre a reconstrução nacional, em curso do início dos anos 1950 até os primeiros anos da década seguinte.

um mercado em consolidação

As primeiras agências internacionais que se instalaram no Brasil na virada da década de 1930, motivadas, sobretudo, pela indústria automobilística, foram as precursoras e as responsáveis por difundir no País os fundamentos dos princípios da prática de comunicação mercadológica. No entanto, foi nos anos 1950 que ocorreu de fato o amadurecimento da propaganda brasileira. Entre os fatores determinantes para isso está o surgimento da TV, logo no início da década. No final dos anos 1940, o parque gráfico nacional começou a se aperfeiçoar, culminando no surgimento, nos anos seguintes, de novas revistas, inclusive algumas especializadas. A *Manchete*, por exemplo, é de 1950, e por primar por uma impressão de qualidade impulsionou a utilização de numerosos anúncios em cores. Também são dessa época a *Capricho* e a *Visão*.

Antes delas já existia a revista *O Cruzeiro*, lançada em 1928 pelos Diários Associados de Assis Chateaubriand, e para muitos estudiosos, a principal publicação ilustrada brasileira da primeira metade do século XX. Foi importante na introdução de novos meios gráficos e visuais na imprensa nacional. Entre suas inovações estão o fotojornalismo e a inauguração das duplas repórter-fotógrafo, a mais famosa sendo formada por David Nasser e Jean Manzon que, nos anos 1940 e 1950, fizeram reportagens de grande repercussão. Cobrindo o suicídio de Getúlio Vargas, em agosto de 1954, a revista atingiu a impressionante tiragem de 720 mil exemplares. Até então, o máximo alcançado fora a marca dos 80 mil.

Os modernos conceitos de marketing começaram a ser introduzidos no mercado brasileiro na década de 1950 e, em boa parte, por meio das agências internacionais. Thompson, McCann Erickson, Lintas e Grant Advertising tornaram-se grandes escolas de propaganda, formando uma geração inteira de profissionais que, nas décadas seguintes, iriam se tornar fundadores de suas próprias agências. Ao se aproveitarem do desenvolvimento das técnicas publicitárias de vendas, fortemente disseminadas nos Estados Unidos depois da guerra e também na Europa, nos últimos anos da década de 1940, com o Plano Marshall, passaram a introduzir também no Brasil alguns desses conceitos, estimuladas pelas filiais de empresas internacionais, especialmente americanas, que já estavam por aqui.

A ênfase estava nas vendas, mas as empresas líderes já utilizavam as armas típicas do marketing, como as pesquisas, a propaganda e a promoção. Esta, inclusive, era bastante dificultada por não haver ainda por aqui os supermercados. Havia um grande esforço das equipes de vendas para atender os numerosos empórios e mercearias de todo o País; mesmo assim, as indústrias só conseguiam atender as cidades maiores. O resto do Brasil era atingido por meio de grandes firmas atacadistas, que vendiam praticamente de tudo.

Apesar de todas estas dificuldades, algumas marcas conseguiram se posicionar como líderes em seus respectivos segmentos – algumas continuam nesta posição até os dias de hoje, tais como Leite Ninho, Leite Moça, Maizena, aveia Quaker, creme dental Colgate, lâminas Gillette e muitas outras. Para que essas marcas se consolidassem, o papel da propaganda foi fundamental, difundida principalmente através do rádio, mas presente também nas revistas e nos jornais da época.

A importância adquirida pela propaganda no mercado brasileiro em meados do século XX levou o Museu de Arte de São Paulo a organizar o Primeiro Salão Nacional de Propaganda, em dezembro de 1950. O interesse do público pela mostra foi tão grande que despertou no Masp o desejo de incluir uma cadeira de arte publicitária no currículo do já existente Instituto de Arte Contemporânea. Rodolfo Lima Martensen, na época presidente da Lintas Worldwide para o Brasil e a América do Sul, foi convidado a montar esse curso, mas, ao analisar o problema, concluiu que o Brasil não precisava apenas de um curso de arte publicitária, e sim de toda uma faculdade capaz de ensinar não só criação, mas também planejamento, pesquisa de mercado, técnicas de veiculação (como era chamada na época a atividade de mídia), promoção de vendas, produção de rádio e televisão e todas as matérias de apoio a essas especialidades.

Martensen passou nove meses pesquisando o que existia nos Estados Unidos e na Europa em termos de ensino dessas diversas disciplinas, e concluiu o que já suspeitava. O País necessitava não apenas de um curso de propaganda "para aprimorar o gosto artístico das massas". O que o Brasil realmente precisava era de uma Escola de Propaganda profissionalizante que, além do aprimoramento artístico, desse aos alunos uma noção realista das responsabilidades socioeconômicas do publicitário. Apresentado o anteprojeto de Lima Martensen a Assis Chateaubriand, a ideia foi totalmente aprovada e o Masp se tornou o abrigo da primeira Escola de Propaganda no Brasil, cuja data oficial de lançamento foi 27 de outubro de 1951.

O sucesso da Escola de Propaganda foi tão grande que, quatro anos depois de sua fundação, em 1955, o então diretor do Masp, Pietro Maria Bardi, convocou Martensen e seus companheiros de diretoria para felicitá-los pelo sucesso do empreendimento e, ao mesmo tempo, dar-lhes um ultimato. O projeto havia crescido tanto que o Masp já não o comportava mais. Era a hora da independência. Graças à união do mercado e ao apoio financeiro dado por agências, veículos, anunciantes e fornecedores, a escola garantiu sua autossuficiência e ampliou ainda mais seu âmbito de atuação. Alterou também a denominação jurídica para "Escola de Propaganda de São Paulo". Em 1968, incorporou o Superior ao seu nome e, em 1971, o Marketing.

É necessário, no entanto, deixar registrado aqui que algumas agências nacionais também encontraram seu espaço nessa época, figurando no rol das empresas importantes que ajudaram a construir os primórdios da publicidade brasileira. Uma delas é a Standard, fundada em 1933, primeiramente no Rio, depois em São Paulo. Foi ela a responsável por introduzir no nosso calendário o "Dia das Mães", a segunda data mais importante para o comércio – a primeira é o Natal.

Uma viagem aos Estados Unidos de Ribamar Castelo Branco, diretor comercial da grande cadeia de varejo da época, Modas A Exposição Clipper, e do diretor de criação da Standard, Fritz Lessin, para conhecer e visitar algumas redes de lojas de lá, fez com que eles trouxessem na bagagem a ideia de lançar por aqui a primeira campanha institucional para o Dia das Mães, em 1948. Planejada por João Agripino da Costa Dória, com textos de João Carillo, arte de Fritz Lessin e fotos de Francisco Albuquerque, a campanha teve como modelo a figura da mãe de Haydée Gomes Guersoni, então secretária de Dória.

Por se tratar de uma campanha de grandes dimensões, a direção da Clipper conseguiu viabilizá-la por meio de um *pool* que contou ainda com o apoio do Sindicato dos Lojistas, da Associação Comercial, da própria Standard, do Mappin e da Federação do Comércio de São Paulo. O lançamento foi um tremendo sucesso e, por conta do êxito, em 12 de junho de 1949 a Standard lançou o Dia dos Namorados, também com excelente repercussão. Alguns anos mais tarde, em 1953, seguindo os passos da agência, o publicitário Sylvio Bhering, que na época trabalhava em *O Globo*, lançou no Rio o Dia dos Pais, no segundo domingo de agosto.

os nossos *Mad Men*

Tão óbvia quanto inevitável é a associação deste contexto da publicidade brasileira dos anos 1950 com a série norte-americana da HBO, "Mad Men". Sucesso desde que foi lançada (nos Estados Unidos, em 2007), a série – que já teve cinco temporadas – remonta a um período posterior ao descrito neste capítulo, os anos 1960, e, claro, sob o ponto de vista da publicidade norte-americana. Mas não há como deixar de ser uma ótima referência para a história que começa a ser contada aqui. Na série, o protagonista Don Draper encarna em seu personagem o publicitário ambicioso que faz de tudo, até mentir sobre sua real identidade, para assumir a pele de um profissional cuja missão é vender o sonho americano.

No Brasil dos anos 1950 eram as agências multinacionais norte-americanas que ditavam as regras, com diversos de seus profissionais expatriados das matrizes trazendo nas suas bagagens uma boa dose dos valores da época, na pré-história do que, décadas depois, convencionou-se chamar de globalização. Com a máxima de que não importa o que você é ou o que quer, mas como você se vende, a série retrata como homens inteligentes e bem articulados ajudaram a moldar para o consumo hábitos e costumes que pavimentaram o caminho para os Estados Unidos se tornarem um ícone cultural.

A Sterling Cooper da primeira temporada, que depois ganhou mais dois sobrenomes – Draper Pryce – na sua marca ao longo das edições, é um microcosmo de uma época. Por trás dos homens de negócios, machistas, ambiciosos, fumantes, de terno e gravata, infiéis e rodeados de mulheres, há um drama silencioso que relata uma complexa mudança social. Eles fazem da publicidade a arte da persuasão e põem suas vidas pessoais à venda. As mulheres começam a ganhar independência. Calmantes e anticoncepcionais estão na boca de todo mundo. A proibição ao fumo e as políticas contra o assédio sexual são impensáveis, coisas do futuro.

Ao mostrar de forma tão contundente a contraposição entre o jeitão clássico de fazer propaganda da McCann Erickson e a disruptiva proposta da reluzente DDB, Mad Men consegue captar uma mudança fundamental no modelo das agências de publicidade que estava em curso naquela época em Nova York, e que teve também seus reflexos por aqui. Até então não havia duplas de criação, como hoje. Os redatores preparavam seus textos e os discutiam com o grupo de conta antes de mandá-los ao estúdio para que os *layoutmen* fizessem os ajustes visuais necessários. Em geral, essas duas áreas ficavam em andares diferentes das agências.

Fundada em 1949 em Manhattan, a partir da associação de três profissionais de publicidade que trabalharam juntos anteriormente na Grey Advertising, Bill Bernbach, Ned Doyle e Mac Dane, a DDB introduziu no mercado um modelo mais arejado, com duplas de criação e a figura do diretor de criação. O humor e a provocação passam a ser elementos fundamentais das campanhas da DDB. A surpresa do protagonista de Mad Men, ainda na primeira temporada da série, ao ver em uma revista o anúncio "Think Small", da Volkswagen, enquanto está no trem a caminho da agência, demonstra a força de uma proposta inovadora de se fazer publicidade.

Por aqui, o responsável por trazer para solo nacional o frescor das inovações da agência norte-americana foi Alex Periscinoto. Ele trabalhava na área de marketing da loja de departamentos Mappin, à época, e foi premiado com uma viagem a Nova York, em 1958. Lá, foi direto à Ohrbach's, uma rede de varejo com propostas bastante criativas que ficava na rua 34, e ficou encantado com o processo de comercialização sem vendedor e com a comunicação da loja. Com uma carta de recomendação do Mappin, apresentou-se e foi logo perguntando qual era a agência que fazia anúncios tão interessantes para a empresa. Recebeu como resposta: a DDB.

> "Pedi para visitar a agência. Eles fizeram um bilhete e, no dia seguinte, lá estava eu, na DDB. Logo que cheguei, vi umas coisas tão interessantes que foi um choque cultural. Eles estavam fazendo a campanha institucional da Volkswagen. Tinha uns anúncios inteligentíssimos. Aí eu olhei, só havia duas pessoas na sala, e perguntei como eles trabalhavam. Eles responderam que trabalhavam em duplas, um era diretor de arte, e o outro, redator. Enquanto criavam, conversavam sobre o *job*, e faziam literalmente juntos a campanha. Eu fiquei encantado não só com essa brincadeira, mas com tudo. Nem criança, ao entrar na Disneylândia, tem sensação parecida com aquela que pude experimentar".

Na volta a São Paulo, trabalhou mais um ano no Mappin até que um dia recebeu uma ligação de José de Alcântara Machado, presidente da Alcântara Machado, que o convidou para fazer um *freelancer* para uma concorrência da qual estavam participando. Ao saber que a conta em questão era a da Volkswagen, não pensou duas vezes e aceitou. Fez a campanha, a Almap venceu a concorrência e, com isso, ele recebeu a proposta de trabalhar na agência. No entanto, colocou algumas imposições para aceitar o convite.

"Disse que só iria se ele me deixasse fazer dupla e ser diretor de criação. E ele me perguntou o que fazia um diretor de criação. Eu respondi: 'Contrata pessoas criativas. As pessoas não são contratadas pelo diretor financeiro, pelo preço, mas sim pelo talento'. E, apostando nessa ideia, o José de Alcântara Machado me propôs sociedade. Eu falei: 'Eu vou, mas só se você entender que a filosofia agora vai mudar. Não é mais uma coisa assim, que o redator fica lá em cima, o estúdio fica desenhando, como numa redação de jornal, onde um cara escreve uma notícia e depois o outro vai fazer uma ilustração'. A ideia era os dois criando juntos".

Com carta branca, Alex contratou a primeira dupla de criação da publicidade brasileira: Hans Dammann, redator, e Armando Mihanovich, diretor de arte, que estrearam na nova função exatamente com uma campanha para a Volkswagen. O resto é história.

Assim como Alex Periscinoto e a geração que fez parte desse momento importante da publicidade brasileira, Petrônio Corrêa e seus sócios na MPM, Antonio Mafuz e Luiz Macedo, são os Mad Men brasileiros. No caso dos três últimos, é necessária uma viagem ao extremo sul do País para entender como essa história começou.

3

dos grotões gaúchos

Se o Brasil como País começava uma nova fase na década de 1950, o segmento de comunicação e marketing também ganhava nesse período um contexto favorável para dar seus primeiros passos em busca de se tornar, de fato, uma indústria mais robusta e profissionalizada e, dessa forma, expandir seus domínios para além do Rio de Janeiro e de São Paulo. O terceiro mercado nacional já era, naquela época, o Rio Grande do Sul. Como a atividade publicitária na região ocorreu sob a influência das indústrias carioca e paulista, o processo evolutivo da publicidade gaúcha foi mais tardio, mas também foi mais ágil ao incorporar experiências trazidas do eixo formado pelos principais mercados.

Embora não tivesse a mesma sofisticação, a propaganda no Rio Grande, berço de importantes lideranças políticas durante várias décadas do século passado – como Getúlio Vargas, João Goulart, Leonel Brizola e a grande maioria dos generais da época da ditadura –, possuía algumas peculiaridades. É o estado brasileiro com maior penetração e alcance de leitura do meio jornal, possui uma população com alto índice de educação – consequentemente, de politização – e cuja relação com a terra é marcante. E, por uma razão ainda desconhecida, ou pelo somatório de todas as anteriores, o estado também foi um importante celeiro de profissionais da publicidade que ganharam destaque nacionalmente.

Petrônio Corrêa – assim como seus sócios – nasceu no Rio Grande do Sul, e conhecer sua origem é fundamental para tecer sua história. Antes, porém, é necessário contextualizar um pouco o mercado publicitário gaúcho em meados do século passado.

Os veículos de comunicação foram os grandes incentivadores da formação das primeiras agências de Porto Alegre. Na mídia impressa, destacavam-se dois jornais, *Correio do Povo* e *Diário de Notícias*, e, no rádio, emissoras como Gaúcha, Farroupilha e Difusora. Todos foram fundados entre os anos de 1920 e 1930. É de 1927 a fundação de uma empresa que não é do setor de comunicação, mas que se tornaria, no decorrer do século XX, um símbolo de modernização, surpreendendo o próprio mercado gaúcho: a Varig, Viação Aérea Rio-Grandense, numa Porto Alegre de 250 mil habitantes e um cenário urbano preenchido por carroças, bondes e automóveis Ford, GM e os Studebaker.

Nesse período, começavam a surgir empresas que se especializavam na prestação de serviços publicitários, chamando a atenção dos anunciantes do setor de varejo e também da indústria, até mesmo de outros estados. Muitas empresas do setor público, como as das áreas de transporte, telefonia e energia elétrica, manifestaram interesse pela atividade publicitária. Era necessário estabelecer algum tipo de comunicação com a população, e a confecção de anúncios e a veiculação de cartazes e painéis se mostrava uma boa opção. Inclusive, algumas dessas companhias públicas acabaram oferecendo espaços para divulgação de anúncios, como as estações ferroviárias, os bondes e os postos de telefonia. Isso gerou para as empresas produtoras de anúncios a concessão da exploração publicitária desses espaços.

A corretagem deles é feita por agentes de publicidade, responsáveis pelo descobrimento da maioria dos clientes da época, muito antes da constituição das agências de propaganda de forma estruturada. A agência pioneira no Rio Grande do Sul foi a Star (Sociedade Técnica de Anúncios e Representações Ltda.), fundada na década de 1940, considerada um marco na história da publicidade gaúcha exatamente porque iniciou a configuração desse mercado mais profissional. Foi criada por Artur Canto Júnior e começou como distribuidora de anúncios no Diário Oficial da União.

A Editora e Livraria do Globo, fundada em 1883, que se tornou no início do século passado ponto de encontro de intelectuais, poetas, políticos e profissionais liberais, é parte importante do mercado cultural gaúcho. A empresa viveu seu auge nos anos 1940, quando abriu filiais no Rio de Janeiro e em São Paulo. Foi nessa década também que passou a contar com uma agência de publicidade dentro do grupo, a Clarim. Embora atendesse outros clientes, a Clarim, por razões óbvias, teve na Revista do Globo seu vínculo maior de trabalho. Em 1986, a Editora e Livraria do Globo foi vendida para a Rio Gráfica Editora, de Roberto Marinho, e desde então adotou somente o nome Editora Globo.

Os anos 1950 constituem de fato o período de forte desenvolvimento e avanço do mercado gaúcho no setor de propaganda. Em 1953, Paulo Maia Neto e Antonio Mafuz – que anos depois se associaria a Petrônio Corrêa e a Luiz Macedo para formar a MPM – fundam a Sotel, agência responsável pelo avanço tecnológico do negócio. Ali trabalharam profissionais mais qualificados nas diferentes áreas, como Vitório Gheno, renomado pintor, e Armando Kuwer, diretor de arte que, posteriormente, passou a fazer parte dos quadros da MPM. O crescimento da Sotel, alinhado ao momento de expansão do País, despertou o interesse de agências sediadas no eixo Rio-São Paulo. Foi o caso da Grant Advertising, da Denison e da McCann Erickson, entre outras.

A primeira instalou-se ali com uma pequena equipe e cresceu paulatinamente, com a conquista de importantes contas locais. Seu gerente era Petrônio Corrêa. A Standard, por sua vez, procurou o caminho da associação com uma parceira regional, a Ebe, de Ernani Behs, profissional que fez sua carreira no rádio. E a McCann viu no mercado gaúcho a oportunidade de abrir sua segunda operação no País – depois da matriz, no Rio, em vez de optar por São Paulo partiu para o Sul, onde comprou a Sotel. Era um momento de forte expansão da multinacional, cuja presidência do setor internacional estava nas mãos de Armando Moraes Sarmento.

O ano de 1957 foi de consolidação das agências de publicidade no Rio Grande do Sul. Em abril nasceu a Mercur, cujos proprietários eram Hugo Hoffmann, Maurício e Jayme Sirotsky e Edgar Siegmann. Maurício, ainda naquele ano, associou-se a Arnaldo Ballvé na aquisição da Rádio Gaúcha, deixando a agência e formando o embrião do que hoje é o grupo Rede Brasil Sul (RBS). Em 1958, Jayme foi acompanhar o irmão no novo empreendimento. A Mercur chegou a abrir filial em São Paulo, onde conquistou diversas contas.

Além dos irmãos Sirotsky, os demais sócios da Mercur também tinham outros projetos empresariais. Edgar nunca se desligou de sua gráfica, a Grupograf. Hoffmann, por sua vez, passou a editar *A Granja*, veículo dedicado ao mundo rural, e seu interesse pelo campo e criação tornou-se o maior consumidor do seu tempo. A agência, em consequência, veio a ocupar segundo plano, diminuiu seu volume de negócios e encerrou as atividades ao completar seu 30º aniversário.

Em junho de 1957 nasceu a MPM Propaganda, da sociedade formada por três profissionais: Petrônio Corrêa, Antonio Mafuz e Luiz Macedo.

O advento da TV no Rio Grande do Sul é de 1959: TV Piratini, dos Associados. A iniciativa gerou mais recursos destinados à comunicação e pavimentou um caminho que ajudou o projeto da RBS a ganhar fôlego. Com a licença para operar um canal de TV, os irmãos Sirotsky inauguraram, em 1962, a TV Gaúcha, e a partir de então iniciaram um interessante processo de expansão regional para cidades do interior gaúcho, como Caxias, Santa Maria e Pelotas, a princípio. Assim nascia a primeira rede regional de televisão do Brasil.

Com perfis e propósitos empresariais distintos, mas tendo em comum um faro empreendedor fantástico, as duas empresas gaúchas do setor de comunicação e mídia – MPM, na área de agências, RBS, como veículo – foram as únicas que adquiriram musculatura e conseguiram romper as barreiras das fronteiras do estado para ganhar notabilidade e força no contexto nacional. Além desse traço de identidade, os irmãos Sirotsky e os sócios da MPM viriam a formar fortes laços de amizade, em especial entre Maurício, falecido em 1986, e Mafuz. Ao comentar sobre essa história em comum com os fundadores da MPM, Jayme Sirotsky dá alguns elementos dessas trajetórias:

> "A RBS foi a primeira rede regional de televisão, o que foi uma ideia bem avançada para a época, porque a condição econômica para instalar essas emissoras era muito complicada. Mas, ao cabo de alguns anos, aprendemos como operá-las – e isso foi um fato importante para que se estabelecesse a RBS. A partir da rede regional de televisões, começamos a expandir também no setor de rádio, no final da década de 1960. Adquirimos o Zero Hora, em 1970. O mercado do Rio Grande do Sul sempre foi prolífero de bons profissionais na área de comunicação e de boas agências. Muitos profissionais que saíram daqui fizeram sucesso no mercado nacional. Os três sócios da MPM, com certeza, têm um papel fundamental nesse processo".

A história da MPM está intimamente ligada a uma combinação interessante de três sócios diferentes entre si, mas que carregam em suas trajetórias de vida uma riqueza de elementos – e, cada um a seu modo, ajudou a construir a maior agência de publicidade nacional. É necessário um mergulho maior nessas biografias para desvendar um pouco mais esses elementos.

espírito desbravador

Com menos de 30 mil habitantes, o pequeno município de São Sepé fica no centro do Rio Grande do Sul, e tem esse nome, de acordo com a crença popular, em homenagem à memória do valente guerreiro indígena Sepé Tiaraju, que nasceu, viveu e combateu nas Missões, movimento comandado pelos jesuítas na época pré-açoriana. Os missionários ensinavam que ganhariam o céu aqueles que tombassem em luta pela defesa das Reduções Cristãs contra os exploradores. Por esse motivo, segundo a tradição, o guerreiro morto passou a ser invocado como São Sepé, tornando-se assim símbolo do sentimento indígena de libertação. Esta é a cidade onde vivia o jovem casal João Brum Corrêa e Anadege Brum Cunha no final dos anos 1920. No dia 28 de dezembro de 1928 nasceu o primogênito do casal, Petrônio Cunha Corrêa.

Quando o bebê estava com sete meses, a família mudou-se para Santo Ângelo. A mudança ocorreu devido a uma oportunidade de emprego oferecida a João como operário na Companhia Brasileira de Fumo em Folha, empresa ligada à Souza Cruz cujo objetivo principal era receber o fumo de lavouras da região. Lá, o material era separado, preparado, ensacado e enviado para as fábricas de todo o Brasil. A família era muito pobre, e a cidade, precária. Sem saneamento básico, telefone ou asfalto. As ruas de barro vermelho deixavam seus rastros diários nas casas, fosse em dias de sol, devido ao pó que levantavam, fosse quando chovia, por conta do barro denso que acumulavam. Na casa dos Corrêa não havia rádio, tampouco geladeira. A família só andava de carro em dias de funeral de algum parente ou amigo próximo, quando era alugado um táxi, pois os cemitérios costumavam ser muito distantes e os enterros eram acompanhados sempre por um cortejo de carros.

Era comum entre todas as empresas de origem inglesa que se instalaram no Brasil no início do século XX (a Souza Cruz é uma subsidiária da British American Tobacco) que a matriz enviasse para as distantes terras brasileiras um emissário para tocar a operação local. Na Companhia Brasileira de Fumo em Folha, o representante inglês era um homem chamado Mr. Neiss, que havia acabado de se casar em Londres e se mudara para Santo Ângelo para gerenciar a empresa. A mulher, no entanto, não se adaptou às condições paupérrimas da cidade que, além da companhia da qual seu marido era o principal executivo, só tinha um frigorífico. Por conta dessa situação cada vez mais insustentável,

Mr. Neiss passou um ano treinando João Corrêa para ser classificador de fumo, um profissional com mais preparo e capacidade para separar os diferentes tipos de tabaco, cuja qualidade e preço variavam de acordo com essa distinção. Quando João estava preparado, o inglês pediu para voltar para a Inglaterra, pois estava seguro de que tinha no Brasil alguém que sabia fazer seu trabalho.

Os Corrêa moravam em frente à fábrica e era comum que colonos que iam entregar sua colheita de fumo deixassem na residência da família caixas de frutas ou outros presentes. À noite, quando João chegava em casa, ficava indignado com aqueles agrados e mandava devolver tudo, ou fazia doações ao hospital da cidade. A atitude deixava o pequeno Petrônio bravo por não poder desfrutar dos presentes, mas o influenciou na rigidez de caráter que o seguiria durante toda a vida.

A ascensão profissional de João Corrêa representou uma mudança importante no padrão de vida da família. Àquela altura, Petrônio já tinha dois irmãos mais novos, D'Artagan e a caçula, Zuleica. Como gostava de tomar cerveja e jogar, João passou a frequentar o Deutsche Club de Santo Ângelo. Quando a Segunda Guerra começou, teve início também uma pressão muito forte por parte do governo Getúlio Vargas contra os alemães no Sul do País. O clube, então, teve de mudar de nome – passou a se chamar Clube Comercial –, e necessitava ainda de um presidente brasileiro. Não bastava apenas ter nascido ali; era preciso ter um nome legitimamente nacional. O único sócio que respondia a esses requisitos era João Brum Corrêa – que, por conta disso, assumiu a presidência do clube.

A atividade no clube e os jogos de xadrez e bolão (esporte germânico muito difundido nas cidades de colonização alemã no Sul do País, que consiste numa espécie de boliche com estacas de madeira, também conhecido como bocha) fizeram com que João Brum começasse a se relacionar com membros da Ação Integralista Brasileira (AIB), movimento de inspiração nazi-fascista fundado por Plínio Salgado em 1932. A pequena agremiação foi transformada em partido político em março de 1936.

Mau aluno, Petrônio entrou na primeira turma ginasial da escola marista de Santo Ângelo, mas repetiu a primeira série. Quando completou 17 anos, formou-se – então na segunda turma – e viu em um anúncio do jornal *Correio do Povo* uma vaga de escriturário em Porto Alegre. Seu sonho era ser advogado, e ir para a capital tentar a vida parecia ser o caminho certo para isso. Seu pai era contra essa mudança e não deu nenhum apoio à intenção do primogênito. Os dois brigaram e ficaram um ano sem se falar.

Determinado, lá foi Petrônio ser escriturário em uma editora católica e fazer à noite o chamado curso clássico. Do salário de 500 cruzeiros (moeda corrente na época), 25 já eram descontados direto na fonte como contribuição ao INPS. Recebia, então, 475 líquidos, dos quais pagava 410 da pensão e 30 de lavanderia. A sobra, apenas 35 por mês, dava para pagar o bonde (40 centavos por dia) e uma média com pão e manteiga aos domingos à noite, pois a pensão não tinha jantar nesses dias.

Logo que começou a trabalhar na Tipografia do Centro S.A., o dono da empresa, Nestor Pereira, chamou-o para perguntar se ele era mesmo filho de João Corrêa, de Santo Ângelo, pois tinha visto a informação na sua ficha cadastral. Pereira era um dos fundadores do núcleo integralista de Porto Alegre e mantinha contato com os correligionários do interior do estado, em especial de Santo Ângelo, e daí vinha a conexão com João. Chegou a ser eleito deputado estadual do Rio Grande do Sul pelo PRP, legenda que fundou junto com antigos dirigentes da AIB e cujos princípios se identificavam com a doutrina integralista.

Petrônio, meio inseguro, confirmou a informação. Seu novo patrão ficou indignado com o fato de João não ter lhe enviado um telegrama para falar sobre seu filho. João Corrêa não queria que Petrônio tivesse nenhuma vantagem, e sim que conquistasse as coisas pelos próprios méritos. A relação dos dois, que já não era das melhores, desandou de vez.

A Tipografia do Centro S.A. era um grupo de empresas formado, além da própria tipografia e gráfica, pela Editora e Livraria Católica e por um jornal semanal chamado *A Nação*, que tinha circulação de 24 mil exemplares. Por ser um jornal da colônia alemã, foi proibido de circular durante a Segunda Guerra Mundial. A primeira fase do trabalho de Petrônio na empresa teve início em 1946, na Editora e Livraria Católica, como datilógrafo, função que aprendeu sozinho, ainda em Santo Ângelo, lendo manuais. Trabalhava ao lado de uma senhora chamada Nair e tinham de responder juntos às cartas que recebiam de encomendas de livros e de catecismos do Brasil inteiro. Competiam para ver quem fazia o maior número de cartas. Petrônio chegou a fazer 92 em um só dia.

Um pouco antes desse início profissional, já em Porto Alegre, aconteceu o encontro que marcaria profundamente sua vida pelos próximos 58 anos. Em um domingo. Quando pegava a linha circular do bonde, encontrou uma conhecida, Maria, com outras três moças. Uma delas, em especial, chamou bastante sua atenção. No dia seguinte, encontrou novamente com Maria e lhe disse que tinha gostado de uma de suas amigas, e que gostaria de convidá-la para ir ao cinema no domingo. No dia marcado, novamente estavam lá as quatro moças, mas Maria fez uma pequena confusão e achou que a jovem por quem Petrônio havia se encantado era outra, e apresentou a moça errada a ele. Rapidamente, ele disse que havia um mal-entendido e apontou para aquela em quem ficou pensando a semana inteira, que se encontrava um pouco mais afastada, com as outras duas amigas.

Elza Barberena também chegara havia pouco tempo a Porto Alegre, onde foi estudar e trabalhar na Livraria do Globo. Natural de Santa Vitória do Palmar, município que fica no extremo sul do estado gaúcho, morava na mesma casa que as outras amigas que estavam no bonde. O namoro começou em fevereiro, o noivado foi celebrado em maio e o casamento aconteceu no dia 2 de outubro de 1948.

Depois de algum tempo, quando já estava casado, um amigo indicou Petrônio para a vaga de secretário de um empresário local, Rubem Berta, que possuía uma pequena companhia de aviação chamada Varig e gostaria de ter nessa função um profissional do sexo masculino. Petrônio participou de todo o processo de seleção e foi aprovado. Quando deu a notícia a Nestor Pereira, este não aceitou a demissão e fez uma contraproposta – que foi a porta de entrada para Petrônio no mercado de publicidade –: convidou-o para coordenar toda a captação de publicidade para o jornal *A Nação*. No entanto, mesmo na nova função, a empresa não tinha condições de cobrir a oferta financeira da Varig, que era de um salário mensal de 3.800 cruzeiros contra os 1.600 que estava ganhando àquela altura. Pereira, então, ofereceu a Petrônio uma comissão de 10% sobre toda a publicidade que o jornal angariasse acima de 200 mil cruzeiros por mês. Participou dessa conversa também o contador da empresa, José Ferreira Porto, que convidou Petrônio a ir a sua sala depois daquela reunião. Porto foi enfático ao dizer que a proposta apresentada era ruim e que o jornal nunca havia faturado 200 mil cruzeiros por mês. No máximo, havia chegado a 190 mil, em dezembro, que era o mês de maior faturamento. Petrônio ficou com uma tremenda dúvida.

Foi então que Nestor Pereira insistiu e apresentou um plano de ação mais concreto. Havia um funcionário na Tipografia do Centro chamado Willy Graef, que viajava o estado rio-grandense inteiro em um Jeep para vender e supervisionar as assinaturas. A ideia era que Petrônio se juntasse a ele nessas viagens para vender publicidade. O ano era 1949, e o Brasil passava pela redemocratização sob o comando do presidente Eurico Gaspar Dutra. A nova Constituição havia sido promulgada recentemente, e ela devolvia aos estados a autonomia que lhes havia sido tomada pelo autoritarismo do Estado Novo. Nesse cenário, havia a perspectiva da criação de novos municípios, e Nestor Pereira enxergou a oportunidade de fazer edições especiais do jornal *A Nação* nas regiões que pleiteavam ser desmembradas e se tornar municípios independentes. E lá partiu Petrônio para seu novo desafio. O primeiro destino dessa nova jornada foi o distrito de São Luís Gonzaga. O fechamento do faturamento do jornal no primeiro mês de implantação desse novo modelo de venda de publicidade foi de 462 mil cruzeiros, o que representava um salário de 26 mil.

Essa mudança brusca e repentina de patamar salarial fez Petrônio abandonar os estudos. Na época, estava ainda finalizando o clássico, como era chamado o ensino médio atual, e iria prestar o exame para o curso de Direito no final daquele ano. "Eu vou ficar nessa profissão e ganhar dinheiro", disse para si mesmo e para sua mulher, Elza. A primeira providência que tomou a partir desse ponto foi comprar um carro – um Renault 2CV – e uma casa própria.

Petrônio empolgou-se com a nova vida e se deu muito bem na atividade de chefe de publicidade do jornal *A Nação,* a tal ponto que começou a chamar a atenção da concorrência. Um dia, foi procurado por um diretor de *O Jornal*, pois eles tinham como cliente uma grande agência que estava em busca de um representante em Porto Alegre para fiscalizar placas de outdoor compradas na cidade. A agência em questão era a Grant Advertising, que se instalou no Brasil em 1939 no rastro de outras multinacionais como J. Walter Thompson, McCann Erickson e Lintas. Ela tinha na sua carteira clientes do porte de Souza Cruz, GM e PanAir do Brasil, mas não possuía nenhum controle sobre os cartazes que comprava em Porto Alegre a partir de seus escritórios de São Paulo e Rio. Petrônio aceitou a proposta, que lhe dava mais 1.000 cruzeiros por mês. No entanto, devia manter segredo na Tipografia do Centro sobre sua nova atividade. Rapidamente, a fiscalização de outdoor também foi estendida para a publicidade em rádio e nos jornais locais. Alguns meses se passaram e a Grant decidiu montar uma filial em Porto Alegre. Petrônio foi convidado para ser o gerente desse escritório em meados de 1954.

Como ele não tinha nenhum conhecimento de como funcionava uma agência de publicidade, a matriz da Grant, no Rio de Janeiro, enviou um executivo chamado Luís Carlos da Nóbrega – que, além de ter familiaridade com os clientes, era experiente, gaúcho e ensinou a Petrônio o dia a dia de uma agência. Uma agência de publicidade no início dos anos 1950 em Porto Alegre ainda tinha como mídias básicas o rádio, o jornal e o outdoor. A TV, embora já estivesse em operação em São Paulo e no Rio, só chegaria de fato ao Rio Grande do Sul no final da década, e as revistas ainda não dispunham de muita força. O departamento de criação era totalmente diferente, com o *layoutman* trabalhando separado do redator.

O fato de ser um escritório regional de uma multinacional cuja sede era no Rio de Janeiro obrigava Petrônio a viajar bastante para a capital federal. Ele acabou conhecendo os principais executivos da Grant no Rio, e virou rotina nessas viagens beber e jogar conversa fora depois do expediente no bar da ABI (Associação Brasileira de Imprensa) com o redator Osvaldo Alves, jornalista e intelectual que tinha uma profícua rede de amigos.

Luís Carlos da Nóbrega foi o grande parceiro de Petrônio na sua nova empreitada. Um dia, quando estavam andando juntos pelas ruas de Porto Alegre, eles encontraram um amigo de Nóbrega da época do colégio IPA (Instituto Porto Alegre), Luiz Macedo, ainda muito jovem e estudante de Direito. Nóbrega disse a Petrônio que ele tinha muito talento para redação. Então, convidaram-no para trabalhar na agência.

paixão pelos cavalos e política no sangue

Em 2009, a Lei Estadual 13.041 declarou oficialmente o município de São Borja a "Terra dos Presidentes", por ser a cidade natal de dois ex-presidentes do Brasil: Getúlio Vargas e João Goulart. A cidade mais antiga do Rio Grande do Sul, localizada a 594 quilômetros da capital Porto Alegre, no extremo oeste gaúcho, separada da Argentina pelo Rio Uruguai, é a terra natal da família Goulart há muitas gerações. O clã, cuja história está intimamente ligada à terra, era proprietário de muitos lotes, que receberam o nome de Estância Yguariaçá.

Vicente Rodrigues Goulart herdou de seu pai, João Belchior Goulart, o gosto pelo trabalho. Precocemente, assumiu a administração da fazenda, que no início do século XX passava por momentos difíceis, sofrendo invasões de estancieiros e com uma alta hipoteca. Em pouco tempo, Vicente resgatou a hipoteca e comprou mais terras, tornando-se muito respeitado e querido na região. O título de "Coronel" veio rápido. Aos 21 anos, conheceu a jovem Vicentina Vasquez Marques, com quem se casou. Tiveram a primeira filha, Elfrides

– a Fida –, e, depois, dois outros filhos, que morreram muito pequenos. Até que, em 1º de março de 1919, nasceu João Marques Goulart, o primeiro varão da família, que logo cedo recebeu o apelido de Jango. Mais quatro irmãs vieram na sequência: Maria, Yolanda, Cila e Neuza.

A primogênita Fida casou-se cedo com Joaquim Faria de Macedo, que viria a se tornar dono de uma cadeia de cinemas no Rio Grande do Sul. Luiz Vicente Goulart Macedo nasceu em 16 de abril de 1931 e rapidamente se apegou ao avô, Vicente, de quem herdou não só o segundo nome, como boa parte da bagagem responsável pela formação de seu caráter, influência que o marcaria pelo resto da vida. Passou a infância na fazenda, onde aprendeu a montar a cavalo – sua grande paixão –, frequentou rodas de chimarrão e se habituou a ouvir histórias dos peões. As atividades mais relevantes da fazenda eram a engorda de bois para o envio aos frigoríficos e a criação de ovelhas, pela importância que tinha a lã no mercado internacional na época.

Foi também nesse período que começou a ter contato com a política, já que seu avô era bastante ligado a Getúlio Vargas, vizinho e tradicional amigo da família. Em 1934, quando Luiz tinha apenas 3 anos, Vargas, já Presidente, foi a São Borja. Vicente quis homenageá-lo e lhe ofereceu um churrasco. Em certo momento, Jango, com apenas 17 anos, tomou a palavra e fez um discurso enaltecendo o governo e a figura do Presidente. Surpreso com a desenvoltura do jovem, Vargas perguntou a Vicente: "Quem é este guri?". O velho fazendeiro respondeu que se tratava de seu filho, Jango. Vargas, então, disse-lhe: "Tu vais ser político, Jango? Pois devias. Tu falas bem". João Goulart, tímido, não respondeu; seu pai rapidamente tomou a palavra e disse: "Não, Dr. Getúlio, nada de política. O Jango vai ser fazendeiro". A história mostrou que o desejo de Vicente não foi realizado.

A convivência entre o pequeno Luiz e o avô Vicente fez com que a relação entre eles ficasse cada vez mais intensa, a ponto de, um dia, o próspero fazendeiro propor à sua filha mais velha a adoção do tão querido neto. Fida então consultou o filho para saber sua opinião sobre a proposta, e ele prontamente a aceitou. No entanto, a ideia não passava de uma brincadeira, mas demonstrava o laço estreito que unia os dois. Aos onze anos, porém, o pequeno Luiz Vicente teve sua primeira grande perda: o avô Vicente, acometido por um câncer, morreu. O jovem havia acabado de se mudar para Porto Alegre para estudar em um colégio interno, o Instituto Porto Alegre (IPA), e ali sofreu sozinho a dor de ver seu grande ídolo partir.

Na partilha dos bens de Vicente, os pais de Luiz ficaram com a fazenda, para onde ele voltava sempre de Porto Alegre para passar as férias, até os dezoito anos. Naquela época, a família decidiu mudar-se definitivamente para a capital, onde alugou uma casa. O jovem Luiz Macedo, como qualquer rapaz daquele tempo, começou a ter uma vida social mais ativa e passou a frequentar o curso de Direito na Universidade Federal do Rio Grande do Sul. Chegou a se formar, mas nunca exerceu a profissão de advogado.

Conseguiu seu primeiro emprego quando tinha 22 anos e ainda estava na faculdade. Apaixonado por futebol – é torcedor fanático do Internacional de Porto Alegre e do Botafogo, depois que adotou o Rio de Janeiro como residência – e por corrida de cavalos, acabou entrando na Rádio Gaúcha, que havia sido arrendada por um grupo ligado a Jango. Àquela altura, o tio político já revelava uma proeminente carreira, tendo sido eleito deputado federal pelo PTB com 39.832 votos nas eleições de 1950, as mesmas que colocaram Getúlio Vargas novamente na Presidência da República.

Por intermédio dessa conexão, Luiz conseguiu fazer um teste para locutor de futebol. Aliás, essa mesma conexão seria a responsável por muitas conquistas futuras na sua carreira empresarial. No entanto, como não havia vaga na Gaúcha para narrador de futebol, ele acabou se tornando locutor de turfe. Vale ressaltar a força do rádio na época, no começo dos anos 1950, e a importância que as corridas de cavalo tinham na programação – a tal ponto que três rádios da capital gaúcha transmitiam os páreos ao vivo: Gaúcha, Guaíba e Itaí.

O começo de Luiz na Rádio Gaúcha foi tímido. Ele fazia um programa noturno sobre turfe; depois, passou a dividir a locução dos páreos com o apresentador titular, que já tinha mais de 50 anos. Foi conquistando espaço aos poucos e acabou assumindo a posição de titular da rádio para as transmissões dos páreos. As corridas eram transmitidas de quinta a segunda – e Luiz Macedo tinha o emprego dos seus sonhos.

Um grande amigo dos tempos do colégio IPA, Luís Carlos da Nóbrega, que estava trabalhando como publicitário na Grant Advertising, no Rio de Janeiro, acabara de voltar a Porto Alegre para ajudar a montar a operação local da agência e convidou Macedo para trabalhar com propaganda. Ele resistiu, argumentando que não conhecia nada da área. Até que aceitou um encontro com Petrônio Corrêa em um bar do centro da cidade, num final de expediente, e por conta do poder de lábia do homem que acabara de conhecer – e com quem se relacionaria intimamente nas próximas quatro décadas –, acabou aceitando o convite.

Sua primeira função na Grant foi de redator, cargo em que ficou durante um ano, acumulando com a locução de corrida de cavalos na Rádio Gaúcha. A vida na agência não estava agradando Macedo, e então surgiu uma oportunidade dos sonhos. Ele soube que um de seus grandes ídolos, o jornalista Samuel Wainer, planejava lançar seu jornal *Última Hora* em Porto Alegre. Macedo conseguiu um encontro com Wainer, e dessa reunião saiu uma proposta para chefiar a seção de turfe do novo jornal com uma oferta de salário altíssima.

Ele não pensou duas vezes: preferiu abrir mão da agência, onde não estava feliz, para trabalhar em um projeto que o seduzia muito. A essa altura, a relação com Petrônio e sua família já estava bastante próxima. Petrônio não gostou da conversa. Macedo argumentou que seria bom para Petrônio ter um homem dele dentro do jornal, e ficou acertada sua saída. No entanto, o projeto de Wainer não vingou. Ele tinha um empréstimo prometido do Banco do Brasil, devido à sua ligação com Getúlio Vargas, mas a campanha de oposição, comandada por Carlos Lacerda, jogou água no projeto.

Quando Petrônio soube disso, pediu diretamente a Robert Sutherland, presidente da Grant, que falasse com Macedo. Bob, como era conhecido, fez a ele uma oferta para ser subgerente da filial gaúcha da agência, com uma proposta salarial realmente atraente – tanto que dois amigos seus, um médico e um diretor de uma grande empresa, não entendiam como ele poderia ter um salário tão alto. Macedo não vacilou, e voltou para a agência onde seria o braço direito de Petrônio.

o empreendedor nato

No início do século passado, colônias de imigrantes vindas de diversos países do velho mundo chegaram ao Brasil em busca de oportunidade. O Sul do País acabou sendo um destino importante para essas correntes migratórias. Em fins do século XIX, os árabes cristãos, em sua maioria partindo da Síria e do Líbano, passaram a se espalhar pelo mundo: os destinos principais foram a América do Norte e a América do Sul – em especial, o Brasil. Há séculos dominados pelo Império Turco-Otomano, os árabes viram na emigração uma forma de fuga da violenta repressão turca. Os turcos, de fé islâmica, perseguiam as comunidades cristãs árabes.

Na década de 1910, provavelmente em 1913, um navio com diversas famílias de origem sírio-libanesa desembarcava em Porto Alegre. Fazia parte da embarcação um jovem casal de noivos vindo da Síria, José Mahfus e Latif Dip. Diferentemente de outras correntes migratórias, os sírios-libaneses não vieram para trabalhar em lavouras. Começaram a vida, em sua maioria, como mascates em cidades maiores, e com o tempo se tornaram grandes varejistas e industriais. Ao chegar aqui, o sobrenome Mahfus de José virou Mafuz. Ele se casou com sua então noiva – que mudou a grafia de seu nome para Latife – e passou a trabalhar como comerciante, atividade na qual rapidamente prosperou. Paralelamente, tornou-se advogado com especialização em falência e recuperação judicial.

O casal teve um primeiro filho, que faleceu logo após o nascimento; depois uma menina, Evelin; e em 6 de dezembro de 1922, nasceu Antônio. Na infância, em Porto Alegre, fez seus primeiros estudos no Colégio Anchieta.

Quando tinha 9 anos, uma trágica perda deixaria sequelas na sua personalidade pelo resto da vida. Seu pai, José, na época um bem-sucedido advogado, muito prestigiado especialmente em meio à comunidade árabe de Porto Alegre, fez uma viagem ao município gaúcho de Montenegro para tratar da negociação da dívida de um de seus clientes com um fazendeiro local, José Pedro Isse. No encontro, Isse se alterou e discutiu acaloradamente com José, a ponto de desferir um tiro em sua cabeça – o que lhe custou a vida. Enquanto esteve vivo, Antônio nunca falou abertamente sobre esse assunto e não se sabe se ele chegou a descobrir o nome do assassino de seu pai.

Aos 19 anos, Antonio Mafuz iniciou sua trajetória profissional na Rádio Farroupilha, como locutor de turfe. Em 1942, durante a guerra, quando o Brasil se integrava ao conflito mundial ao lado dos Estados Unidos, Mafuz afastou-se do rádio por aproximadamente dez meses, incorporando-se ao Centro Preparatório de Oficiais da Reserva (CPOR) para reforçar o quadro militar.

Em depoimento ao professor André Iribure Rodrigues, da Universidade Federal do Rio Grande do Sul, em 2000, por ocasião do desenvolvimento de sua tese de mestrado "MPM Propaganda: A História da Agência dos Anos de Ouro da Publicidade Brasileira", Mafuz conta que quando retornou à rádio encontrou algumas mudanças na emissora, pois a Farroupilha havia sido vendida aos Diários e Emissoras Associados, de propriedade de Assis Chateaubriand. Sob nova direção, a Rádio Farroupilha tinha como administrador João Freire, representante dos Diários e Emissoras Associados no estado, e Manoel Braga Gastal era o diretor artístico.

Nessa época, Mafuz recebeu um convite para trabalhar na Rádio Gaúcha, pois não havia ficado muito satisfeito com a recepção que tivera na Farroupilha. Passou a ser redator e locutor, ou seja, também era responsável pela redação dos próprios textos que lia no ar – um aprendizado que lhe seria muito útil dali para a frente, já que era comum, naquele período, os anunciantes contratarem a veiculação por meio de agenciadores, que ofereciam o serviço de redação, produção e veiculação das mensagens nas rádios.

Em 1944, Mafuz se afasta pela segunda vez do rádio para ter sua primeira experiência em jornal, na seção de turfe do *Correio do Povo* e da *Folha da Tarde*. Dois anos depois retorna ao rádio, trabalhando na Difusora, que era também dos Diários e Emissoras Associados. Como locutor de esportes, narrou inclusive a Copa de 1950, mantendo simultaneamente sua crônica de turfe no *Correio do Povo* e na *Folha da Tarde*.

Por meio da locução de esportes, Mafuz teve a possibilidade de atuar como um agenciador de publicidade. Além do salário como locutor, recebia comissão pela locução dos anúncios comerciais. Eram anúncios de diversos clientes, uns da própria área esportiva, outros da indústria. Ele passou, então, a comprar espaços da rádio e a fazer a locução para clientes, recebendo pelo anúncio e repassando parte do lucro para a emissora.

"Em consequência disso, Mafuz se tornou empresário de suas transmissões, pois agenciava os espaços, negociando diretamente com os anunciantes, e redigia os comerciais, além de fazer a locução. Por exemplo: o Relógio Eterno, da Casa Masson, anunciava a hora certa e o tempo de jogo transcorrido; a Sociedade Abastecedora de Gasolina e Óleos Ltda (Sagol), uma rede de distribuição para postos de gasolina, comunicava o placar da partida; e ainda havia a Protetora Cia. de Seguros Gerais e o Vinho Castelo, da Vinícola Rio-Grandense – futura cliente da MPM Propaganda –, com seus textos corridos", descreve o professor da UFRGS em sua dissertação de mestrado.

Esse traço marcante do empreendedorismo na personalidade de Mafuz, algo novo para a época, viria a ser a grande mola propulsora de sua carreira como empresário da propaganda. Exatamente por conta dessa característica de vendedor nato e sedutor por natureza, Mafuz começou a conquistar uma rede de relacionamentos com importantes clientes, não só do Rio Grande do Sul, mas também de abrangência nacional. Alpargatas e Atlantic eram alguns dos anunciantes para os quais fazia a redação e a locução para veiculação em emissoras locais. O que chama a atenção é que, para conquistar essas contas, venceu concorrências com grandes agências instaladas em São Paulo, como a multinacional J. Walter Thompson.

Ao longo de sua trajetória como locutor esportivo, Mafuz fez amizades que seriam muito importantes para seu futuro, incluindo João Goulart. Foi por meio dessa relação, inclusive, que conheceu sua esposa, Lahyr, prima de Jango. Em 1950, a convite de João Goulart, aceitou assessorar a campanha de Getúlio Vargas no Rio Grande do Sul, no Paraná e em Santa Catarina, gerenciando as mensagens da campanha transmitidas pelo rádio. Com Getúlio na Presidência, Mafuz assessorou seu filho, Manuel Antônio Vargas, o Maneco, na Secretaria da Agricultura, Indústria e Comércio. Por isso, mais uma vez se afastou do rádio, trabalhando por dois anos com Maneco na Secretaria, no Rio de Janeiro. Como seu trabalho ali seria temporário, ele amadureceu a ideia de investir no ramo da publicidade, tendo em vista sua experiência como agenciador no tempo em que fez locução comercial. Mafuz tinha consciência de que este era um bom negócio, que atraía muitas agências multinacionais e que ainda não havia se consolidado no mercado gaúcho. As agências que existiam no estado tinham poucos clientes, e a atividade publicitária estava em defasagem em relação à realidade do centro do País em termos profissionais. Os anunciantes não eram regulares, além de serem em pequeno número.

Foi daí que nasceu a Sotel, em 1953, cujos sócios eram Mafuz e Paulo Maia Neto. A agência daria um passo à frente na publicidade gaúcha, imprimindo um novo padrão de atendimento condizente com realidades já vividas nos mercados de São Paulo e Rio de Janeiro, mas ainda incipiente em Porto Alegre. Em 1955, a Sotel conquista a conta da Cia. de Petróleo Ipiranga, resultado direto do relacionamento de Mafuz com Francisco Martins Bastos – o Dr. Bastos, dono da refinaria –, iniciado nos tempos em que o publicitário assessorava o filho de Getúlio Vargas.

4

um encontro de perfis complementares

A relação entre Petrônio Corrêa e Luiz Macedo começou profissionalmente e logo se transformou em uma amizade sólida. Ainda solteiro, Macedo passou a frequentar assiduamente a residência dos Corrêa, que, nessa época, já tinham a primogênita Anadege, que recebera o mesmo nome de sua avó paterna, e o recém-nascido Petrônio Filho. Mafuz e Macedo, por sua vez, além da paixão pelos cavalos e do fato de ambos terem sido locutores de turfe, tinham uma ligação familiar. Mafuz era casado com uma prima de segundo grau de Macedo, Lahyr Goulart, que era muito próxima de sua mãe, Fida. Com o casamento, Lahyr se mudou de São Borja para Porto Alegre e morou com Mafuz durante alguns meses na casa da tia.

A volta de Macedo para a Grant não agradou Mafuz, que se sentiu traído pelo amigo por ele ter retornado ao mercado publicitário sem o consultar antes. Macedo se explicou dizendo que tudo acontecera de imprevisto e que a Grant havia feito uma proposta irrecusável. A aposta da agência na dobradinha Petrônio-Macedo se mostrou acertada. No período que se seguiu, o escritório gaúcho da Grant começou a se desenvolver rapidamente. Sotel e Grant passaram, então, a serem as duas grandes concorrentes do mercado publicitário do Rio Grande do Sul.

Um dia, Macedo recebeu um telefonema de Mafuz, que lhe ofereceu uma carona. Contou que estava vendendo a Sotel para a McCann Erickson e que ficaria ainda por um tempo no negócio. Sua verdadeira intenção era montar outra agência, pois a McCann teria de abrir mão da Ipiranga porque tinha como conta alinhada internacionalmente a concorrente Esso. Para tanto, queria achar alguém para tocar o projeto de forma conjunta. Imediatamente, Macedo respondeu que estava muito bem na Grant e que não planejava deixar a empresa. Como hábil negociador, Mafuz disse que não tinha pressa e que lhe daria um tempo para pensar.

No entanto, a proposta interessou a Macedo, pois ele passaria a ser o executivo número um da nova agência, e não o segundo, como era na Grant. No dia seguinte, contou a Petrônio que havia tido essa conversa com Mafuz. O grande atrativo do projeto era a possibilidade de atender a Ipiranga, o maior anunciante do Rio Grande do Sul na época. Petrônio logo percebeu que o fiel da balança na decisão de Macedo seria exatamente a conta da petrolífera.

Passados alguns dias, Mafuz convidou Macedo para um jantar já para tentar fechar o negócio quando este teve uma ideia: juntar os dois concorrentes e ele ser uma espécie de ponte entre ambos. Macedo também levou em conta nesse plano o bom relacionamento que Petrônio tinha com a A. J. Renner, maior grupo de fiação e tecelagem do Rio Grande do Sul, precursor das atuais Lojas Renner. No jantar, logo convenceu Mafuz e combinou com o amigo como deveria ser a abordagem, já alertando que o maior foco de resistência seria Dona Elza, a esposa de Petrônio. O alto salário, ou seja, a segurança financeira do marido, era algo de que sua mulher não gostaria de abrir mão. Ambos fecharam verbalmente o acordo e partiram para o ponto central da estratégia: convencer Petrônio.

Macedo teve um primeiro papo com ele, mas Petrônio expôs sua maior insegurança: "Não tenho confiança nesse turco!", afirmou, referindo-se a Mafuz. Ele reconheceu que não encarava Mafuz como inimigo, e sim como um concorrente ferrenho a quem respeitava, mas preferia manter certa distância. Nesse momento, Macedo fez um apelo a Petrônio, descrevendo qual seria a estratégia por trás da nova agência:

> "Petrônio, eu avalizo o Mafuz como avalizei o seu caráter para ele. Eu acho que está na nossa mão fazer uma belíssima agência no Rio Grande do Sul. De cara, nós já saímos com os dois grandes anunciantes do estado, a Ipiranga e a Renner. A gente fecha a fronteira, ninguém mais entra aqui".

No dia seguinte, Mafuz ligou para Petrônio e marcaram um almoço no restaurante Al Gran Lucullos, na Rua Ramiro Barcelos, à época um dos mais finos de Porto Alegre, ao qual Petrônio foi sozinho. Quando voltou para a agência, disse a Macedo: "Fui vencido pelo charme daquele turco filho da puta. Vou com vocês". Petrônio, no entanto, ainda tinha de vencer um obstáculo dentro de casa.

> "Eu era casado, tinha dois filhos pequenos e um salário bastante interessante como funcionário da Grant. Ao trocá-lo pela nossa nova agência, minha renda cairia pela metade, pelo menos nos primeiros meses do negócio. Claro que isso atingiria duramente a economia familiar, de forma que tive de convencer minha mulher dos benefícios da aventura. Ganhei essa parada".

Em seguida, marcaram um jantar do qual os três futuros sócios participaram. Trataram abertamente de todos os assuntos e detalhes da nova agência, e um entrosamento nasceu desse encontro, catapultando uma relação que duraria mais de quatro décadas. Macedo se emociona ao se lembrar desse jantar:

"Os dois se trataram muito bem, muito educada e carinhosamente, e praticamente ficou tudo acertado ali. Eu inclusive tive uma agradável surpresa. Quando falamos em números, eu imaginava que a distribuição da participação de cada um na agência seria de 40% para os dois e 20% para mim. Afinal, eu era o mais novo, tinha apenas 25 anos, e eles já comandavam duas das maiores agências gaúchas. Então, Mafuz propôs dividir 95% da agência em partes iguais entre os três e deixar 4% para os funcionários. O 1% restante ficou simbolicamente para o Dr. Bastos, dono da Ipiranga, pois ele fazia questão de ter essa participação como uma espécie de aval ao negócio que estava surgindo".

A mesma proposta de participação chegou a ser oferecida aos proprietários da A. J. Renner, mas a empresa não concordou e preferiu dar o seu apoio à nova agência com a entrega de sua conta – o que já era mais do que suficiente para dar o impulso de que precisavam os três sócios. Assim, no dia 21 de junho de 1957, nascia a MPM. O nome foi escolhido sem grandes discussões e meio que intuitivamente. Se fossem seguir ao pé da letra a regra de colocar as iniciais do sobrenome de cada um dos sócios, a agência se chamaria MCM, com o C de Corrêa no lugar do P de Petrônio. Mas era consenso que com o P, além de ser mais forte que o C, a denominação da agência seria representada pela primeira letra do nome pelo qual todos eram mais conhecidos – no caso de Petrônio, seu primeiro nome sempre foi muito mais forte do que o segundo, diferentemente de Macedo e Mafuz.

Durante o primeiro ano da MPM, Mafuz não podia aparecer oficialmente como o terceiro sócio da nova agência, pois seu contrato com a McCann Erickson por ocasião da venda da Sotel o obrigava a permanecer no negócio por mais 12 meses. Assim, o segundo M da MPM era de um irmão de Macedo, João Carlos. Apenas os dois clientes e os funcionários de confiança sabiam desse acordo velado. Os encontros entre os três durante esse período eram sempre discretos, em algum hotel ou na casa de algum deles. No entanto, um jornalista que era próximo dos três, chamado Cândido Norberto, tinha um programa de rádio na época e sempre falava no ar sobre o mistério da MPX, dando a entender que havia algo não muito claro em relação ao nome do terceiro sócio.

sócios, amigos e irmãos

Quando ainda estavam na fase de constituição da MPM, os três novos sócios fizeram uma reunião com Antonio Jacob Renner, o fundador da A. J. Renner e pai de Herbert Renner, que era o diretor comercial do grupo e a interface de Petrônio na empresa durante todos os anos em que a atendeu na Grant. A ideia era convencê-lo a entregar a conta para o novato trio de sócios. Na época, com cerca de 75 anos, o experiente empresário quis checar pessoalmente com os três jovens (Mafuz com 35 anos, Petrônio, 28, e Macedo, 26) que garantias ele tinha de que estava fazendo uma boa escolha. Primeiramente, pediu uma carta assinada por Bob Sutherland, o presidente da Grant, afirmando que a conta estava saindo da agência de forma amigável e que tanto Petrônio como Macedo não a estavam roubando de lá. No dia seguinte, Petrônio foi pessoalmente ao Rio buscar a carta que levou a assinatura do norte-americano.

Quando foram novamente se encontrar com o velho Renner para entregar a carta, este fez um questionamento que foi importantíssimo para que os três novos sócios firmassem naquele momento o acordo que selaria a base do sucesso da MPM nas décadas futuras. "No dia em que vocês brigarem, quem irá permanecer com a minha conta?", perguntou. Mafuz respondeu na hora, sem hesitar: "Nós não vamos brigar nunca!". Renner rebateu prontamente: "Vocês tem 90% de chance de brigar. Por isso quero definir agora quem ficará com a minha conta".

Foi a vez de Macedo responder de imediato: "Fica com o Petrônio". A. J. Renner gostou da pronta resposta e disse que isso não precisaria ser documentado, já que acreditava na palavra dos três.

Ao saírem do encontro, compreensivelmente pisando nas nuvens, realizaram ali mesmo, na frente da enorme fábrica da A. J. Renner, que ficava no bairro de Navegantes, à Rua Frederico Mentz, a primeira reunião formal da nova agência. E ali decidiram fazer um pacto, conforme conta Petrônio:

> "Decidimos que nunca iríamos brigar. Todas as nossas diferenças deveriam ser discutidas à exaustão, mas sempre teria de prevalecer o consenso entre os três. Precisávamos manter o respeito que existia entre nós. Cada um podia fazer suas cagadas isoladamente, mas, para efeito de ata nas nossas reuniões, sempre prevalecia o voto dos três, mesmo que um fosse contrário. Alguém sempre teria de ceder. E criamos ali também a puteada, uma expressão gaúcha que quer dizer 'discutir intensamente um assunto, mas sem chegar a brigar'. Estabelecemos que todo mês faríamos nossa reunião de puteada para tratar de diversos assuntos, e ela durou os 35 anos em que fomos sócios, mesmo depois que cada um dos três passou a viver em estados diferentes. E, de fato, nunca brigamos!"

As puteadas foram, sem dúvida, um dos segredos do sucesso da MPM. De forma madura, sincera e transparente, colocando o interesse da empresa em primeiro lugar, os três sócios estabeleceram um método intuitivo de governança corporativa muitas décadas antes de essa expressão fazer parte dos manuais de boas práticas de gestão. Para esses encontros, os três recebiam um balanço detalhado dos negócios da empresa no qual se baseavam para debater à vontade os pontos que achavam importantes. As famosas reuniões – que em algumas ocasiões viravam noite adentro – eram sempre realizadas em hotéis ou na casa de um dos sócios, nunca na agência, e contribuíram para fortalecer o vínculo de amizade e a união entre os três.

Petrônio conta que foi nessas reuniões que ele e Macedo descobriram a capacidade quase infinita de Mafuz para conduzir a MPM sem brigas.

"Eram manifestações do charme do turco, o mesmo que seduziu Macedo e depois a mim e que tornou possível levar adiante aquela aventura gaúcha, que se tornaria, alguns anos mais tarde, a maior agência de publicidade brasileira, com quase mil funcionários e treze escritórios espalhados pelo País".

consultório médico de fachada

Logo no início da MPM, antes de Mafuz assumir oficialmente sua posição no trio de sócios, período no qual era uma espécie de consultor de marketing da Ipiranga, a distribuição das atribuições de cada um na nova agência seguia a estrutura já montada anteriormente na Grant Advertising. Petrônio Corrêa gerenciava a gestão e o relacionamento direto com a Renner, e Macedo supervisionava as demais áreas, além de cuidar da conta da Ipiranga – com a qual Mafuz também contribuiu, a distância, em virtude da relação que já tinha com o cliente. No início, a estrutura formada contava com quinze funcionários, muitos deles vindos da Grant.

O primeiro funcionário da MPM foi uma pessoa de inteira confiança de Mafuz e que, naquela fase em que ele não estaria fisicamente presente, seria uma espécie de seu representante oficial. Trata-se de Luiz Carlos Cotta, que ao longo dos anos veio a ser uma das pessoas mais importantes da história da agência (em Porto Alegre), na qual permaneceu até a sua venda para a Lintas, em 1991. Por já ter familiaridade com a conta da Ipiranga na Sotel, onde adquiriu a confiança de Mafuz, Cotta passou a também responder pelo atendimento a esse cliente na incipiente MPM.

Eram tempos em que os anúncios eram feitos em clichê, e não havia televisão no estado. O forte mesmo eram ainda o rádio e os jornais. Fazer mídia na época dispensava prática e habilidade. A função era exercida a quatro mãos, pelo contato da agência e pelo cliente, que traçavam conjuntamente as opções disponíveis. A comunicação, principalmente para lugares distantes, era precária. O sistema telefônico limitado fazia com que uma ligação demorasse dias para ser completada, principalmente se fosse interurbana. Telefone, aliás, era um artigo de luxo e algo raro.

Uma das situações inusitadas daqueles primeiros tempos de MPM se deu exatamente com um aparelho de telefone. Em 1957, a Companhia Telefônica do Rio Grande do Sul, além de não dispor de novas linhas, proibia a venda e a consequente transferência entre assinantes. Abria exceção apenas para os profissionais de saúde. Tanto os consultórios como as clínicas e os hospitais podiam ter telefone por causa das exigências da profissão.

Foi essa a brecha que a MPM aproveitou. A agência foi aberta sem telefone. Alguns meses se passaram e surgiu a oportunidade de comprar uma linha usada. Amigo do ginecologista e obstetra Norberto Piegas, um privilegiado que dispunha de dois telefones, Luiz Macedo armou o circo. Comprou o telefone de Norberto e, com o consentimento dele, informou à Cia. Telefônica que o titular ia mudar seu consultório para a Rua Dr. Flores, 98, 6º andar – endereço da primeira sede da MPM. Para não correr risco algum com essa manobra, não houve dúvida: perto do dia marcado para a instalação da primeira linha de telefone, a agência se travestiu de consultório médico. As paredes foram revestidas e as recepcionistas usaram uniformes parecidos com os de enfermeiras.

Ariel Figueroa por alguns dias deixou de ser produtor para fazer papel de médico. A secretária de Macedo, Lucy Fontoura, trocou suas funções pela de enfermeira.

Na sala de Petrônio Corrêa foi montada uma mesa ginecológica. Quando o técnico da empresa telefônica estava na agência e entrou na sala para fazer uma vistoria, deu de cara com um funcionário disfarçado de paciente, com uma peruca loura e de pernas abertas. O tal técnico, constrangido, fechou a porta, instalou rapidamente a linha e foi embora. Depois, quem atendia ao telefone jamais dizia "Clínica Ginecológica Dr. Norberto Piegas", mas "MPM Propaganda, bom dia!". A Telefônica nunca percebeu a farsa.

a importância dos clientes fundadores

Dentre os fatores que determinaram o sucesso da MPM, seu forte envolvimento com os clientes ocupa, de longe, o topo da lista. Cada um dos três sócios, com suas características e peculiaridades, tinha no seu DNA de profissional e de empreendedor uma forte vocação para relacionamentos. Era o que faziam de melhor. A forma como a agência nasceu deixa isso bem claro, e esse traço a acompanhou ao longo de toda a sua existência enquanto foi comandada por Petrônio Corrêa, Antonio Mafuz e Luiz Macedo.

Afinal, a história recente do mercado publicitário brasileiro é repleta de experiências empreendedoras que não deram certo justamente porque faltava aos líderes desses projetos empresariais exatamente o que sobrava nos três da MPM: não só saber construir relacionamentos duradouros com os clientes, mas principalmente ter habilidade para cultivá-los. Carisma, influência política e uma boa dose de sedução são os ingredientes para essa receita dar certo. Os três já possuíam essas características individualmente. Somadas, foi uma combinação bombástica. Era uma época em que os donos das agências falavam de igual para igual com os donos das empresas que os contratavam, e isso fazia toda a diferença.

A relação que Mafuz construiu com Francisco Martins Bastos – o Dr. Bastos, dono da Cia. de Petróleo Ipiranga – no início da década de 1950, quando trabalhou como assessor do filho de Getúlio Vargas, Manuel Antônio Vargas, o Maneco, na Secretaria de Agricultura, Indústria e Comércio, no Rio de Janeiro, foi fundamental para seus planos futuros, a ponto de a empresa fazer parte da carteira de clientes da MPM até quando os fundadores permaneceram no conselho da agência, formado após a venda para a Lintas.

Bastos pleiteava a ampliação da capacidade de refino da Ipiranga em audiência com Vargas e foi Mafuz quem o recebeu, demonstrando empenho na viabilização da entrevista, o que gerou uma percepção positiva e o início de uma amizade entre os dois. Vale lembrar que em 1953, com a criação da Petrobras, as empresas privadas de petróleo tiveram sua capacidade de refino limitada. Fundada em 1937, no Rio Grande do Sul, como uma pequena refinaria de petróleo chamada Ypiranga, a companhia cresceu tanto que chegou a ser apontada como uma das principais agentes do desenvolvimento industrial do estado gaúcho em meados do século passado.

Em 1955, a Sotel, agência fundada por Mafuz dois anos antes, acabou conquistando a conta da Ipiranga. E foi esse o cliente que viabilizou o projeto da MPM.

Por sua vez, o bom relacionamento de Petrônio Corrêa com o grupo A. J. Renner ao longo dos quatro anos em que permaneceu como gerente do escritório gaúcho da Grant Advertising foi outro ponto de equilíbrio na balança da agência que estava em formação. O diálogo que teve com o velho descendente de alemães Antonio Jacob Renner ao lado de seus novos sócios quando foi pedir sua benção – e sua conta – para iniciar a MPM é uma demonstração clara de confiança, e de que o fio do bigode, pelo menos naquela época, tinha muito valor.

Em 1911, A. J. Renner, aos 27 anos, participou da fundação de uma pequena tecelagem, a Frederico Engel & Cia. Um ano depois, começou a produzir capas de chuva inspiradas nos ponchos utilizados pelos gaúchos em campanha, peças que se tornaram famosas em todo o estado por serem impermeáveis. Em 1917, a empresa alterou sua denominação para A. J. Renner & Cia. e mudou sua sede definitivamente para Porto Alegre, no bairro de Navegantes. No final da década de 1920, já era a maior indústria de fiação e tecelagem do Rio Grande do Sul, passando a produzir, além das capas de lã, trajes para homens.

A fabricação de ternos masculinos, até então, era praticamente monopolizada pelos alfaiates. Com a produção em escala industrial, o que também baixou os custos, a demanda por esse produto passou a ser prontamente atendida. E foi uma grande alavancagem para o sucesso da companhia. A. J. Renner participou como investidor da fundação de outras empresas, formando um grupo que deu origem às Lojas Renner. Em 1998, a rede varejista norte-americana JC Penney assumiu o controle da Renner. Em 2005, o grupo vendeu as ações da empresa – e quem as comprou foi José Galló, que era diretor das Lojas Renner e, até hoje, segue à frente de seu comando.

Os dois clientes fundadores da MPM foram os pilares do faturamento da agência por um bom tempo. Já de partida, conferiram-lhe a vantagem de nascer como a maior agência do Rio Grande do Sul. Um endosso e uma posição que ajudaram muito na conquista dos demais clientes, que logo chegaram.

A terceira conta da MPM, conquistada cerca de um ano após sua fundação, foi a da Samrig (Sociedade Anônima Moinhos Rio-Grandenses), atualmente pertencente ao grupo Bunge. A Samrig inaugurou, em julho de 1958, sua planta industrial no município de Esteio, região metropolitana de Porto Alegre, que na época era o maior parque industrial integrado de processamento de soja da América do Sul, e foi a pioneira na fabricação de margarina, sob a marca Primor, que substituía o uso da manteiga com custo mais acessível. O mais expressivo produto da nova fábrica seria, contudo, o óleo de soja, também da marca Primor, já que o Rio Grande do Sul foi o primeiro estado onde a cultura de soja foi implantada.

relação íntima com o poder

Os cavalos e a política estão no DNA da família Goulart, e Luiz Macedo soube fazer bom uso dessa herança genética para os negócios da MPM. Além de sobrinho de João Goulart, o sócio mais novo da agência fundada em Porto Alegre, em 1957, tinha uma relação muito próxima com o tio, construída, em boa parte, porque ambos alimentavam a mesma paixão: o turfe. Jango possuía uma invejável coleção de cavalos em Porto Alegre e era Macedo quem administrava esses animais.

Aos poucos, Jango começou a perceber que, além de jeito com os cavalos, Macedo tinha um ótimo talento para publicidade e marketing, e o convidou para trabalhar na sua campanha para vice-presidente, dessa vez na chapa que elegeria Jânio Quadros como presidente, em 1960. De acordo com a Constituição de 1946, as eleições para presidente e vice ocorreriam de forma separada.

Macedo se afastou da MPM por um período para se dedicar exclusivamente à campanha. A primeira decisão que tomou foi encomendar uma pesquisa de intenção de votos, cujo resultado, para sua surpresa, foi catastrófico. Jango estava em terceiro lugar e, em São Paulo, que já era o maior colégio eleitoral do País, tinha apenas 180 mil votos. Nessa mesma época, Macedo tornou-se amigo da família Saad, de São Paulo, que até aquele momento tinha apenas a Rádio Bandeirantes. Estabeleceu-se uma relação muito próxima, especialmente com Alberto Saad, a quem fez uma proposta. Como os controladores da emissora paulista estavam muito interessados em obter uma concessão para televisão, Macedo propôs que eles ajudassem na campanha de Jango cedendo espaço e, em troca, caso houvesse vitória, ele iria interceder junto ao tio para viabilizar a concessão do canal de TV. Negócio fechado.

Na época, trabalhava na Bandeirantes o radialista e compositor Miguel Gustavo, que ganharia notoriedade anos mais tarde, em 1970, por ter sido o vencedor de um concurso organizado pelos patrocinadores das transmissões da Copa do Mundo do México com o hino "Pra Frente Brasil", que se tornaria o slogan ufanista do governo militar. A eleição de 1960 foi marcada por jingles fortes por parte dos candidatos à Presidência: Marechal Teixeira Lott e Jânio Quadros, com o seu famoso "Varre, varre, vassourinha".

No entanto, para muitos historiadores, o jingle do candidato a vice, Jango, talvez tenha sido o melhor de todos: "Na hora de votar / O meu Rio Grande vai jangar / É Jango, é Jango, é o Jango Goulart / Pra Vice-Presidente / Nossa gente vai jangar / É Jango, Jango, é o João Goulart". O jingle variava de estado para estado, e na versão nacional aparecia como "o brasileiro vai votar". Um dos fatores para seu sucesso também foi o fato de ele ter sido interpretado por estrelas do rádio da época: Elizeth Cardoso, Lúcio Alves e Ângela Maria. A dupla "Jan-Jan" (Jânio e Jango) venceu a eleição e, em São Paulo, João Goulart contabilizou 1,3 milhão de votos.

Com a renúncia de Jânio Quadros, em agosto de 1961, Jango assumiu a Presidência do Brasil. A MPM já começava a despontar como uma agência que romperia as fronteiras do Rio Grande do Sul e acabara de montar sua operação no Rio de Janeiro por conta da expansão de seu principal cliente, a Ipiranga. Com o tio de Macedo presidente, ocorreu algo que também marcaria profundamente a trajetória vitoriosa da empresa nas décadas seguintes: conquistou sua primeira conta pública.

O nacionalismo dava o tom da comunicação e das realizações do governo federal. Brasília, a nova capital, acabara de ser inaugurada. Na época, não havia concorrências. Todo o processo de escolha era feito por meio de indicação vinda diretamente da sede do governo federal.

Macedo soube que a conta da Caixa Econômica Federal havia sido entregue havia pouco tempo à McCann Erickson, e não gostou nem um pouco da informação. Inconformado, um dia abordou Jango em seu carro oficial. Ao entrar, questionou o tio: "Você, que é nacionalista, como entrega a conta da Caixa para uma agência de propaganda internacional?". Jango se mostrou surpreso, e não sabia a que agência Macedo estava se referindo. Quando ele explicou que se tratava da McCann, o tio perguntou qual seria a alternativa. "Entrega para mim!", respondeu rapidamente o sagaz Macedo.

Sem titubear, do próprio carro, o então presidente da República ligou para o titular da Caixa Econômica Federal e ordenou a troca da McCann pela MPM. A primeira conta do governo federal estava garantida. Posteriormente, muitas outras se seguiram.

Tal posicionamento de Macedo e sua influência entre os futuros governantes do País nos anos em que a MPM esteve na ativa e na liderança de mercado lhe rendeu até a autoria de uma lei – que, na verdade, nunca passou de um acordo de cavalheiros muito bem amarrado e que virou prática da indústria. A "Lei Macedo", como ficou conhecida, estabelecia que todas as contas públicas deveriam ser atendidas apenas por agências com capital 100% nacional. Essa regra, que nasceu de maneira informal e depois ganhou força, durou até meados dos anos 1990, quando a globalização e a força das agências internacionais ficaram intransponíveis.

O Golpe e o cavalo pego no doping

Depois da conta da Caixa Econômica Federal, logo a MPM passou a atender também o Banco do Brasil e a Eletrobras. Jango já se tornara presidente após a renúncia de Jânio, que ficou apenas sete meses no poder. Entretanto, o maior abalo da agência viria junto com o também traumático Golpe Militar de 1964, liderado pelo alto escalão do Exército, que depôs João Goulart da Presidência. Seguiriam tempos de chumbo no País pelos vinte anos subsequentes – e para a MPM, que até então vinha de uma trajetória fulminante desde sua inauguração, sete anos antes, aquele era também o momento mais crucial de sua história.

Tão logo Jango foi deposto, as concorrentes da MPM na época não perderam tempo e começaram a assediar o novo governo para conseguir uma parte daquelas contas. Novamente, o jogo de cintura de Macedo fez toda a diferença. Um trunfo da época em que era locutor de turfe, em Porto Alegre, cerca de dez anos antes, seria o grande diferencial.

O líder do Senado logo após o Golpe era o senador pelo Rio Grande do Sul Daniel Krieger, que até então era da União Democrática Nacional (UDN), partido extinto pelos militares. Assim como boa parte dos quadros da UDN, Krieger acabou migrando para a Aliança Renovadora Nacional (Arena), partido criado para dar sustentação política ao governo militar. Como todo bom gaúcho, Krieger também adorava o turfe, tanto que, anos antes, quando era deputado estadual, foi presidente do Jockey Club do Rio Grande do Sul.

Krieger tinha um cavalo chamado Toríbio, que um dia disputou o Grande Prêmio Protetora do Jockey Club, a segunda prova mais importante do turfe gaúcho. Protetora do Turfe era o nome do clube antes de se tornar Jockey Club do Rio Grande do Sul. Dentro das possibilidades de vitória no páreo, Toríbio tinha cotação média, mas acabou vencendo de forma espetacular. Todo cavalo, quando ganha, tem algum tipo de material genético – saliva, sangue ou urina – submetido ao exame antidoping. E o exame de Toríbio deu positivo. Era o motivo que parte da imprensa local queria para explorar o fato politicamente.

Muitos veículos não gostavam de Daniel, e queriam responsabilizá-lo pelo problema com seu cavalo.

Macedo, na época, fazia um programa noturno de turfe na Rádio Gaúcha. Ele sabia que, muitas vezes, o proprietário do cavalo não sabe o que ocorre nos bastidores, pois o animal fica totalmente nas mãos do veterinário e do treinador. E deixou bem claro no programa que achava uma injustiça o massacre público que o então presidente do Jockey Club estava sofrendo. Anos depois, quando Krieger já era deputado federal, Jango era presidente e a capital tinha acabado de ser transferida para Brasília, ele se encontrou por acaso com Macedo e o lembrou do episódio, agradecendo de forma enfática.

Logo após o Golpe de 1964, Krieger assumiu uma importante posição política. Boa parte das decisões passava por suas mãos. Era a hora de Macedo usar o crédito de boa vontade que tinha construído no passado com o agora senador para ajudar nos negócios da MPM. Soube que ele estaria presente em um páreo de domingo no Jockey Club Brasileiro, no Rio de Janeiro, e foi ao seu encontro. Assim que se cruzaram, foi direto ao assunto:

"Estão fazendo uma sacanagem comigo que não tem tamanho. E eu acho que vou perder as contas, o que é uma injustiça. Se os segundos escalões de todos os clientes estatais que eu atendo se manifestarem, vocês saberão que eu sou um bom prestador de serviços. Agora, só porque eu sou sobrinho do Jango vou ter que ser castigado?"

Krieger estava a par da situação. Confirmou que havia conversado com alguns profissionais das empresas atendidas pela agência e que eles contaram que estavam mesmo sendo visitados por concorrentes da MPM, que tinham se colocado à disposição para fazer campanhas e outros serviços de comunicação. O senador perguntou a Macedo se sua intenção era que ele intercedesse a seu favor. "Não, de jeito nenhum, eu estou lhe contando uma história apenas. Assim como o senhor não me pediu para interceder a seu favor lá no Rio Grande do Sul – eu apenas constatei que era uma injustiça e tive prazer em defendê-lo", afirmou rapidamente o astuto Macedo.

Krieger marcou um encontro para o dia seguinte e pediu que ele levasse um documento registrando de maneira sucinta o ocorrido. Conversaram mais detalhadamente sobre o trabalho da MPM, e o senador, para alívio dos sócios e conterrâneos gaúchos, disse que a ordem naquele momento era não mexer com a MPM. Tudo ficaria como estava. Toríbio, o cavalo dopado, foi o responsável por salvar a agência de perder três importantes contas e por mantê-la no rol de atendimento do governo.

Outra conquista significativa nesse período, e que também serviu para provar o lado empresarial da MPM, foi a da conta do Instituto Brasileiro do Café (IBC). No final de 1964, o governo Castelo Branco implantou uma política de erradicação do café. Tratava-se de substituir os pés velhos do fruto por outras culturas. Como no governo Getúlio Vargas houve a queima do café para manter os preços no mercado internacional, era necessário um esforço de comunicação para que a sociedade pudesse diferenciar o novo plano do ocorrido anteriormente. E era preciso uma agência para comunicar isso ao público em geral.

A MPM e outras cinco agências – Standard, Denison, Norton, Alcântara Machado e JMM – foram classificadas em uma concorrência aberta pelo IBC. Delas, não eram favoritas a JMM, agência de médio porte de Belo Horizonte, pela posição no mercado nacional, e a MPM, pelo contexto político. Diante disso, a Standard – representada pelo seu presidente e fundador, Cícero Leuenroth – convidou Macedo para que ele fizesse parte do consórcio com as agências que haviam sido classificadas, e lhe garantiu que tinha influência no órgão para definir a vitória desse consórcio que liderava.

Macedo consultou Mafuz e Petrônio, além dos funcionários da MPM. Para todos – sócios e funcionários –, aceitar fazer parte do consórcio pré-acertado era um descrédito ao profissionalismo e ao potencial da agência, que tinha condições de enfrentar sozinha uma concorrência como aquela. Macedo mobilizou a empresa para que entrassem na disputa independentemente do consórcio. Em dez dias concluíram uma campanha, tentando superar tudo o que havia sido apresentado até então, já que eram conhecidas as propostas apresentadas pelas demais agências.

Nesse ínterim, Macedo aproveitou para viajar a Milão, onde foi acertar os trâmites do negócio com o IBC. Resultado: a MPM entrou sozinha e venceu o consórcio na concorrência com uma proposta técnica muito superior. O ganho político e de imagem advindo dessa conquista foi importante e mudou o patamar de prestígio da MPM, o que foi decisivo, inclusive, para a abertura do escritório da agência em Brasília nesse mesmo ano de 1964.

O episódio foi importante e emblemático para a MPM superar a situação de crise gerada pela transição entre os dois momentos políticos, sobressaindo-se com uma postura profissional ao oferecer serviços de comunicação no mesmo nível, tanto para o setor privado quanto para o público. A agência conseguiu permanecer no mercado, pois, apesar das diferenças entre o governo democrático de Jango e o regime repressivo militar, o Brasil mantinha um processo de industrialização pesado, iniciado na década anterior, e a publicidade foi percebida também como fundamental para o desenvolvimento do País.

Com isso, a MPM deixava de ser uma ameaça ao novo regime e se mostrava parte de um setor a serviço do sistema econômico. O crescimento da agência e do mercado publicitário em geral, nesse período, deveu-se à fase de desenvolvimento industrial, uma das ideologias do regime militar que visava à "Doutrina do Desenvolvimento e da Soberania Nacional". Embora houvesse uma grande massa da população sem poder de consumo para adquirir os bens que ascendiam na economia brasileira, a industrialização nacional tomou rumos que, a partir de 1964, colocaram o País no período conhecido como "o milagre brasileiro".

No auge do poder dos militares – entre 1968 e 1971 –, o Produto Interno Bruto (PIB) atingiu o índice de crescimento anual de 8%, a indústria de automóveis cresceu 19% e a de eletrodomésticos, 13%. A industrialização se consolidou, uma massa crescente de trabalhadores começou a trabalhar nas fábricas, formando boa parte da então Classe Média brasileira, e a publicidade foi amplamente utilizada como ferramenta para renovar as necessidades de consumo da população.

5

cruzando a fronteira gaúcha

Com apenas dois anos de idade, em 1959 a MPM dá um passo fundamental que, além de alavancar seu crescimento futuro, foi uma demonstração clara do espírito empreendedor e cosmopolita de seus três sócios. Para alcançar os objetivos do projeto de industrialização acelerada denominado "50 anos em 5", o governo Juscelino Kubitschek abriu as portas do País ao capital internacional, especialmente para as grandes montadoras de automóveis. Coincidentemente, porém, em 1959, durante o período de maior aporte de capital externo, uma transação inédita aconteceu no Brasil: a Petróleo Ipiranga, empresa de capital nacional, comprou todo o acervo da Gulf Petroleum, uma multinacional norte-americana que decidira encerrar suas atividades por aqui.

Vale lembrar que desde 1953, ano em que a Ipiranga inaugurou suas novas instalações com a presença do Presidente da República, Getúlio Vargas, ela vivia uma situação de crescimento limitado. Naquele mesmo ano foi sancionada a Lei 2004, que, além de criar a Petrobras, tornava monopólio da União a pesquisa e lavra de jazidas de petróleo em território nacional, o refino de petróleo bruto de origem nacional e dos derivados produzidos no País e o transporte. As empresas privadas, como a Ipiranga, continuariam produzindo, mas ficavam impedidas de promover qualquer aumento de sua capacidade de produção, porque o refino de petróleo passava a ser reservado à Petrobras.

Comprar a Gulf significou adquirir uma extensa rede de postos de distribuição de combustível espalhada pela região central do País, onde ela não atuava. Uma chance de tornar-se nacional, de descobrir o Brasil. A façanha, claro, deveria ser explorada comercialmente com uma grande campanha de comunicação que abrangesse não só a mídia impressa e radiofônica – as principais da época –, mas também filmes para a TV Rio, dos Diários Associados, inaugurada em 1951, organização de evento para a comunidade empresarial, inauguração oficial de um posto Ipiranga com a solenidade de troca da placa da Gulf e todas as ações de relações públicas que o acontecimento demandava.

E foi exatamente este o potencial vislumbrado pela MPM ao perceber o grande passo que seu principal cliente estava dando. A base nacional da Ipiranga passaria a ser o Rio de Janeiro, ficando a unidade de Porto Alegre restrita à operação local. Havia, no entanto, dois problemas imediatos que a agência precisava resolver para que seu plano de expansão também se concretizasse. O primeiro era a necessidade de montar uma operação no Rio, com a ida de um dos sócios em caráter definitivo para lá. Todavia, na capital federal, a Ipiranga tinha como pessoa-chave um dos sócios do empresário gaúcho Francisco Martins Bastos, o advogado João Pedro Gouveia Vieira, que já trabalhava com uma agência carioca, a Interamericana de Publicidade, de Armando D'Almeida. Este sim era o maior desafio a ser enfrentado pela MPM.

Não passava pela cabeça de ninguém da diretoria da Ipiranga, na então capital da República, requisitar esses novos *jobs* à MPM Propaganda, a agência que cuidava de seus interesses no Sul. Até porque ela começava a marcar presença em Porto Alegre e sua expansão entre as concorrentes era apenas regional. E uma aquisição como essa, que a Ipiranga acabava de concretizar, merecia um tratamento de comunicação de uma agência de expressão nacional, famosa, de competência reconhecida nas regiões mais desenvolvidas do País.

Estava claro que aquela que tivesse a conta nacional da Ipiranga se tornaria a grande agência do grupo que começava a se formar naquele momento. Macedo, Petrônio e Mafuz discutiram entre si quem iria para o Rio acompanhar o seu principal cliente. Na época, a mãe de Mafuz, Latife, estava muito doente, e ele decidiu que deveria ficar perto dela. A resolução recaiu, então, sobre Macedo e Petrônio. O primeiro tinha acabado de se casar com sua primeira mulher, Maria Amélia, e o segundo era muito ligado a um dos clientes fundadores da agência, a A. J. Renner. Por conta disso, ficou decidido que Macedo teria a missão de abrir a operação da MPM no Rio.

Antes, porém, era necessário fazer o mais importante: conquistar a conta nacional da Ipiranga – ou seja, derrubar a poderosa estrutura da Interamericana. A boa relação de Mafuz com o Dr. Bastos fez diferença nesse momento. Afinal, fora ele quem colocara, anos antes, o empresário em contato com o então Presidente da República, Getúlio Vargas, no Palácio do Catete, na época da criação da Petrobras e da Lei 2004. Enquanto cumpria seu contrato de *non-compete* após vender a Sotel para a McCann Erickson, durante o primeiro ano em que teve de se manter oculto da agência, Mafuz atuava como uma espécie de gerente de comunicação da Ipiranga. Com todas essas credenciais, ele e seus dois sócios foram procurar o Dr. Bastos. Pessoalmente. Uma conversa de gaúcho para gaúcho. No encontro, o empresário revelou que, como a decisão já estava tomada, somente uma manifestação política poderia fazer com que a escolha da agência fosse revista.

Macedo, então, procurou João Goulart, o Vice-Presidente de JK, que estava passando aquele fim de semana em Capão da Canoa, uma praia gaúcha. O tio questionou como ele poderia interferir em um tipo de decisão como essa, e Macedo teve uma ideia simples, mas eficiente. Ele próprio redigiu um bilhete que seria assinado por Jango e enviado a Paes da Cunha, que era o superintendente da Ipiranga no Rio. O bilhete seria em tom pessoal – não uma manifestação do governo –, dizendo que ele estava feliz por ver um grupo como a Ipiranga ultrapassando as fronteiras do Rio Grande do Sul, uma demonstração da força do empresariado gaúcho.

No final do bilhete, um P.S., uma observação sutil e insinuante: "A propósito, dupla felicidade, porque soube que a MPM está acompanhando os passos de vocês". O bilhete foi enviado. Dias depois, Luiz Macedo voava para o Rio de Janeiro para organizar o lançamento da Ipiranga na capital do País. A Interamericana estava derrotada. A conta era da MPM.

Os primeiros dias de Macedo no Rio foram tensos e enlouquecidos. Ainda não familiarizado com a nova cidade e tendo a responsabilidade de um lançamento como esse, precisando provar à direção da Ipiranga que a MPM pelo menos se igualava à competência da Interamericana, aquele era um desafio e tanto e uma prova de fogo para Macedo. Hospedado no Hotel Serrador, ele rapidamente transformou sua suíte em uma base da agência, e dali mesmo despachava com alguns *freelancers* que havia recrutado em esquema de emergência.

As dificuldades eram tamanhas que uma ligação para o escritório de Porto Alegre para pedir auxílio demorava dois dias para ser completada. O coquetel de lançamento da Ipiranga no Rio aconteceria no prédio da Mesbla, na Rua Barão de Passagem, no centro da cidade. Um coquetel que, por sinal, teve sucesso assegurado quando Adolfo Bloch, o presidente da todo-poderosa revista Manchete, garantiu sua presença na solenidade.

A sorte também ajudou Macedo na sua primeira empreitada carioca. Por meio de amigos em comum, conheceu Silveira Sampaio, então um dos mais populares apresentadores da televisão brasileira, a quem contou que a MPM havia pensado em inaugurar oficialmente a Ipiranga no Rio trocando as placas de um posto de serviço, de Gulf para Ipiranga. Silveira ficou entusiasmado com a ideia e afirmou que faria o maior estardalhaço no seu programa na TV Rio se Macedo conseguisse filmar tudo aquilo. E até sugeriu o posto, o do Cantagalo. Dias depois, com a presença de toda a diretoria da Ipiranga – e de um cinegrafista arrumado às pressas –, as placas do posto de combustível Cantagalo foram mudadas. No dia seguinte, todo o Rio de Janeiro sabia que uma empresa nacional comprara uma multinacional. A empresa regional nascida pouco mais de vinte anos antes abandonava o Y de seu nome e passava a se chamar Cia. Ipiranga de Petróleo.

Com o passar dos anos, o escritório carioca da MPM foi se firmando e passou a atender outros clientes, como Loteria Federal, Imobiliária Nova Iorque (a maior do Rio de Janeiro na ocasião) e Colchões Anatom. A década de 1960 já dava seus primeiros passos e a capital federal tinha acabado de mudar do Rio para a recém-inaugurada Brasília.

entrada no maior mercado do País

A ideia inicial dos sócios da MPM de criar a melhor agência gaúcha foi rapidamente revista quando a empresa montou sua operação no Rio de Janeiro. Embora não planejada, a expansão nacional seguia os passos do principal cliente, o que era imprescindível para o crescimento. Uma vez que essa abertura foi feita, era natural que, cedo ou tarde, a MPM também começasse a olhar para São Paulo, já que a economia paulista crescia a índices altíssimos, principalmente em razão da emergente indústria automobilística que se instalava na região metropolitana da capital do estado. A ida para São Paulo, no entanto, significava entrar no maior mercado publicitário do País, com uma concorrência muito forte.

Assim, no dia 24 de junho de 1960, inicia-se a operação do escritório paulistano da MPM. Petrônio Corrêa conta como foi esse começo de atuação no maior mercado do País:

> "Funcionávamos como uma estrutura de apoio e atendimento aos nossos clientes nacionais. Não tínhamos grandes contas locais. Além disso, o mercado paulista já estava estratificado quando chegamos. A concorrência era muito forte. Por esses motivos todos, resolvemos adotar uma tática de guerrilha, na tentativa de conquistar os espaços possíveis para uma agência do nosso porte".

Durante quatro anos, São Paulo respondeu à filial carioca sob o comando de Luiz Macedo. Era ele quem ia a São Paulo, seguido de Petrônio. O principal obstáculo que enfrentava era a pecha de ser "uma agência gaúcha", o que denotava ser uma empresa que não conhecia a dinâmica do mercado local, não estava habituada às modernas técnicas de publicidade e não sabia conviver com clientes paulistas.

No primeiro ano, o escritório paulista fechou com déficit. Não havia ainda por parte de Macedo, Petrônio ou Mafuz a intenção de fixar residência em São Paulo. No entanto, com o passar dos anos, Petrônio passou a ir mais frequentemente à cidade. Paralelamente, dividia seu tempo com atividades associativas, um lado de sua atuação profissional que se tornaria marcante ao longo de sua trajetória e que já começava a aflorar.

Em 4 de dezembro (Dia Internacional da Propaganda) de 1963, um jantar comemorativo realizado no Umbu Hotel, de Porto Alegre, que contou com a presença de mais de 400 pessoas, celebrava a posse do presidente de uma nova entidade, a Federação Brasileira de Publicidade (Febrasp) fundada por Geraldo Alonso, da Norton Publicidade: Petrônio Corrêa. No discurso de posse, o P da MPM afirmou que recebia com "humildade a honrosa investidura" e sentia que a homenagem traduzia "o reconhecimento dos nossos colegas do centro e do norte do País do alto nível profissional e técnico atingido pela publicidade no Rio Grande do Sul, e do quanto ela representa hoje cultural e materialmente".

O envolvimento ativo de Petrônio com as principais entidades do mercado publicitário ajudou consideravelmente a MPM a ser percebida cada vez mais como um competidor nacional, perdendo um pouco a resistência inicial por simplesmente ter nascido no Rio Grande do Sul.

Paralelamente, em meados dos anos 1960, começou a haver certa mudança na estrutura do mercado publicitário no Brasil. Algumas agências brasileiras passaram a perceber que, para expandir, era preciso fazer frente às multinacionais, não temer a sua concorrência. A arma para isso era justamente se apropriar do melhor que essas multis haviam trazido para o mercado nacional, como as modernas técnicas de marketing e planejamento, e aliar às características brasileiras. Um grupo formado por Interamericana, Norton, Standard e Alcântara Machado, que surgiu em 1963, já tinha esse desafio nas suas agendas. A MPM começou a fazer parte desse processo por estar, então, mais presente em São Paulo.

multirregionalismo: uma nova forma de atuação nacional

No período entre 1960 e 1964, enquanto o escritório de São Paulo da agência foi comandado a distância por Luiz Macedo, a unidade paulista contou com alguns gerentes, mas o modelo não prosperou. Por se tratar de um mercado altamente complexo e competitivo, era necessária a presença efetiva de um dos donos na operação. Em 1965, Macedo colocou essa questão aos seus sócios. Antonio Mafuz, por conta dos problemas de saúde com sua mãe, que se agravaram, ficou impedido de deixar Porto Alegre. Dessa forma, coube a Petrônio Corrêa assumir o escritório de São Paulo.

Durante seis meses, ele passava a semana em São Paulo e retornava ao Sul nos fins de semana. Mas sua mulher, Elza, pressionava-o para que a família se mudasse definitivamente, de modo que todos pudessem ficar mais tempo juntos. Assim, em janeiro de 1966, a família Corrêa instalou-se definitivamente na maior cidade do País, onde permanece até os dias atuais.

Nessa mesma época, a vida institucional de Petrônio já estava bastante intensa, pois nos dois últimos anos havia presidido a Febrasp, ficando responsável por fazer a articulação junto ao Congresso da aprovação da Lei 4.680. Ele próprio descreve esse período:

> "Foi aí que eu de fato comecei a ficar conhecido. Em 1964, já havia recebido o título de Publicitário do Ano em um concurso promovido pelo jornal Correio da Manhã, mas era um título local. Com a vinda para São Paulo, passei a ter projeção nacional".

O crescimento da MPM fez com que os sócios da agência tivessem de tomar medidas administrativas para se adequar ao momento de expansão. De 1964 para 1965, o capital social da MPM saltou de 42 milhões de cruzeiros para 120 milhões. Com sua espinha dorsal praticamente montada a partir dos escritórios de Porto Alegre, Rio de Janeiro e São Paulo, era hora de avançar em busca de novos mercados. Antes, porém, fazia-se necessário premiar o time que ajudara a empresa a alcançar esse patamar em apenas oito anos. Mafuz, Petrônio e Macedo decidiram democratizar o capital social da agência abrindo mão de parte de suas cotas desse aumento de capital, colocando-as à venda exclusivamente para funcionários. Assim, Sully Souza Martins, Armando Kuwer, José Antonio Simões, Ariel Figueroa, Delmar Francisco da Silva, Iran Carvalho – todos funcionários desde a fundação da MPM em Porto Alegre – e Adão Juvenal de Souza, funcionário que ganharia muita importância na agência, receberam ações da empresa. No Rio, Aylton Figueiredo, Darcy Gonçalves e Sérgio Stachlewski também se tornaram sócios.

Com esse estímulo à participação dos funcionários, a MPM obteve como resultado, ao final do ano, um crescimento real de 110%, atingindo um faturamento de 2,4 milhões de dólares. Nesse ponto, contava com 180 funcionários em âmbito nacional e uma carteira de clientes formada por 70 marcas, ocupando a 14ª posição no ranking nacional de agências.

A partir de agosto de 1965, a MPM passou a funcionar com sua nova estrutura administrativa, dando maior autonomia aos gerentes de Porto Alegre, Rio de Janeiro e São Paulo. O sistema exigiu a criação do cargo de auditor, confiado a Sully Martins. Ao mesmo tempo, José Simões, Aylton Figueiredo e Osvaldo Assef, que gerenciavam, respectivamente, os três escritórios, tiveram suas obrigações aumentadas com a transformação de seus cargos em gerências especiais.

Naquele ano, a MPM deu um passo decisivo na sua opção – meio intuitiva – de expansão regional. Um ano antes havia sido criada a unidade de Brasília; agora, era a vez da de Curitiba. A primeira ficou sob a supervisão de Macedo, a partir do Rio, e a segunda respondia a Petrônio, a partir de São Paulo.

Na realidade, a operação na nova capital federal teve início alguns anos antes, mas de forma pouca estruturada. Como tudo estava começando no Planalto Central, a MPM demorou quase uma década para consolidar seu escritório no Distrito Federal, o que só veio a ocorrer de fato no início dos anos 1970. Os grandes clientes por lá eram a Caixa Econômica Federal e a Loteria Federal.

Com o desenvolvimento da Superintendência do Desenvolvimento do Nordeste (Sudene), criada em 1959 pelo presidente Juscelino Kubitschek, foi acelerado o processo de industrialização de Pernambuco. Em 1967, sentindo o potencial do novo mercado, a MPM resolveu abrir uma unidade em Recife. Inicialmente, a operação funcionava como um escritório de representação. No entanto, com a instalação na capital pernambucana de empresas cujas contas a agência já atendia no Sul, como Tintas Coral e Springer, e com a intenção de se firmar como uma agência do Nordeste através do atendimento de contas regionais, em abril de 1968 o escritório de representação foi transformado em uma pequena agência local.

A nova agência cresceu rapidamente, apesar da forte concorrência das filiais da Denison, J. Walter Thompson e Norton, já instaladas em Recife, assim como das agências locais. Um dos focos principais dessa expansão foi o atendimento a contas do governo para que se pudesse dar suporte à ampliação do leque de clientes da iniciativa privada. Nilo Coelho era o governador de Pernambuco, e as primeiras contas conquistadas pela agência foram a da Administração dos Sorteios do Talão da Fortuna (Astaf) e a do Banco do Estado de Pernambuco (Bandep). No entanto, a conta mais expressiva da operação de Recife era a das Casas Pernambucanas, que também, posteriormente, impulsionou a abertura da unidade de Salvador, em 1970.

Naquele ano, a MPM encerrou a década com sete escritórios espalhados pelo País. Além dos três principais – Porto Alegre, Rio de Janeiro e São Paulo –, faziam parte da rede Brasília, Curitiba, Recife e Salvador. O modelo mostrou-se acertado. A agência saltou para a 7ª colocação no ranking nacional, fechando o ano com faturamento de 8,4 milhões de dólares, 281 funcionários e 88 clientes.

Ao longo da trajetória da MPM, este será um traço marcante de sua atuação: o multirregionalismo. O conceito consiste na atuação em todo o País por meio de unidades com total autonomia e individualidade, porém, com a mesma filosofia dos três escritórios principais. Nos anos 1980, essa filosofia levou a agência a totalizar 14 operações em todo o Brasil, somando quase 1.000 funcionários.

a MPM e o Golpe

A proximidade com o governo federal desde seu nascedouro e, em especial, com João Goulart, trouxe inúmeras vantagens à MPM. No entanto, o ano de 1964 colocaria à prova essa relação atávica. Empossado como presidente em meio a um processo turbulento desencadeado após a renúncia de Jânio Quadros, de quem era vice, Jango enfrentou grandes desafios enquanto esteve no poder. A renúncia de Jânio, em 25 de agosto de 1961, criou uma grave situação de instabilidade política. Jango estava na China, mas a Constituição era clara: o vice-presidente deveria assumir o governo.

Porém, os ministros militares se opuseram à sua posse, pois viam nele uma ameaça ao País por seus vínculos com políticos do Partido Comunista Brasileiro (PCB) e do Partido Socialista Brasileiro (PSB). Apesar disso, não havia unanimidade nas altas esferas militares sobre o veto a Jango.

Com a liderança de Leonel Brizola, cunhado de Jango e governador do Rio Grande do Sul, teve início o movimento que ficou conhecido como Campanha da Legalidade. Brizola e o general Machado Lopes, comandante do III Exército, baseado no Rio Grande do Sul, mobilizaram o estado em defesa da posse de Jango. Usando uma cadeia de mais de 100 emissoras de rádio, o governador gaúcho conclamava a população a sair às ruas e defender a legalidade. A Campanha da Legalidade logo recebeu o apoio dos governadores Mauro Borges, de Goiás, e Nei Braga, do Paraná.

No Congresso Nacional, os parlamentares também se opuseram ao impedimento da posse de Jango. Na volta da China, Goulart aguardou em Montevidéu, capital do Uruguai, a solução da crise político-militar. Como os militares não retrocediam, o Congresso fez uma proposta conciliatória: a adoção do parlamentarismo. O presidente tomaria posse, preservando a ordem constitucional, mas parte de seu poder seria deslocada para um primeiro-ministro, que chefiaria o governo.

No dia 2 de setembro de 1961, o sistema parlamentarista foi aprovado pelo Congresso Nacional. No dia 8, Jango assumiu a Presidência. Tancredo Neves, do PSD de Minas Gerais, ministro do governo Vargas, tornou-se primeiro-ministro. Neves demitiu-se do cargo em julho de 1962 para concorrer às eleições de outubro do mesmo ano, que iriam renovar o Congresso e eleger os governadores. Goulart articulou a retomada do regime presidencialista. Após a saída de Tancredo, tornou-se primeiro-ministro o gaúcho Brochado da Rocha, também do PSD, que deixou o cargo em setembro do mesmo ano, sendo sucedido por Hermes Lima.

Em 1962, o governo divulgou o Plano Trienal, elaborado pelo economista Celso Furtado para combater a inflação e promover o desenvolvimento econômico. O programa incluía uma série de reformas institucionais, visando atuar sobre os problemas estruturais do País. Entre as medidas, previa-se o controle do déficit público e, ao mesmo tempo, a manutenção da política desenvolvimentista com captação de recursos externos para a realização das chamadas reformas de base, que eram medidas econômicas e sociais de caráter nacionalista que previam maior intervenção do Estado na economia.

O Plano Trienal falhou, após enfrentar forte oposição, e o governo brasileiro se viu obrigado a negociar empréstimos com o Fundo Monetário Internacional, o que exigiu cortes significativos nos investimentos. Nesse período, foi convocado um plebiscito sobre a manutenção do parlamentarismo ou o retorno ao presidencialismo, para janeiro de 1963. O parlamentarismo foi amplamente rejeitado, graças, em parte, a uma forte campanha publicitária promovida pelo governo.

Ao longo do ano de 1963, cresceu a politização entre os setores da baixa hierarquia das Forças Armadas (sargentos, cabos, soldados e marinheiros). Em 12 de setembro irrompeu em Brasília uma rebelião de sargentos da Aeronáutica e da Marinha, inconformados com a decisão do Supremo Tribunal Federal, baseada na Constituição vigente, de não reconhecer a elegibilidade dos sargentos para o Legislativo. O movimento foi facilmente debelado, mas a posição de neutralidade adotada por Jango diante do movimento desagradou grande parte da oficialidade militar, preocupada com a quebra dos princípios de hierarquia e disciplina das Forças Armadas. Intensificaram-se suspeitas de que estivesse em preparação um golpe de Estado, de orientação esquerdista, apoiado por cabos e sargentos. Ao mesmo tempo, fortalecia-se a posição dos oficiais generais que, em 1961, tinham sido contra a posse de João Goulart como presidente.

Apoiado pelo seu partido, o PTB, e por parte do PSD, Jango inicia o ano de 1964 prometendo grandes reformas sociais, entre elas a nacionalização das empresas estrangeiras e a reforma agrária nas regiões Norte e Nordeste. Ao mesmo tempo em que busca apoio popular para esses projetos, Goulart enfrenta oposição dos governadores de São Paulo, Adhemar de Barros; da Guanabara, Carlos Lacerda; de Minas Gerais, Magalhães Pinto; e do próprio Rio Grande do Sul, Ildo Meneguetti. As razões da oposição estão centradas em dois pontos principais: a inflação galopante e a elevada dívida externa.

No dia 13 de março de 1964, João Goulart realiza o Comício da Central, no Rio de Janeiro. Em público, Jango assina dois decretos: o de nacionalização de todas as refinarias de petróleo particulares e o de criação da Supra – Superintendência para a Reforma Agrária. A oposição responde seis dias depois, em São Paulo, com 500 mil pessoas saindo às ruas na "Marcha da Família com Deus pela Liberdade". A passeata é organizada pela União Cívica Feminina.

Em Minas Gerais, quartel-general da oposição, o governador Magalhães Pinto, os generais Olímpio Mourão Filho e Carlos Luis Guedes e o marechal Odílio Denys preparam a reação. No dia 31, os generais Olímpio e Guedes deflagram o Golpe e as tropas mineiras começam a marchar para o Rio de Janeiro e Brasília.

Jango refugia-se em Porto Alegre, no dia 1º de abril, enquanto o presidente do Senado, Auro de Moura Andrade, declara vaga a Presidência da República e empossa como presidente em exercício o presidente da Câmara dos Deputados, Ranieri Mazzilli. No Sul, Jango ganha o apoio de Brizola para resistir, mas recusa. E no dia 4 de abril pede asilo político ao Uruguai. Uma semana depois, o Congresso Nacional "elege" presidente o general Humberto de Alencar Castello Branco, que toma posse no dia 15.

Na fatídica noite de 31 de março, Luiz Macedo, o sobrinho publicitário de Jango, pressentiu que as ligações familiares com o presidente deposto e o fato de a MPM ter feito toda a campanha do "Diga não ao Parlamentarismo" – com o famoso jingle "Vamos Jangar", de Miguel Gustavo, em 1961, poderiam trazer problemas. Decidiu ir às pressas buscar proteção na sua terra natal. Não teve tempo nem de mandar suspender o anúncio da Eletrobras, que acabou sendo publicado nos principais jornais cariocas no dia 1º de abril. A peça, sobre Sete Quedas, trazia o logo da Eletrobras e, abaixo, a assinatura: "Realização Goulart".

Nessa mesma noite, havia nos salões do Clube do Comércio, em Porto Alegre, uma festa. Era o coquetel do Festival de Manequim, promovido pela MPM em parceria com a Livraria do Globo, patrocinado pela Companhia de Cigarros Sinimbu. Petrônio Corrêa estava lá e ouviu os rumores de que o governo caíra e as tropas estavam nas ruas. Mas não se abalou. Despachou para a cidade de Rio Grande o contato Paolo Melloni para tratar dos problemas do maior cliente da agência: a Petróleo Ipiranga S/A, que estava sendo encampada pelo governo Goulart através do decreto assinado em público pelo Presidente durante o Comício da Central. Melloni, porém, não pôde fazer nada: a refinaria estava ocupada pelo Exército. Os dias que se seguiram ao Golpe foram de expectativa e tensão. Como todo o País, a MPM parou, esperando o que iria acontecer.

Em Porto Alegre, o departamento de criação da agência, por falta do que fazer, realizou um concurso de pipas. Foram dez dias de aparente inércia. Os sócios Mafuz, Petrônio e Macedo temiam retaliações. E elas vieram. O anúncio da Eletrobras, publicado nos jornais cariocas, resultou em um famoso IPM (Inquérito Policial Militar) do novo governo. Os militares queriam saber os motivos que levaram a MPM a publicar o tal anúncio, achando que ele integrava um plano maior de conspiração, sem entender que fazia parte de uma programação prévia que as agências costumavam fazer com os veículos. O inquérito acabou graças à interferência do sogro de Nelson Gomes Leite, ex-diretor da MPM-RJ, um compadre do futuro presidente, o general Costa e Silva.

Costa e Silva ligou para o coronel responsável pelo tal IPM e mandou arquivar tudo. Além disso, ordenou o pagamento das faturas atrasadas da Eletrobras, o que representou um dinheiro importante no caixa da MPM. Claro que esse processo levou meses.

Ao mesmo tempo em que a MPM-RJ enfrentava o IPM, a MPM Porto Alegre abria suas portas para uma velada sindicância militar, incentivada por denúncias de algumas agências concorrentes de que a MPM vivia às custas do dinheiro público gasto por Goulart. Assim, a agência passou por uma devassa. Livros contábeis, livros-caixas e contas correntes viraram alvo da vigilância do regime autoempossado.

Para pôr fim, definitivamente, às suspeições, Mafuz ajudou bastante com o seu talento e encanto interpessoal. Descobriu que vários dos homens que assumiam cargos importantes no novo regime tinham estudado com ele no Centro Preparatório de Oficiais da Reserva (CPOR), no quartel de Pelotas, mais de 20 anos atrás. Eram amigos de confiança. Muitos que, como ele, eram tenentes ou capitães naquele tempo, assumiam agora funções públicas, tendo como cartão de apresentação as patentes de coronéis e generais. Um deles, inclusive, chegou a ser candidato à Presidência: Mário Andreazza. Com muita conversa e explicação sobre as atividades da MPM, Mafuz conseguiu convencê-los de que aquela sindicância não passava de um mal-entendido.

Passados os primeiros meses após o Golpe, a vida continuou na MPM, e a agência começou a experimentar uma fase importante de consolidação.

o furor Elza Soares

Em agosto de 1964, a MPM cria o primeiro jornal oficial de comunicação interno para divulgar suas atividades, o bimestral *O Cabrito* – que, na linguagem publicitária, tem o mesmo significado de "barriga" para o jornalismo, ou seja, jargão que representa erro, mentira involuntária. Produzido em Porto Alegre, *O Cabrito* circula também nas MPMs do Rio de Janeiro e de São Paulo.

Na capa da primeira edição, os sócios da MPM saúdam o 7º aniversário da empresa, assinando um pequeno texto: "Nunca fizemos anúncios excepcionais. Tampouco fizemos anúncios medíocres. Estes anos fizemos sempre bons anúncios". O jornal também divulga o ingresso da MPM no Sistema Internacional de Agências de Publicidade, que reúne agências de 18 países da América Latina e duas da Europa. A MPM, com suas três unidades, passa a representar o Brasil na entidade, que tem por finalidade impulsionar a integração por meio da propaganda e promover as vendas entre os países da Alalc (Associação Latino-Americana de Livre Comércio). No final do ano, a MPM faz seu primeiro encontro nacional, em Porto Alegre, com três dias de duração. Na pauta: debater os problemas ligados à expansão da empresa e à adoção de planos comuns de trabalho para seus três escritórios.

O ano de 1964 também reservou à agência uma campanha que teve enorme repercussão – não necessariamente positiva. Naquela época, a Lever passava a investir cada vez mais no OMO, com a assinatura "Brilho à Brancura", e conquistava mais e mais consumidoras do País trocando a imagem do sabão em pó pela do detergente. Por sua vez, a Samrig, empresa gaúcha fabricante do sabão Alba, não acreditava que a estratégia da concorrente de apostar na ideia do detergente ia dar certo. Em novembro de 1964, com as vendas baixas, pediu à MPM uma campanha capaz de desbancar o tal brilho à brancura.

A agência, então, passou a trabalhar no *job* e a buscar caminhos para solucionar aquele problema. Criou um "sabão revolucionário", o Alba Microperolado, que nada tinha de diferente do velho sabão Alba. Mas, para que a ideia do conceito microperolado desse certo, era preciso investir nela. A Samrig aceitou o desafio. A MPM contratou Miguel Gustavo para criar um jingle, Altamiro Carrilho para escrever a música e Elza Soares para cantá-la. A mídia em torno da campanha, por conta dessa combinação de talentos, foi poderosa.

Um fato absolutamente fora do controle da agência e do cliente, no entanto, abalou os resultados da ação. O craque de futebol Mané Garrincha, no auge de sua carreira, deixa a mulher e as sete filhas para morar com Elza Soares. A reação de repúdio da opinião pública à união foi imediata: as emissoras de rádio e televisão, a agência e até a Samrig começaram a receber centenas de abaixo-assinados ameaçadores das donas de casa gaúchas. Nas mensagens, afirmavam que não mais comprariam um produto cuja propaganda era feita com a imagem e a voz de Elza Soares, uma mulher que roubou um pai de família de um lar. E o resultado foi uma catastrófica queda nas vendas.

Em reuniões de avaliação entre as equipes da agência e do cliente, chegaram à conclusão de que era preciso mudar. A reputação de Elza estava comprometendo seriamente a imagem do sabão Alba. E logo surgiu um nome para substituir a polêmica cantora: Elizeth Cardoso. A campanha foi refeita, e a proximidade do carnaval do ano seguinte possibilitou a criação de um bloco carnavalesco, o Bloco do Sabão. Em 1965, todos os salões de Porto Alegre tocaram a marchinha do microperolado.

Apesar desse esforço e das tentativas de amenizar o impacto negativo criado pela presença de Elza Soares, o tal do microperolado nunca mais emplacou. Um caso típico de perturbação de mercado provocado por uma variável imprevisível do marketing, o caso Elza-Mané. Anos depois, a Samrig ainda tentou relançar o Alba no mercado, mas o choque de 1964 havia sido tão forte que o sabão nunca mais se recuperou. E OMO continuou brilhando e conquistando novos territórios.

6

aflora a vocação de articulador

Quatro meses após a fundação da MPM, em outubro de 1957, ocorreu o I Congresso Brasileiro de Propaganda, no Rio de Janeiro, no auditório da Associação Brasileira de Imprensa (ABI), na esteira do desenvolvimento do setor publicitário naquela década. O encontro foi um marco significativo para uma indústria que dava seus primeiros passos rumo à consolidação. A iniciativa foi encabeçada pela Associação Brasileira de Agências de Publicidade (Abap), entidade que havia sido criada em fevereiro de 1949 a partir de um convênio celebrado pelas agências com base no documento da American Association of Advertising Agencies (4A's), que datava da década de 1930.

Com a realização do I Congresso ficou estabelecido um modelo propriamente brasileiro, cujo objetivo era buscar o equilíbrio de forças entre os diversos atores que formavam a base da indústria: agências, veículos e anunciantes. Petrônio Corrêa participou como delegado deste evento histórico:

"O encontro lançou a semente da nossa indústria com duas iniciativas muito importantes para a consolidação da publicidade: o Código de Ética dos Profissionais da Propaganda e as Normas-Padrão para o funcionamento das agências de propaganda".

De fato, embora o Código de Ética tenha sido lançado por um Congresso promovido pela Abap, sua abrangência envolvia todo o setor publicitário – os veículos e todos os seus pontos, inclusive, foram colocados ali como recomendações, e não como obrigações. Paralelamente, as maiores inovações foram introduzidas pelas Normas-Padrão que substituíram o convênio de 1949 – firmado quando a Abap foi criada –, ao estabelecer novas formas de remuneração para o setor. Em ambos os casos, a competência para interpretar e executar essas normas foi conferida à própria Abap. Ou seja, estava lançada ali a pedra fundamental das regras que norteiam a atividade publicitária até hoje.

O modelo instaurado por essas duas iniciativas criou no Brasil um sistema peculiar, que se afastou do liberalismo ao limitar a livre contratação dos espaços publicitários mediante a instituição de regras minuciosas sobre a fixação dos preços e a remuneração das agências. Essas normas não caracterizavam uma intervenção estatal no mercado de publicidade, pois elas resultaram da própria auto-organização das agências de propaganda, que ainda estavam em fase de consolidação e, portanto, buscavam estabelecer patamares mínimos tanto de remuneração quanto de qualidade.

rivalidade entre Rio e São Paulo

No princípio da década de 1960, Petrônio Corrêa começa a ir a São Paulo com mais frequência para ajudar no fortalecimento da operação local da MPM. Essas viagens também o colocaram em contato com seus pares por aqui já estabelecidos e com quem passava a se relacionar pessoalmente, entre eles Geraldo Alonso, presidente da Norton Propaganda – fundada em 1947 e a principal liderança do setor na época –, e Paulo Arthur Nascimento, da P.A. Nascimento, agência de 1954.

Até os anos 1950, o Rio de Janeiro era o principal mercado publicitário do País. Na virada da década seguinte, entretanto, esse status passa a ser seriamente ameaçado, a ponto de ser perdido em poucos anos. Com a transferência da capital federal para Brasília, em 1960, e com o forte processo de industrialização ocorrido em São Paulo, especialmente no setor automobilístico, iniciado ainda no governo JK, o mercado fluminense começa a perder força. Esse panorama gera também um embate entre as lideranças das entidades representativas do setor estabelecidas até então.

A Associação Brasileira de Propaganda (ABP), embora tivesse uma nomenclatura que lhe conotasse abrangência nacional, era uma entidade carioca – o que continua valendo até os dias atuais. Por seu lado, a Associação Paulista de Propaganda (APP) configurava uma instituição para representar os interesses do mercado de São Paulo (em 1989, a APP passou a se chamar Associação dos Profissionais de Propaganda exatamente por ter sido esvaziada como entidade representativa do mercado paulista). Os mercados gaúcho e mineiro, que já começavam a despontar nacionalmente nessa época, tinham também, respectivamente, suas próprias entidades: a Associação Riograndense de Propaganda (ARP) – não por coincidência fundada por Antonio Mafuz, em 1956 – e a Associação Mineira de Propaganda (AMP).

Com o desenvolvimento do setor publicitário e seu caráter mercadológico cada vez mais profissionalizado, as lideranças da indústria conseguiram fazer com que o Congresso recém-empossado após o Golpe Militar de 1964 aprovasse o Código de Ética dos Profissionais de Propaganda. No entanto, esse processo não produziu nenhum efeito prático no dia a dia das agências, pois o Código não tinha peso de lei. Lideranças do mercado paulista encabeçadas por Geraldo Alonso e Paulo Arthur Nascimento começaram, então, a se articular. Para evitar um embate direto com seus pares cariocas, criaram uma nova entidade, com caráter nacional e que tinha sob seu guarda-chuva todas as associações de profissionais. Nasceu, assim, a Federação Brasileira de Publicidade (Febrasp), para cuja presidência Alonso e Nascimento convidaram não um paulista nem um carioca, mas um gaúcho: Petrônio Corrêa. Sua posse, para uma gestão de dois anos, deu-se em dezembro de 1964.

Como presidente da Febrasp, Petrônio teve um papel fundamental naquela que seria – e é até hoje – a grande referência da atividade publicitária no País: a legislação da propaganda brasileira através da Lei 4.680, que regulamentou a existência das empresas e dos profissionais de publicidade. A grande função do sócio da MPM naquele momento era fazer a articulação com os parlamentares no Congresso para que o anteprojeto, do qual já constava o Código de Ética, fosse transformado, de fato, em lei. Por sugestão de Paulo Arthur Nascimento, as atenções deveriam recair sobre o deputado Pedro Aleixo, natural de Minas Gerais, que havia sido líder da União Democrática Nacional (UDN) na Câmara dos Deputados em 1960 e, no ano seguinte, líder da minoria, apoiando o governo Jânio Quadros. Foi também um dos líderes civis do Golpe Militar de 1964, quando se filiou à Arena.

Por meio da familiaridade com os deputados do Rio Grande do Sul, Petrônio passou a frequentar o Congresso, em Brasília, e se aproximou, finalmente, de Aleixo. Um dia, enquanto tomavam café da manhã juntos, uma notícia nos jornais se destacou dentre as demais. O ex-presidente Jânio Quadros, que estava exilado em Londres, havia passado por uma cirurgia na qual perdera a visão de um dos olhos. Aleixo não perdeu a oportunidade e disparou: "Agora ele vai ficar bom, porque em terra de cego quem tem um olho é rei".

comissão de 20%

O texto-base da lei que regulamenta a atividade publicitária foi redigido por um grupo de dirigentes capitaneados por Caio Domingues, uma das principais lideranças do mercado carioca com destacada atuação em entidades representativas do setor publicitário, fundador da Caio Domingues & Associados, falecido em 1994. O lobby com Pedro Aleixo se mostrou muito bem-sucedido.

No dia 18 de junho de 1965 foi aprovada a Lei 4.680. No artigo 17, determina que "a atividade publicitária nacional será regida pelos princípios e normas do Código de Ética dos Profissionais da Propaganda, instituído pelo I Congresso Brasileiro de Propaganda, realizado em outubro de 1957, na cidade do Rio de Janeiro".

A lei, no entanto, não conferiu força geral às Normas-Padrão, também estabelecidas no encontro de 1957. Isso foi feito alguns meses depois, quando o Poder Legislativo regulamentou a lei por meio do Decreto nº 57.690, de 1º de fevereiro de 1966.

Com isso, consolidou-se na legislação o modelo definido pelo I Congresso de Propaganda, cujo núcleo foi o estabelecimento de que as agências de publicidade teriam direito a uma comissão de 20% sobre os valores pagos com veiculação de mídia. Isso evitou que se instalasse uma competição entre elas pelo oferecimento do menor preço, pois o único critério diferenciador dessas empresas, em tese, passou a ser a qualidade, fato que certamente contribuiu para o altíssimo nível técnico das agências de publicidade brasileiras nas décadas seguintes.

A Lei 4.680 também impôs aos veículos a obrigação de instituir uma tabela de preços e de "não conceder nenhuma comissão ou desconto sobre a propaganda encaminhada diretamente aos Veículos de Divulgação por qualquer pessoa física ou jurídica que não se enquadre na classificação de Agenciador de Propaganda ou Agência de Propaganda".

Dessa forma, sem fazer menção direta, a lei estabeleceu um sistema de remuneração que impossibilitou aos veículos a concessão de descontos aos chamados *bureaux* de mídia, agências especializadas em compra de mídia no atacado e venda no varejo com ágio para os clientes. Muito comum no mundo inteiro, esse modelo de negócios contribuiu para a fragilização financeira das agências em diversos mercados globais, cuja configuração passou a contemplar dois tipos distintos de agências: as de criação e as de mídia, em contraposição ao modelo de agência *full service* vigente no Brasil.

Em 1988, por ocasião da promulgação da Constituição, chegou a haver algum movimento de empresas internacionais configuradas como *bureaux* de mídia questionando a Lei 4.680, com o argumento de que ela não representava a nova ordem constitucional. Um parecer do jurista Ives Gandra Martins, encomendado pela Abap, sugeriu a ilegalidade dos *bureaux* e o mercado, mais uma vez, conseguiu empurrar para longe essa ameaça.

A aprovação da Lei 4.680 também pavimentou a estrada que concederia um novo status ao profissional de propaganda, pois até então sua aceitação social era bastante questionada. Petrônio Corrêa é da primeira geração de herdeiros diretos dos corretores de publicidade, pessoas que trabalhavam em jornais, revistas e emissoras de rádio – bem antes do surgimento da televisão – em busca de clientes para esses veículos.

Devido ao perfil agressivo desses corretores de espaços publicitários, era comum em alguns estabelecimentos comerciais a exibição de cartazes nos quais se lia "Proibida a entrada de pedintes, vendedores e publicitários propagandistas" – ou seja, o nível de aceitação social era o mesmo que o de um mendigo. Isso se dava porque os propagandistas, na primeira metade do século XX, eram os representantes dos veículos que iam pedir anúncios, especialmente para as empresas atuantes no comércio, e não propunham nenhuma solução para seus problemas de vendas, uma etapa anterior à atuação das agências de publicidade. Essa postura acabou gerando um grande desgaste para a reputação desses profissionais.

Um dos grandes méritos de Petrônio e de sua geração foi perceber esse obstáculo e se mobilizar para a construção das bases institucionais de um ofício que, poucas décadas depois, seria um dos cursos mais concorridos e procurados por estudantes em época de vestibular de todo o País. Uma mobilização efetiva que exigia dedicação, determinação e um plano de ações traçado conjuntamente.

A essa altura, o apelido de "Coronel", que ninguém sabe ao certo como surgiu, já começava a ser facilmente identificado com a figura de Petrônio.

Oficial superior na hierarquia militar, a denominação remete a alguém que tem o controle da situação, dá o norte, sabe para onde ir e, principalmente, para onde levar seus comandados. Politicamente, a palavra adquiriu um sentido não muito positivo, que designa indivíduo, em geral um proprietário rural ou um burocrata, que controla o poder político, social e econômico de uma determinada região. A história mostrou que Petrônio soube se apropriar como ninguém da dimensão de poder e prestígio que o apelido lhe conferiu com um estilo totalmente próprio de liderar pelo consenso.

Seu inseparável cachimbo e a postura firme de hábil negociador compõem os elementos de uma personalidade talhada muitos anos antes. A rigidez de caráter herdada de seu pai, João, encontrava um terreno fértil nas lições de disciplina, aprendidas ainda nos tempos de contato do jornal *A Nação*, e de gestão, incorporadas na época em que gerenciava a Grant Advertising, em Porto Alegre. Somada a isso estava uma característica marcante da vida profissional de Petrônio: sua forte atuação associativa.

A visão quase sindical do ofício da publicidade sempre foi um norteador do trabalho desenvolvido por Petrônio – primeiro, paralelamente à sua atuação como empresário na MPM, e depois da venda da agência para a Lintas, em tempo integral.

> "Para mim, sempre foi muito claro que há uma necessidade de se fazer alianças, de se unir, porque o negociador do outro lado, em geral, é mais forte e mais cruel do que você. E lidar com essa oposição de forças individualmente é muito difícil. Por mais que fôssemos concorrentes e brigássemos, tínhamos os mesmos problemas. Era muito melhor nos unirmos. E, graças a Deus, essa não era uma visão apenas compartilhada por mim. Os meus pares, na época, também enxergavam isso, e tal postura fez toda a diferença. Afinal, tínhamos muita coisa a fazer e a construir juntos".

Um desses pares era Roberto Duailibi, que, antes de ser sócio da DPZ, agência fundada em 1968 ao lado de Francesc Petit e José Zaragoza, atuou, entre outras agências, na Standard e na J. Walter Thompson, onde passou a conviver como concorrente com a atuação da MPM e foi também testemunha da formação do mercado publicitário como o conhecemos hoje. Para Duailibi, a atuação de Petrônio Corrêa foi fundamental para pavimentar uma estrada que hoje está larga, asfaltada e totalmente acessível, mas que, em meados do século passado, carecia de todo um trabalho institucional e de formação para abri-la. E essa tarefa foi exercida com muita competência por um grupo de líderes que, antes de tudo, tinham uma visão global do negócio em que estavam inseridos.

> "Nos reuníamos sistematicamente, não como uma máfia, e sim como rivais que sabiam que só poderiam continuar vivos se houvesse união e regras, porque não havia regras naquela época. O próprio conceito de ética na nossa profissão ainda era algo vago. Trabalhávamos com uma profissão que não tinha noção da mentira, do exagero e da verdade. O nosso grande rival era o anunciante que abria sua própria agência, as *houses*. Eu próprio iniciei minha carreira na Colgate Palmolive, que tinha um departamento de propaganda e que, por sua vez, olhava para as agências como uma ameaça, como rivais. O Petrônio Corrêa e o Mauro Salles eram as pessoas que tinham a maior noção de ter uma agenda comum, e eles foram muito importantes para costurar e fazer com que essa agenda de fato tivesse ações práticas e concretas".

Sem dúvida alguma, o grande ponto de inflexão da indústria publicitária brasileira a partir dessa agenda comum que estava em construção foi a aprovação da Lei 4.680. Por tudo o que representa, ela marca o início de um período conhecido como "os anos de ouro" da publicidade brasileira, quando a atividade e o profissional da área se institucionalizaram, os anunciantes cresceram e se organizaram e os veículos se desenvolveram e transformaram em realidade a cobertura nacional. E, principalmente, as agências e seus dirigentes prosperaram financeiramente, puxando para esse ciclo virtuoso todo o mercado.

Afinal, não é demais ressaltar, atuar em uma indústria que assegura margem de receita de 20% sobre tudo o que é movimentado pelas empresas da área é um verdadeiro privilégio para qualquer atividade econômica. E esse privilégio torna-se, a partir de 1965, um direito garantido em lei. Uma vitória de uma geração inteira da qual Petrônio Corrêa foi um importante articulador.

Nem tudo, porém, saiu como esperado na aprovação da Lei 4.680. No texto original do projeto que serviu de base para a regulamentação havia um ponto muito importante que não passou no Congresso. No anteprojeto estava prevista a proibição ao capital estrangeiro nas agências. No entanto, quando o tema entrou em discussão no plenário, a forte pressão por parte de alguns anunciantes internacionais conseguiu fazer com que esse ponto fosse retirado do texto original.

Tendo em perspectiva, essa colocação não fazia muito sentido se levarmos em conta que foram as agências multinacionais que introduziram no País – quando por aqui chegaram, a partir da década de 1930 – práticas altamente profissionais, o que contribuiu sobremaneira para o desenvolvimento do mercado. Além disso, elas vieram para cá na esteira do processo de industrialização que trouxe ao Brasil grandes *players* globais de diversos setores econômicos. Portanto, tinham uma função social e econômica relevante no macrocontexto de desenvolvimento que o País vivia naquele momento.

vida associativa

A atuação em entidades representativas do setor é um traço comum aos três sócios da MPM. Antonio Mafuz fundou, em abril de 1956, a Associação Riograndense de Propaganda (ARP), da qual foi o primeiro presidente, com a finalidade de congregar e defender os interesses de agências, veículos de comunicação, fornecedores gráficos, prestadores de serviços de audiovisual e, mais tarde, de televisão, abrangendo tanto as empresas quanto os profissionais desses setores no Rio Grande do Sul.

Luiz Macedo, por sua vez, foi eleito presidente da Associação Brasileira de Propaganda (ABP), em 1969, e da Abap, em 1974. Também integrou a Comissão Interassociativa de Publicidade Brasileira, que elaborou o documento de autorregulamentação que deu origem ao Código de Autorregulamentação Publicitária e ao Conar.

Mas, sem dúvida alguma, foi Petrônio Corrêa quem levou a sério, e de forma estruturada com suas responsabilidades como sócio da MPM, a vida de líder setorial. Antes de assumir a presidência de uma entidade de abrangência nacional como a Febrasp, a qual comandou durante o biênio 1965/66, presidiu a ARP entre 1963/64, naquela que foi sua primeira experiência em dirigir uma entidade associativa. A partir de então, sua vocação gregária e de líder floresceu numa escalada crescente, que se sedimentaria ao longo das próximas cinco décadas.

Luiz Sales, ex-sócio da Mauro Salles Publicidade – agência fundada por seu irmão em 1966 – e hoje sócio da consultoria SPGA, tornou-se um dos grandes amigos de Petrônio Corrêa, a quem chama de carregador de piano. Ele foi testemunha de sua atuação tanto na MPM quanto na vida associativa.

"O Petrônio sempre foi um catalisador, ele transitava bem em todos os setores. E é muito importante ter uma pessoa que transite em todo o canto para evitar mal-entendidos. Ele era um carregador de piano nessas coisas todas. Chamava para si a tarefa de articular acordos, buscar o consenso, negociar até a exaustão. Todos os três sócios da MPM tinham essa vocação, mas, sem dúvida, o Petrônio era o que mais se destacava dentre os três. O Mafuz fazia isso muito bem lá no Rio Grande do Sul, o Macedo também, no Rio de Janeiro, e o Petrônio realmente conseguia uma abrangência nacional, porque fazia isso a partir de São Paulo e porque gostava de grandes desafios".

Evolução dos logotipos da Ipiranga

Anúncio Pura Gasolina

Personagem Ipirela, garota-propaganda do óleo Ipiranga, inspirada na musa Barbarella (interpretada por Jane Fonda).

Anúncio para o Natal de 1957

Making off do anúncio para divulgar a promoção da venda de porcelanas

Anúncio final para divulgar a promoção da venda de porcelanas

Anúncio da coleção masculina com Trifibra.

Anúncio para charutos Cesarios da Grant, agência na qual trabalhavam Petrônio Corrêa e Luiz Macedo antes da formação da MPM

Produção de moda para a campanha The British Look, locada na Inglaterra

Anúncio para FAC S/A da Sotel, agência que tinha como sócio Antonio Mafuz antes da MPM

Anúncio de lançamento da margarina Primor, da Samrig, na década de 1960.

Anúncio da promoção "A primeira hora de um homem", inspirada no filme "A primeira noite de um homem", para venda de relógios da CasasMasson, 1967.

Anúncio dos fogões Wallig

Anúncio para a Artex, de 1986.

Cena dos filmes de pré-lançamento da Fiat no Brasil:
Ponte Rio-Niterói, Escadaria da Penha e Campo de Provas.

Anúncio do Consórcio Nacional Fiat

Stand da Fiat na Feira Internacional de Automóveis de Santiago, maio de 1983

Dona Flor. Sucesso de bilheteria também nos supermercados.

Milhares de pessoas estão vendo e gostando do filme Dona Flor e seus dois maridos. É a história de uma famosa professora de culinária, seus quitutes e seus amores. Mas Sônia Braga, a atriz principal, não vai dar aulas só no filme. Ela vai recomendar margarina Flor numa ampla campanha de propaganda, em comerciais de TV e de rádio, anúncios de revistas e cartazes murais. Estando presente também nos materiais de ponto-de-venda e na própria embalagem de margarina Flor. Ponha-a em exibição no seu supermercado em seções contínuas. E não se espante se as filas aumentarem na caixa.

Anúncio de oportunidade da margarina Flor com a atriz Sonia Braga por ocasião do lançamento do filme "Dona Flor e seus dois maridos", em 1976.

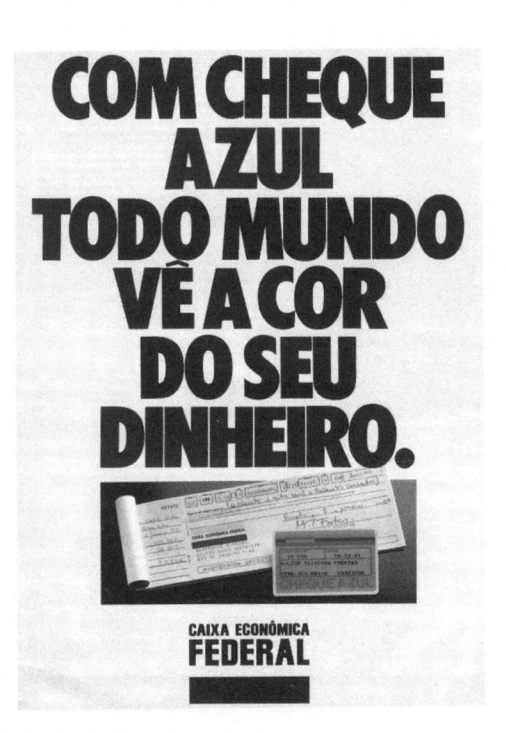

Anúncios de três grandes bancos atendidos simultaneamente pela MPM: Caixa Econômica Federal, Nacional e Banco do Brasil

Anúncios para cigarros Hollywood.

Anúncio institucional da MPM por ocasião do Dia das Mães, em 1983.

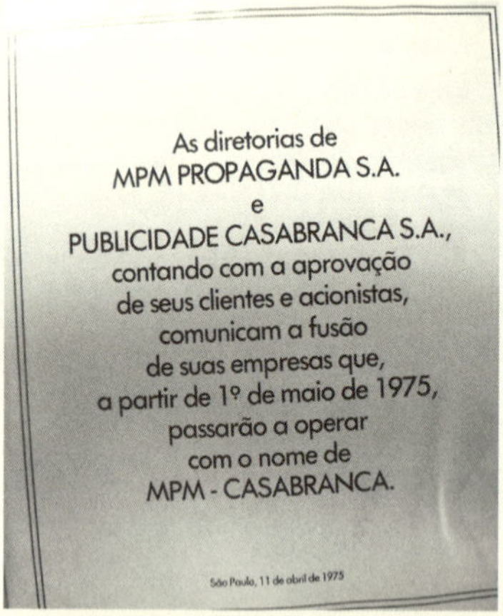

Anúncio da Fusão MPM e Casabranca, publicado nos jornais em 1º de maio de 1975

Logo da MPM e das diversas unidades regionais

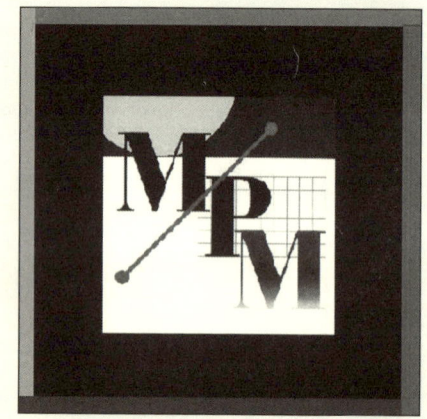

7

a guinada da liderança

As operações de Porto Alegre e do Rio de Janeiro da MPM iniciaram a década de 1970 em franco crescimento. No Sul, essa expansão deu origem, inclusive, à inauguração de uma segunda agência, a RS Escala Comunicações Ltda., em agosto de 1973. Na realidade, essa operação tinha um objetivo estratégico: o atendimento a contas conflitantes. Era o caso, por exemplo, da J. H. Santos e da Imcosul. Na trilha do crescimento, a MPM, em 1974, fez sua primeira incursão no mercado de Santa Catarina, com um escritório de atendimento subordinado à unidade de Porto Alegre.

No entanto, das três operações centrais da MPM – Porto Alegre, Rio de Janeiro e São Paulo –, que eram comandadas por cada um dos sócios, a unidade paulista era a única que não deslanchava, após mais de dez anos de atividade. Em meados dos anos 1970, o mercado publicitário de São Paulo já era extremamente desenvolvido, e não ter representatividade nele era algo impensável para uma agência como a MPM, que tinha pretensões de ser – e já era – um importante *player* nacional. Um dos setores econômicos de maior importância nessa estratégia era o automobilístico. Atender uma conta de automóveis não só conferia prestígio como possibilitava um incremento significativo nos negócios.

Na década de 1970, o setor automobilístico era bastante centralizado, com pouquíssimos competidores. A Volkswagen abocanhava 80% dele, e o Fusca, carro mais barato e mais popular em todo o País, ostentava também a imagem de ser o mais resistente e econômico. Além disso, o comportamento do consumidor no ato da compra era infalível: levava muito mais em consideração a imagem que o carro pretendido tinha no mercado do que as características técnicas de cada veículo. Assim, um modelo de automóvel refletia de maneira muito nítida o segmento social a que pertencia o comprador e o status atribuído por ele a si ou à sua família. Esse comportamento não mudou muito até hoje. A grande diferença é que, atualmente, o número de ofertas e opções disponíveis é infinitamente maior devido à abertura do mercado, iniciada no começo dos anos 1990.

Até então, o mercado brasileiro de automóveis era dominado por apenas três grandes montadoras. Além da Volkswagen, conta da Almap há quase 60 anos, competiam no País a Chevrolet (General Motors), cujo atendimento publicitário era feito pela McCann Erickson – que mantém a conta até hoje –, e a Ford, que deu origem ao surgimento da agência Mauro Salles Publicidade, em 1966 – com o atendimento à sua subsidiária Willys Overland –, depois foi para a Young & Rubicam, nos anos 1990, e hoje está na JWT. Não é necessário dizer que tais clientes colocavam essas agências em posições privilegiadas no ranking nacional pelos altos valores investidos em publicidade.

Em março de 1973, a celebração do acordo de interesse entre a Fiat e o governo de Minas Gerais lançou a pedra fundamental da fábrica da montadora italiana no Brasil. A solenidade foi realizada no Palácio da Liberdade, em Belo Horizonte, com a presença do governador de Minas Gerais, Rondon Pacheco, e do presidente mundial da Fiat, Giovanni Agnelli. A planta construída em Betim, Região Metropolitana de BH, fez da companhia a primeira montadora de automóveis fora do estado de São Paulo. Com a implantação da fábrica da Fiat, uma série de empresas se voltou para Minas, dando origem à mineirização do desenvolvimento. Com isso, nasceram e cresceram cerca de 500 empresas de autopeças e componentes na região, dando origem ao que o guru da administração Michael Porter conceituou como *cluster* em seu livro *A vantagem competitiva das nações*.

A oficialização da entrada da Fiat no Brasil também foi encarada pelas principais agências do mercado publicitário nacional como uma grande oportunidade para marcar território em um dos mais importantes segmentos econômicos. Todas lançaram mão de suas armas para fazer bonito na disputa.

Uma dessas agências – além da própria MPM – era a Casabranca, que tinha como sócios Júlio Ribeiro, Sérgio Graciotti, Antonio José Fonseca Pires e Armando Mihanovich, e já atendia a conta da Fiat Caminhões. Por conta disso, em uma viagem a Nova York, em 1973, Ribeiro conheceu o publicitário Carl Ally, dono da agência de mesmo nome, que tinha a conta da Fiat nos Estados Unidos. Os dois tornaram-se amigos.

No ano seguinte, quando o sócio da Casabranca soube que a Fiat Automóveis estava preparando sua entrada no Brasil, acionou Ally e, paralelamente, entrou em contato com um executivo da montadora que viera ao Brasil, Vincenzo Barello, a quem já conhecia por causa do atendimento à conta de caminhões. Júlio Ribeiro, então, fez a seguinte proposta ao executivo: realizar um amplo estudo mercadológico para mapear o comportamento do consumidor, o posicionamento dos concorrentes e as oportunidades, sem nenhum ônus para a empresa. Se eles gostassem, a Casabranca já estaria pré-qualificada para a concorrência. Ao mesmo tempo, Júlio propôs a Carl Ally que abrisse uma filial da sua agência no Brasil em associação com a Casabranca.

Dias antes da apresentação para a cúpula da Fiat, Ribeiro descobriu que o homem-chave para a decisão de escolher a agência no Brasil só falava italiano. Imediatamente, contratou um professor que o ajudou a fazer uma versão da apresentação em italiano e a decorá-la totalmente no idioma natal da Fiat.

O único risco era ser interpelado com perguntas, pois sabia de cor em italiano apenas o que havia ensaiado. No entanto, o talento de Ribeiro para encantar clientes e conquistar contas novamente falou mais alto e ele conseguiu seduzir os executivos italianos da Fiat. O próprio Carl Ally assistiu à apresentação e ficou tão seguro com o que foi mostrado que disse que não precisava de uma operação conjunta no Brasil para atender a conta, pois confiava totalmente na Casabranca.

Paralelamente, as agências que competiam pela conta da montadora corriam para fazer bonito na concorrência. A MPM, antes mesmo de a disputa ser aberta, mas antecipando-se ao processo, conseguiu fazer com que o sócio Petrônio Corrêa participasse de uma comitiva de empresários brasileiros que visitaram Turim, cidade sede da montadora italiana, onde ele apresentou suas credenciais à direção da empresa.

Durante a seleção, todas as demais participantes da concorrência apresentaram campanhas prontas, enquanto a vantagem da Casabranca era o amplo estudo do mercado que havia sido realizado, salientando as dificuldades existentes para vender aquele design no nosso País, acostumado ao Fusca ou ao modelo americano de carros bojudões. Em vez de apresentar peças, a agência estava preparando o posicionamento de um produto novo no mercado e mostrando como ele deveria atuar para reverter um quadro que, a princípio, lhe era desfavorável. Resultado: a Casabranca conquistou a conta. No entanto, havia alguns obstáculos a serem vencidos de imediato.

O principal deles foi uma campanha ostensiva de outras agências a fim de desabilitar a solidez da Casabranca para atender uma conta da envergadura do lançamento de uma nova montadora no País. Em Minas Gerais, por exemplo, como a Fiat tinha parte de seu capital associado ao governo estadual – então sob o comando de Aureliano Chaves, que sucedeu Rondon Pacheco e era o governador na época da inauguração da fábrica, em julho de 1976 –, os diretores de uma agência local, a JMM, tentaram sabotar a decisão forjando informações, dizendo ao sócio mineiro da Fiat que a Casabranca estava falida.

Foi então que o presidente da Fiat, Adolfo Neves Martins da Costa, e o diretor comercial da empresa, Domenico de Bernardini, chamaram Júlio Ribeiro e Sérgio Graciotti para uma conversa no escritório da montadora, em São Paulo. A primeira pergunta de Domenico foi exatamente esta: "Olhem nos meus olhos, quero saber se vocês estão falidos". Ribeiro e Graciotti afirmaram categoricamente que não, e o executivo italiano mandou uma carta para a matriz dizendo que confiava nos sócios da Casabranca e que não haveria outra concorrência, porque a agência da Fiat no Brasil já estava escolhida.

complementaridade

A situação financeira da Casabranca, todavia, de fato inspirava preocupação. Quando essa conversa ocorreu já estava sendo costurada, paralelamente, uma aproximação com a MPM. A associação nasceu de uma necessidade complementar das duas agências. Por um lado, como admite Júlio Ribeiro, a administração nunca fora o forte de nenhum dos sócios da Casabranca, e a agência estava em uma situação financeira difícil, da qual não poderia sair sozinha, precisando associar-se a alguém de porte para fazer uma composição dando, em troca, a sua carteira de clientes.

Todos os sócios da agência eram neoempresários, pessoas com capacidade muito reduzida para responder às viradas bruscas da economia, ao contrário de outras empresas cujos executivos eram mais experientes, acostumados às mutações do mercado, especialmente de um como o brasileiro na década de 1970. O cenário de anos de chumbo da ditadura trazia a constatação cada vez mais real de que o sonho do milagre brasileiro estava fadado a ser um voo de galinha.

Por sua vez, a MPM de São Paulo carecia de dois fatores primordiais para deslanchar: um staff de alto nível, capaz de competir com agências importantes que estavam despontando na época, como DPZ, Norton, Standard e Alcântara Machado, por exemplo; e contas realmente de peso, como as que a Casabranca detinha em sua carteira: Fiat, Cofap e Santista.

Ou seja, havia um interesse mútuo das envolvidas na associação e, além disso, tudo deveria ser feito rapidamente, já que a conquista da Fiat estava garantida e, agora, era necessário entregar o prometido.

A primeira aproximação com a MPM, na pessoa de Luiz Macedo, foi feita pelo sócio da Casabranca, Antonio José Fonseca Pires (que já havia trabalhado no escritório carioca da agência entre 1964 e 1969). Nessa sondagem inicial, ocorrida em março de 1975, houve um ar amistoso grande entre as partes, e a conversa evoluiu rapidamente.

No limite da fusão MPM-Casabranca, anunciada nos jornais em 1º de maio de 1975, a MPM somava 95 clientes, 10 escritórios e 340 funcionários, e ocupava o quinto lugar no ranking nacional das agências. A filial de São Paulo, em 1974, atendia 30 clientes, tinha 72 funcionários e faturava 38 milhões de cruzeiros. Após a fusão, nacionalmente, os clientes passaram a ser 107 e o número de funcionários atingiu 370. A filial paulista passou a atender 42 clientes, o número de funcionários aumentou para 102 e o faturamento saltou para 74 milhões de cruzeiros.

A associação foi realizada com a divisão das ações em 51% para os sócios da MPM e 49% para os da Casabranca. Essa composição acionária e o acordo feito para sacramentar o negócio se mostraram bem-sucedidos sob o aspecto de gerência administrativa, um dos pontos fortes da MPM. Tanto que, no final do primeiro ano de fusão, a MPM já ocupava o primeiro lugar do ranking. A MPM Propaganda e a MPM-Casabranca, como passou a ser chamado o escritório de São Paulo, formavam agora um grupo presente em dez mercados: Porto Alegre, Rio de Janeiro, São Paulo, Brasília, Belo Horizonte, Blumenau, Curitiba, Recife, Salvador e Fortaleza.

Petrônio Corrêa explica a importância da fusão para os planos de crescimento e consolidação da MPM no principal mercado nacional:

"O melhor momento da trajetória da MPM foi logo que conquistamos a conta da Fiat por meio da fusão com a Casabranca. Foi quando nós crescemos. Eu tinha aqui em São Paulo a conta da Tintas Coral, um bom cliente na época, mas fazia parte do grupo Sambra, de quem a agência já atendia outras linhas de produtos, como Óleo Salada e Primor. Faltava, então, dar um salto tanto em termos de profissionais como de contas relevantes e aumento de negócios. E esse salto veio com a associação com a Casabranca".

A conquista da conta da Fiat também tornava pública uma postura de Petrônio Corrêa com relação a todos os seus clientes. Ele sempre fez questão de usar os produtos das marcas das empresas que a MPM atendia, e exigia esta atitude também por parte de seus sócios e da própria família. Embora admita hoje que não era fã dos carros da Fiat, utilizou mesmo a contragosto modelos da marca ou de subsidiárias, como a Alfa Romeo, até a venda da MPM para a Lintas, em 1991. E fez com que sua mulher e seus filhos fizessem o mesmo.

Não só em termos financeiros – a conta da Fiat chegou a representar 18% do faturamento da MPM –, mas também institucionalmente, a fusão com a Casabranca foi muito importante para a MPM. A empresa era reconhecidamente sólida, mas tinha uma imagem pejorativamente chapa-branca por conta de seu histórico de atender contas do governo desde seus primeiros tempos, quando conquistou a conta do Banco do Brasil por influência direta de João Goulart. A associação unificou o conjunto das qualidades de cada uma delas. Desde o início da junção, ficou acertado que as partes administrativa e operacional seriam tocadas pela MPM, enquanto que à Casabranca caberiam as áreas técnicas. Pires assumiu o atendimento; Ribeiro, o planejamento; e Sergio e Armando, a criação. Isso foi fundamental para a guinada qualitativa e financeira da nova agência.

Júlio Ribeiro relembra com gratidão a fusão MPM-Casabranca:

"As pessoas que têm atos importantes e de vanguarda merecem respeito por isso. Eu acho que a MPM, ao se associar com a Casabranca, descobriu a chave para o crescimento. Eu tenho uma enorme gratidão pela MPM porque ela evitou que eu abrisse falência – porque, se a Fiat descobrisse a minha situação, eu teria perdido a conta. Eles foram muito generosos, tanto o Macedo quanto o Petrônio e o Mafuz. As nossas relações eram ótimas, eu nunca briguei com eles. As normas éticas na MPM eram absolutamente perfeitas, nunca soube de nenhuma negociata em que a MPM tenha entrado com o governo".

No final da década, em 1979, Júlio Ribeiro, insatisfeito, viu-se envolvido em desavenças com seus sócios – não os da MPM, mas os da Casabranca: Sérgio Graciotti, Antonio José Fonseca Pires e Armando Mihanovich –, e decidiu que não continuaria mais na agência. Ao comunicar isso aos três, estes lhe pediram uma semana para tomar uma decisão a respeito daquela situação. Uma semana depois, em uma reunião de diretoria, Júlio foi surpreendido com a notícia dada diretamente por Petrônio Corrêa de que a MPM-Casabranca seria dissolvida, ficando, a partir daquela data, apenas como MPM São Paulo, e que ele e Armando estariam fora dessa nova fase da agência.

"Isso foi muito curioso, porque eu tinha um jantar marcado para aquele dia com o próprio Petrônio. Para mim tanto fazia, pois eu ia avisar a ele que iria sair. Como os sócios da MPM eram os únicos compradores da minha parte, eles poderiam oferecer o que quisessem pelas ações. Eu recebi uma quantia de dinheiro e, como diz o ditado, pobre que não tira nenhuma lição da pobreza morre pobre. Decidi que qualquer coisa que eu viesse a fazer dali para a frente, eu faria como o modelo de administração que a MPM tinha. Então, peguei meu dinheiro e o dividi em quatro partes. Com uma eu comprei terrenos, que, no fim, vendi por pouco, porque o loteamento não se desenvolveu. Com a outra parte comprei ações da Bolsa, que despencaram. A terceira eu investi em ouro, mas logo depois veio a crise do ouro também. Com a última parte fiz a Talent, que foi a única parte que deu certo".

Ao se lembrar da decisão que tomou, Petrônio Corrêa reconhece que errou ao demitir Júlio Ribeiro:

"Depois de quatro anos de absorção da Casabranca e com os problemas econômicos que o País enfrentava no final da década de 1970, havia a necessidade de fazer um enxugamento da operação da MPM em São Paulo, porque estávamos com problemas de caixa, eram muitos sócios na agência e nossa rentabilidade estava muito baixa. Eu optei por ficar com apenas dois dos sócios da Casabranca: o Graciotti e o Pires. E abri mão do Armando Mihanovich e do Júlio Ribeiro. No entanto, eu não devia ter demitido o Júlio. Deveria ter ficado com ele e com o Sérgio Graciotti, que juntos faziam uma dupla de planejamento e criação fantástica. A maior prova do meu erro foi o sucesso da Talent".

no topo do ranking por 15 anos

A associação entre MPM e Casabranca rendeu ótimos frutos. A nova agência permaneceu viva, dinâmica e moderna e o resultado foi espantoso: não só manteve as contas que foram levadas pela Casabranca como reativou algumas que andavam à deriva na MPM e conquistou outras, como Interbrás, Pepsi-Cola, Olivetti, Kodak e Souza Cruz. A fusão e a conquista da Fiat foram fundamentais para que, de 1976 até 1991, ano em que foi vendida para a Lintas, a MPM passasse a ocupar o topo do ranking das maiores agências brasileiras, um feito inédito para uma empresa nascida em Porto Alegre quase 20 anos antes. O pioneirismo também se dava pelo fato de ser a primeira vez que uma agência com capital 100% nacional conseguia essa façanha. Até então, a liderança do ranking era alternada pelas multinacionais J. Walter Thompson e McCann Erickson.

Em 1972, quando a MPM completou 15 anos, Petrônio Corrêa e Adão Juvenal de Souza, coordenador nacional da agência e diretor-executivo em Porto Alegre, elaboraram um projeto que tinha como meta alcançar a liderança de mercado em cinco anos. Nas cidades de Porto Alegre e Recife, a agência era a primeira; no Rio, a segunda; e a décima no mercado de São Paulo. Nacionalmente, ocupava a sexta posição, com um faturamento de 52,5 milhões de cruzeiros.

Quando viram o plano, Macedo e Mafuz reagiram com ironia, achando que aquela era uma meta inatingível. O plano projetava um crescimento mínimo de 37% ao ano, inferior aos índices alcançados em 1970/71, quando o incremento atingiu 42%, e em 1971/72, quando chegou a 50%. A perspectiva mais conservadora levava em conta o cenário macroeconômico do Brasil e do mercado internacional, quando o mundo estava na iminência da crise do petróleo e o País enfrentava não só as consequências desse processo, mas também a escalada da inflação e o aumento da dívida externa, que colocava em xeque o projeto do milagre brasileiro dos militares.

A compra de uma agência menor era um dos caminhos mais rápidos para alcançar o objetivo traçado, mas, naquele momento, não havia nenhum esboço traçado nesse sentido, nem uma lista de quais agências poderiam ser candidatas a uma possível fusão. Em 1972, Petrônio Corrêa fez uma viagem ao Japão e conheceu a operação da Dentsu, gigante que domina amplamente o mercado local e até hoje figura como a maior agência independente do mundo. Tal visita inspirou o grande foco do projeto de crescimento da MPM: o atendimento a mais de um cliente por setor econômico.

No mercado japonês não existem restrições ao atendimento a contas conflitantes por parte de uma mesma agência. A própria Dentsu tem na carteira clientes como Toyota e Honda, Nikon e Panasonic, por exemplo. Nos seus 48 andares que abrigam quase 7 mil funcionários, os grupos de clientes são divididos e separados por meio de acesso controlado, de modo que a entrada nos andares onde ficam os departamentos de atendimento dessas contas é restrita apenas a quem trabalha ali, o que mantêm isoladas as informações estratégicas de cada um deles.

Passados alguns anos, a MPM conseguiu, de alguma forma, colocar em prática esse plano na sua operação, especialmente na área financeira, em que chegou a atender oito bancos, e no varejo, setor no qual chegou a ter cinco clientes ao mesmo tempo. Isso só foi possível graças à capilaridade dos seus escritórios com o projeto de multirregionalismo, que abria a possibilidade de atendimento a clientes médios e locais.

A visão de Petrônio de ter a Dentsu como modelo fazia todo o sentido para a MPM. A começar pelo fato de que, tanto no mercado brasileiro quanto no japonês, o modelo de negócios das agências envolve operações de criação e de mídia integradas. Embora no Japão haja operação de agências de mídia – o que é proibido no Brasil –, as grandes líderes locais são empresas *full service*. A Dentsu é orientada por uma prestação de serviços 360 graus a seus clientes há muito tempo, várias décadas antes de essa expressão se tornar chavão. A MPM também foi bastante pautada ao longo de sua trajetória por atender às necessidades de seus clientes em diversas frentes, e foi pioneira na criação de estruturas para design, marketing promocional e relações públicas, entre outras.

No entanto, embora o atendimento a clientes conflitantes que a MPM conseguiu colocar em prática parcialmente tem sido um feito inédito no mercado brasileiro, a resistência por parte dos anunciantes em trabalhar com uma agência que tenha esse modelo fala mais alto e, até hoje, nenhuma outra obteve sucesso nessa iniciativa.

primeiro projeto internacional

Em 1976, logo após a fusão com a Casabranca, a MPM entrou, pela primeira vez, em uma concorrência internacional. Os últimos quatro anos tinham sido difíceis para o Brasil. Uma década de desenvolvimento acelerado teve o seu rumo desviado pela escalada dos preços do petróleo no fim de 1973 e início de 1974. Dependendo do petróleo importado para satisfazer 75% das suas necessidades de combustível, o País acumulou um déficit comercial que cresceu ao índice alarmante de 3,4 bilhões de dólares ao ano entre 1974 e 1976, o que também contribuiu para elevar a taxa de inflação para acima de 30%.

A maneira encontrada pelo governo para contrabalançar o déficit comercial foi procurar colocar o País o mais perto possível da autossuficiência em energia e intensificar as suas exportações. A Petrobras, então, criou a Interbrás, em fevereiro de 1976, como uma *trading* que ficou responsável pelo marketing de exportação de serviços, produtos alimentícios e manufaturados. Ou seja, a ofensiva da Interbrás fazia parte de um programa do governo destinado a reequilibrar a economia do País. As *commodities* agrícolas representavam, à época, 85% do comércio para o exterior. A exportação de serviços – inclusive construção de estradas e pontes, ferrovias e sistemas de comunicação – recebia forte incentivo por parte da Petrobras naquele momento. Nessa atividade, a Interbrás agia como coordenadora e sócia de grupos que operavam no setor privado. A expectativa com a exportação de produtos manufaturados era de um crescimento acima de 35% a partir de 1977.

Para cuidar dessa conta, que representava o primeiro projeto internacional da MPM, a Interbrás exigiu que a agência firmasse acordos com outras presentes na Europa para agilizar as campanhas. Um dos primeiros trabalhos para o cliente foi feito na costa oeste da África. Para tanto, seria necessário um exaustivo estudo daquele mercado para levantar informações detalhadas sobre hábitos, costumes, cultura e tradições e, dessa forma, sondar a possibilidade de exportar eletrodomésticos brasileiros para lá. A MPM destacou para a missão J. A. Moraes Oliveira – profissional de carreira da agência, que começou como redator em 1963, em Porto Alegre, e posteriormente assumiu os cargos de chefe de redação, de criação e de planejamento e, na época, era diretor administrativo adjunto do escritório gaúcho.

Durante quase dois anos, Moraes fez algumas viagens a Lagos, então capital da Nigéria, e constatou que os produtos brasileiros podiam ter competitividade naquele mercado principalmente por duas razões: o Brasil era um País cuja imagem era indiferente à população local – diferentemente da relação que os nigerianos tinham com os ingleses, por exemplo – e havia muitas afinidades culturais entre as duas nações, a ponto de existir um bairro em Lagos chamado Vila Brasil.

Muitos nigerianos descendem de membros de antigas tribos, levados como escravos para o Brasil pelos portugueses séculos atrás. Diversas famílias descendentes desses escravos retornaram à Nigéria na virada do século XIX. No setor comercial, empresas brasileiras começavam a marcar presença no país africano construindo estradas e pontes. Geograficamente, os dois países estão relativamente próximos – 6.000 quilômetros – e ambos são tropicais. Nigerianos e brasileiros são igualmente loucos por futebol, um fator que certamente não passou despercebido quando a Interbrás planejou seu projeto de marketing.

Foi criada, então, uma campanha de lançamento de eletrodomésticos que receberam a marca Tama (terra, na língua Yorubá). O astro principal era ninguém menos que o brasileiro Edson Arantes do Nascimento, o Pelé, na época recém-aposentado, que recebeu como cachê uma quantia altíssima para aquele tempo: 350 mil dólares. O projeto envolveu marcas consagradas de importantes empresas brasileiras ou subsidiárias estrangeiras que iam de ferros de passar roupa a freezers. No Brasil, equipamentos sonoros Telefunken, máquinas de costura Vigorelli, formas para waffles General Electric, condicionadores de ar Admiral e ferros e batedeiras Walita, dentre outros, fizeram parte do esforço governamental para contrabalançar sua gigantesca conta de importação de petróleo.

A campanha de lançamento da marca Tama, orçada em 1,5 milhão de dólares, teve início em abril de 1978 com imenso esquema profissional. No dia 22, protegido por 5 mil homens da polícia e do exército, Pelé vestiu a camisa da seleção da Nigéria numa partida amistosa contra o Fluminense no estádio nacional de Lagos. A euforia pela presença do Rei era tão grande que ele teve de dobrar a promessa de jogar 15 minutos. No dia 26, dessa vez com a camisa do Fluminense, Pelé voltou a campo para dar o chute inicial do jogo contra o Racca Rovers. Embora o time fosse de Lagos, o amistoso aconteceu na cidade de Kaduna, situada nas montanhas do norte.

Inicialmente, a campanha abordou a competência do Brasil em diversas áreas, inclusive produção de eletrodomésticos. Anúncios subsequentes promoveram os produtos individualmente. A compra dos espaços na mídia nigeriana ficou a cargo da agência inglesa Trenear-Harvey, com quem a MPM firmou um acordo operacional.

Todo o esforço da Interbrás, porém, fracassou. Jamais o *pool* de fabricantes locais, que se comprometera a entregar à *trading* brasileira os produtos manufaturados, atendeu aos pedidos de exportação. E jamais a Interbrás foi realmente o grande cliente que a MPM esperava. A expectativa era de que essa conta pudesse chegar a movimentar 10 milhões de dólares anuais. Em pouco tempo, a marca Tama morreu para os nigerianos, e a Interbrás, para a MPM. No entanto, a campanha e as ações de relações públicas para o lançamento da marca tiveram muita repercussão, local e internacionalmente, a ponto de o Advertising Age, principal veículo especializado em publicidade e comunicação dos Estados Unidos, publicar na época uma reportagem, assinada pelo jornalista John R. Thomson, cujo título era "Pelé dá o pontapé inicial na venda de produtos brasileiros na Nigéria".

8

de Veríssimo a Graciotti

Uma associação imediata e quase automática que sempre ocorre quando se fala da MPM é a sua forte ligação com o governo, com o poder público. E não é sem motivo. No entanto, outro fator preponderante na trajetória da agência, e até mais relevante do que este, é a sua preocupação em atrair e em formar talentos. Desde seu surgimento, quando ainda não havia cursos de formação de profissionais de publicidade institucionalizados, especialmente no Sul do País, até os tempos do seu auge, nas décadas de 1970 e 1980, a MPM sempre foi um celeiro de talentos, um lugar que propiciou um clima informal, amistoso e estimulante para que pessoas oriundas de diversas áreas pudessem aflorar.

Essa característica, responsável por escrever uma parte importante da história da agência, deve-se a várias razões. Uma delas é o fato de que os três sócios fundadores não são originalmente profissionais de criação, embora Macedo tenha desempenhado a função de redator quando ainda trabalhava na Grant Advertising, experiência da qual não gostou. O M, o P e o M acabaram se projetando como exímios profissionais de atendimento, de gestão e excelentes articuladores. Cada um a seu modo e com estilo próprio tinha na lida diária com os clientes, fossem eles da iniciativa privada ou do governo, um talento natural e uma vocação que está na gênese da agência. Exatamente por isso, amealhar bons profissionais de criação, planejamento e mídia, as outras áreas que formam o pulsar de uma agência, sempre foi uma questão capital para o sucesso da MPM.

Petrônio Corrêa costuma dizer que sua maior concorrente no mercado de agências no Brasil, e aquela que mais o provocava positivamente – a função básica de um bom competidor –, era a DPZ, agência criada em 1968 por três sócios que tinham perfil oposto ao dos fundadores da MPM. Roberto Duailibi, Francesc Petit e José Zaragoza são todos oriundos da criação, embora o primeiro tenha se destacado mais por suas fortes características de relacionamento com clientes, área que acabou prevalecendo na sua trajetória profissional e de liderança do mercado.

"É claro que tínhamos fortes competidores, principalmente na disputa de contas, como a Salles, a Norton e a Alcântara Machado, mas a DPZ, para mim, até por estar em São Paulo, era a concorrente mais forte, especialmente por causa da excelência criativa deles. Isso nos estimulava muito, e acho que foi uma ótima provocação".

Essa provocação, por um lado, e a preocupação em poder conciliar bons negócios com um produto final de excelente qualidade, por outro, renderam ótimos frutos à MPM. Um dos pontos de destaque dos 15 anos de liderança no ranking das agências brasileiras é que ela conseguiu também a incrível façanha de ser muito premiada em festivais nacionais e internacionais de criação.

Por ter nascido no Rio Grande do Sul, a vocação político-cultural dos nativos no estado foi uma marca importante que impregnou a MPM desde os primeiros tempos, e naturalmente se fez presente nos escritórios do Rio e de

São Paulo. Afinal, é inegável a influência dos profissionais gaúchos na publicidade brasileira. Alguns permaneceram em Porto Alegre, outros foram para São Paulo ou Rio. Nem todos continuaram na publicidade, tendo engendrado suas carreiras em outras áreas, como jornalismo, literatura e artes plásticas.

Um desses profissionais é Luis Fernando Veríssimo, que passou nada menos do que 15 anos atuando como redator da MPM Porto Alegre, boa parte desse período em jornada dupla acumulada com o jornal *Zero Hora*, onde foi repórter e, posteriormente, colunista. Sua carreira na agência começou em 1967, quando voltou a Porto Alegre após uma incursão sem sucesso no Rio de Janeiro. Com o nascimento de sua primeira filha, Fernanda, e sem perspectiva de trabalho, ele e sua mulher, Lúcia, decidiram retornar à cidade natal, para a casa do pai, Érico Veríssimo, que àquela altura já era de longe o escritor mais importante do Rio Grande do Sul. Foi trabalhar primeiro no *Zero Hora*, que na época ainda não tinha a força de hoje e fazia os pagamentos aos funcionários de maneira precária, com frequentes atrasos. No seu início no ZH fazia de tudo, até mesmo escrever horóscopo. Com o tempo, acabou se tornando cronista diário.

Para ajudar no orçamento familiar, foi convidado pelo amigo de adolescência Sérgio Rosa, que trabalhava na MPM, a se juntar a ele. Na época, conhecia Luiz Macedo a distância dos tempos de colégio no IPA (Instituto Porto Alegre), mas, por terem cinco anos de diferença, quando Veríssimo entrou na escola para cursar o ginasial, Macedo estava se formando.

> "Eu trabalhava o dia inteiro na agência, depois saía, ia pra redação do jornal, no centro da cidade, ficava lá fazendo a crônica. Às vezes, eu fazia o texto lá na agência mesmo e já o levava pronto para a redação. O trabalho na agência era sempre em equipe, embora na MPM, naquela época, ainda não houvesse a dupla redator e desenhista. Havia uma redação com quatro redatores e um departamento de arte separado. Dependendo da campanha, formava-se uma dupla

para aquele trabalho. O principal cliente da MPM era a Ipiranga. Naquela época, havia uma coisa que quase não existe mais hoje, que era o anúncio institucional, aquele que não vende nenhum produto, vende a imagem da empresa. Isso era bom porque a gente podia criar o que quisesse; não tinha um produto, era mais livre".

Para o cliente mais importante da MPM Porto Alegre, Veríssimo participou da criação da campanha para a Copa do Mundo de 1970. A Ipiranga era a patrocinadora da cobertura feita pela Rádio Guaíba do evento que consagrou o Brasil tricampeão. Alguns dos companheiros de trabalho de Luis Fernando Veríssimo nessa época na agência eram: Paulo Totti, que ganhou notoriedade como jornalista, tendo dirigido a sucursal gaúcha da Veja, depois passou por *Gazeta Mercantil* e hoje colabora com o *Valor Econômico*; Jefferson Barros, jornalista e crítico de cinema, falecido em 2000; Hiron Cardoso Goidanich, o Goida, também crítico de cinema; José Onofre, falecido em 2009, que fez carreira no jornalismo com passagens por Editora Abril, *Folha de S.Paulo* e *O Estado de S. Paulo*; e Bárbara Oppenheimer, jornalista e ex-mulher de Tarso de Castro, um dos fundadores de *O Pasquim*.

A primeira sede da MPM em Porto Alegre foi na Rua Dr. Flores, em um pequeno escritório de 150 metros quadrados, onde ficou até 1959. Nesse ano, transferiu-se para uma sede maior, na Rua Santo Antônio, endereço no qual permaneceu até 1976. Por fim, a terceira sede da unidade gaúcha da agência foi na Rua Silvério, no Morro Santa Tereza, onde ficou até a venda para a Lintas, em 1991. Veríssimo conta que o clima na empresa sempre foi muito bom e que isso propiciava uma atmosfera fraterna e estimulante.

"Quando eu comecei na MPM, a sede era na Santo Antônio. Eram dois andares. O clima era muito bom, trabalhávamos todos juntos numa redação. Depois fomos para o Morro e melhorou ainda mais, porque tinha o visual. Lá do alto acompanhávamos o pôr do sol, a passagem dos navios pelo Rio Guaíba, era inspirador. Havia um clima de amizade muito bom, fraterno. Naquela época, Porto Alegre era uma cidade bem menor e tinha um centro aonde as pessoas iam e se encontravam, que era a Rua da Praia. Isso é uma coisa que se perdeu. Hoje não existe mais centro, o que se tem são vários shopping centers. Esse fenômeno acabou com essa ideia do centro, do ponto de encontro".

Mesmo após sua saída da MPM, Veríssimo fez questão de continuar indo a todas as festas de fim de ano da agência. Ele credita à redação publicitária sua ótima escola para a carreira de cronista.

"A redação em publicidade é um bom aprendizado para o texto jornalístico, porque na publicidade você tem de ter um texto atraente, conciso e enxuto. É um bom exercício, inclusive para escrever crônicas".

coleção Adão Juvenal de Souza

A relação da MPM com movimentos culturais, até pelo perfil dos profissionais que formavam sua equipe, era muito forte. Essa característica a fez criar uma série de iniciativas de apoio e incentivo à cultura que ainda hoje são bastante vanguardistas. Para uma agência de publicidade nascida em Porto Alegre, no começo dos anos 1970, com o perfil da MPM, fazia parte do DNA sempre enxergar oportunidades para se firmar além do mercado e como fomentadora de projetos relevantes. Um desses projetos recebeu o nome de Coleção Adão Juvenal de Souza, em homenagem ao coordenador nacional da MPM e diretor-executivo em Porto Alegre. Consistia em lançamentos anuais de livros que serviam de brinde de fim de ano para clientes, fornecedores e amigos da agência. A primeira edição foi lançada em 1973, com "Solo de Clarineta", de Érico Veríssimo. A doença do autor impediu a complementação no ano seguinte.

A sequência, "Solo de Clarineta - Volume II", daria-se somente dois anos depois, em 1975, com o lançamento das memórias do escritor gaúcho. A coleção teve sua última edição em 1989, compondo a seguinte relação: "Quintanares", de Mário Quintana, em 1976; "Discurso da Primavera", de Carlos Drummond de Andrade, em 1977; "Entardecer", de Menotti Del Picchia, em 1978; "Pessoas, Coisas e Animais", de Gilberto Freyre, em 1979; "Cartas", de Graciliano Ramos, em 1980; "O Menino Grapiúna", de Jorge Amado, em 1981; "O Menino no Espelho", de Fernando Sabino, em 1982; "Rosiana", de Guimarães Rosa, em 1983; "Entrevero" – uma coletânea de textos de vários autores consagrados –, em 1984; "Máximas e Mínimas do Barão de Itararé", de Afonso Félix de Souza, em 1985; "Monteiro Lobato Vivo", com textos do próprio autor, em 1986; "O Jardim do Diabo", de Luis Fernando Veríssimo, em 1987; "Futebol e Outras Histórias", de João Saldanha, em 1988; e "Chico Buarque Letra e Música" – uma coletânea de músicas e uma biografia do cantor, em 1989.

Os lançamentos eram todos inéditos e depois da edição especial bancada pela MPM é que entravam nos catálogos das respectivas editoras de cada autor. "O Jardim do Diabo" foi o primeiro romance de Luis Fernando Veríssimo, escrito a pedido da agência.

A homenagem a Adão Juvenal de Souza no nome da coleção era uma forma de os três sócios da MPM reconhecerem a contribuição de um dos profissionais mais importantes na história da agência, onde ingressou em 1963 a convite de Antonio Mafuz, após uma carreira que teve início na agência gaúcha pioneira de mercado, a STAR, de onde saiu para formar sua própria grife, a Vox. Entrou na MPM trabalhando diretamente com Mafuz. Em 1967, assumiu a gerência e, posteriormente, a direção-executiva.

Pela sua experiência e pela atuação na MPM, Adão Juvenal conquistou a simpatia e a confiança de Mafuz, Petrônio e Macedo, tornando-se coordenador nacional à medida que cada sócio passava a se dedicar a uma das três unidades centrais da agência. Para Petrônio Corrêa, ele foi fundamental para a consolidação da MPM no mercado nacional. A visão de Adão Juvenal também ficou marcante na sua iniciativa de implementar os projetos culturais da agência, culminando no lançamento do livro "Solo de Clarineta", de Érico Veríssimo, em 1973, que deu origem à coleção que ganhou o nome do diretor da MPM. Foi dele também a criação do programa de estágio da agência, em meados de 1970, que visava proporcionar aos estudantes de comunicação a vivência do mercado. O programa tinha duração de seis meses – nos três primeiros, o estagiário passava por todos os departamentos da agência; nos três subsequentes, podia escolher a área com que tinha mais afinidade em uma avaliação conjunta com os diretores da MPM. Esse programa, que teve início no escritório de Porto Alegre, seria implementado nacionalmente e também levaria o nome de seu criador.

Adão Juvenal de Souza morreu em um acidente aéreo, em setembro de 1981, a serviço do cliente J. H. Santos, e sempre foi lembrado como uma figura importante na história da MPM.

criação protegida

Contemporâneo de Luis Fernando Veríssimo, mas atuando em São Paulo, Sérgio Graciotti Machado exerceu uma influência na criação da MPM fundamental para sua mudança de patamar qualitativo. Ao lado de Neil Ferreira e José Fontoura, formava a trinca dos principais criativos do Brasil da geração anterior a Washington Olivetto. Figura controversa e com um espírito crítico que marcava aquele período obscuro dos anos de chumbo de ditadura, Graciotti tem uma formação plural. É graduado em Direito, Sociologia e Psicanálise, além de ter sido aluno ouvinte da Escola Politécnica da Universidade de São Paulo (USP). A paixão pela ciência sempre o interessou – e esse interesse não era ortodoxo, pelo contrário. É também músico, astrólogo, acupunturista e estudioso de processos de expansão da consciência, área à qual se dedica exclusivamente desde o final dos anos 1990, quando abandonou a carreira na publicidade.

Em depoimento para um projeto do Centro de Pesquisa e Documentação de História Contemporânea do Brasil (CPDOC), da Fundação Getúlio Vargas em conjunto com a Associação Brasileira de Propaganda (ABP), em 2004,

Graciotti falou sobre sua carreira e sobre os tempos em que atuou na MPM, destacando o tratamento especial que a criação recebia por parte dos sócios da agência: "O que a gente tinha na MPM era uma equipe muito boa, as pessoas gostavam de trabalhar lá. Quando você tem uma agência que faz aquela redoma, que protege a criação, as pessoas vêm. A criação tinha uma espécie de proteção especial. E isso atrai gente mesmo para ganhar menos. Depois, eles sabiam que iriam valorizar o passe, receber aumentos e propostas".

Sua notoriedade na criação foi construída quando ainda estava na Lince, agência com perfil de boutique por onde passaram importantes homens da criação, como Clovis Calia e Laerte Agnelli, e que teve como estagiário Washington Olivetto. Seu fundador foi Berco Udler, que faleceu em 1971. Com sua morte, a diretoria foi reestruturada, passando a ser integrada pela viúva de Udler, Myrta, Sérgio Graciotti e Antonio José Fonseca Pires.

Alguns anos depois, em 1973, quando fez parte de um grupo de profissionais de criação proeminentes que se reuniram para criar o Clube de Criação de São Paulo, Graciotti encontrou-se com Armando Mihanovich – que, a essa altura, era sócio de Júlio Ribeiro na Júlio Ribeiro Mihanovich (JRM). Após uma das reuniões, os dois saíram e passaram a noite comentando como seria bom se pudessem formar uma dupla. Dali para a ideia de fundir as duas agências foi um passo muito rápido. Nascia, assim, a JRM Lince, que depois passou a se chamar Casabranca. O nome remetia à casa de cor branca onde funcionava a sede da agência, na Avenida Europa, em São Paulo.

Para Petrônio Corrêa, o brilho criativo de Graciotti e o talento de Júlio Ribeiro no planejamento formavam uma combinação explosiva. Ele relembra com carinho de Graciotti:

> "O Sérgio Graciotti tinha uma força e um poder de encantamento que cativava a todos – dos estagiários da criação ao cliente que tinha que aprovar uma campanha. Criar, para ele, era mais do que simplesmente um processo; era quase uma opção de vida. Tenho

ótimas recordações dos 13 anos em que trabalhamos juntos. Sua contribuição para o sucesso da MPM foi fundamental".

Exatamente pelo fato de a agência defender uma espécie de rede de proteção à criação, os conflitos com o departamento de planejamento eram inevitáveis e desgastantes. Profissional de expressão na sua área, com passagens pela Lintas e McCann Erickson, Vera Aldrighi, que comandou a pesquisa e o planejamento da MPM inicialmente em São Paulo e depois em âmbito nacional, entre 1985 e 1992, após a fusão com a Lintas, relata como foi esse processo.

"Minha proposta de trabalho de planejamento dependia muito de um bom entrosamento pessoal e profissional com a criação. Mas os criativos me receberam com algumas pedras, apesar das flores da hipocrisia. Preconceitos contra a pesquisa e contra o sistema 'autoritário' das multinacionais (que julgavam ser minha escola) não facilitavam a minha vida. Antes de poder me colocar para um entendimento inicial já fui acusada de estar preparando um 'Review Board', um tribunal de censura dos trabalhos criativos. Na prática, planejar na MPM foi um contínuo esforço de superação dessas dificuldades de relacionamento. Fazíamos progressos animadores e retrocessos frustrantes. Certa vez, ouvimos de um cliente após uma grande apresentação de estratégia seguida de campanha: 'As duas partes estão excelentes, mas parece que vocês não conversaram antes'".

parceria com a Fiat

Mesmo com dificuldades e conflitos internos, os trabalhos mais emblemáticos de Sérgio Graciotti à frente da criação da MPM-Casabranca foram, sem dúvida alguma, os desenvolvidos para a Fiat. Após a conquista da conta da montadora que estava entrando no Brasil, em 1975, e da fusão com a MPM, era a hora de colocar de pé o plano responsável pelo sucesso na concorrência. O desafio era grande. Aparentemente, as chances do modelo 147 no Brasil eram pequenas. As pesquisas indicavam que era inviável lançar um Fiat por aqui porque as pessoas já tinham carro e algumas possuíam até um segundo automóvel. O Fiat seria, no máximo, uma terceira opção.

Era necessário, então, criar uma demanda na qual o valor do modelo sobrepujasse a questão meramente de preço. A MPM-Casabranca, então, fez uma pré-campanha mostrando o carro em testes, um conceito novo para a época (1976), mas muito em uso hoje, em tempos em que o conceito *good enough* faz parte da estratégia e do posicionamento de várias empresas, sobretudo as de tecnologia.

Diversos filmes mostravam, em situações distintas, os aspectos do veículo, como força, potência e economia. Em um dos comerciais, o carro era colocado no campo de provas do Exército no bairro fluminense de Gericinó, onde hoje é o complexo de presídios de Bangu; em outro, o Fiat 147 subia e descia as escadarias da igreja da Penha, no Rio, "para provar que você não precisa pagar seus pecados toda vez que lançam um carro novo no Brasil"; e, no mais ousado de todos, o carro atravessava a ponte Rio-Niterói, então recém-construída, fazendo toda a extensão de 14 quilômetros com apenas um litro de gasolina.

O detalhe desse último comercial é que as filmagens foram feitas de helicóptero e a equipe ficou sob a mira da artilharia do Exército, que fazia a guarda da Baía de Guanabara. O trânsito da ponte foi interrompido para as gravações. Como resultado, o carro fez o percurso com 85% do litro, o que chamou a atenção de todos para a economia do modelo 147. De certa forma, o comercial não deixava de ser uma promoção da obra idealizada, alguns anos antes, pelo presidente Costa e Silva, que lhe dá o nome oficial, ao mostrar pela primeira vez para o Brasil a ponte sob todos os seus ângulos, com o aeroporto Santos Dumont, com seus saudosos Electras, e o Pão de Açúcar ao fundo.

A estratégia se mostrou extremamente bem-sucedida, pois fez com que as pessoas passassem a discutir as qualidades do carro sem nunca terem visto ou guiado um. Quando a campanha de lançamento oficial foi ao ar, logo em seguida, pôde abordar confortavelmente os pontos fortes do carro, que eram segurança, freios, economia e espaço interno. Faziam parte da equipe de criação dessa campanha Sylvio Lima e Luiz Saidenberg, sob a direção de criação de Sérgio Graciotti.

O Fiat 147 acabou sendo o único modelo da montadora italiana durante os seis anos seguintes, dividindo a opinião dos consumidores brasileiros. Durante esse período, por não ter ainda um novo produto a mostrar ao mercado, a fabricante italiana precisava manter sua comunicação centrada nesse veículo. A saída encontrada pela MPM foi mostrar ao público que, apesar das críticas ao modelo, o carro era sim, muito bom, tanto que estava sendo exportado para diversos países, até mesmo da Europa.

As gravações dos três filmes que compunham a campanha aconteceram na Itália, na França e na Alemanha, com atores nativos de cada país – exceção feita ao repórter brasileiro Reali Júnior, presente em todas as produções, que dava liga ao conceito da iniciativa. Nos comerciais, o jornalista colhia depoimentos dessas pessoas, perguntando a opinião delas a respeito do Fiat 147. Cada ator respondia de acordo com o que seriam os traços marcantes da cultura de cada local. O resultado foram filmes que abusavam do humor e reforçavam o conceito de qualidade da marca. A peça rodada na Itália, intitulada "Família Graciotti", apresenta Reali Jr. abordando um motorista que acabara de descer de seu Fiat 147, do modelo Panorama. O repórter avisa que se trata de uma reportagem para a TV brasileira e pergunta: "O que o senhor acha do Fiat Panorama brasileiro?". O condutor responde: "É um belíssimo carro. Confortável e econômico". De repente, desce do veículo um senhor de cabelos brancos, pai do motorista, que, curioso, quer saber do que se trata tudo aquilo. O filho tenta explicar, mas é logo interrompido pelo velho bonachão, que pergunta a Reali: "O senhor conhece a Família Graciotti?" e mostra uma foto de seus parentes. O jornalista perde o controle da situação, já que pai e filho começam a discutir no melhor estilo italiano. O ângulo da câmera se abre, a frente do carro é mostrada e surge a assinatura, criada por Sérgio Graciotti: "Fiat. O que vai pelo mundo". O filme foi premiado no Festival de Cannes de 1982 com um Leão de Ouro e chegou a ser cotado para o Grand Prix. Sob a batuta de Sérgio Graciotti, a equipe de criadores da campanha era formada por Cristina Silva, Paulo Leite e Ercílio Tranjan.

leave me alone

Graciotti foi o jurado brasileiro no Festival de Cannes de 1978, ano que representou um ponto de inflexão importante para a criação nacional na sua trajetória de se consagrar globalmente. O Brasil trouxe para casa nada menos do que 11 Leões nessa edição. É importante ressaltar que o Festival de Cannes, naquela época, compreendia somente filmes, ou seja, a quantidade de Leões que o país conquistou na mais importante premiação daquele ano representa o total do que hoje emplaca como shortlist, de acordo com a média registrada nos últimos anos.

Pela primeira vez, o Brasil ficou em terceiro lugar no Festival de Cannes, atrás de Estados Unidos e Inglaterra. Em entrevista ao *Meio & Mensagem*, assim que voltou da Riviera, Graciotti fez um balanço da performance brasileira: "Com estes 11 Leões, o Brasil será encarado com mais respeito no ano que vem. Apesar de este ser um dos únicos festivais honestos que eu conheço, há um certo preconceito contra a propaganda do terceiro mundo. Veja, se eu disser 'eletrônica de precisão boliviana', você acredita nela? Ninguém imagina que haja este tipo de indústria lá. A mesma resistência se tem contra o comercial brasileiro. (...) Em 1979, o Brasil será encarado com um pouquinho mais de respeito. É o sétimo mercado do mundo, foi o 3º colocado neste festival. Então, alguma coisa está acontecendo nesse País".

Sérgio Graciotti permaneceu como acionista da MPM São Paulo e como diretor nacional de criação até 1988, quando saiu para montar o próprio negócio, a Graciotti & Associados, agência de porte médio cujo principal cliente era o Bank Boston, sendo que Graciotti despachava diretamente com Henrique Meirelles, então presidente da instituição e que depois veio a se tornar presidente do Banco Central nos dois mandatos do governo Luiz Inácio Lula da Silva. Em 1996, a agência foi comprada pela TBWA formando a Graciotti, Schöenburg, Navarro\TBWA, da qual faziam parte também os sócios Alex Schöenburg e Selma Navarro. O negócio não durou muito e, no ano seguinte, a rede norte-americana de publicidade pertencente ao Grupo Omnicom desfez a sociedade e comprou a Zetune.

Desde então, Graciotti está totalmente fora da publicidade. Dirige grupos de estudos para jovens e adultos voltados à expansão da consciência. Por telefone, quando procurado para colaborar com um depoimento para este livro, ele gentilmente disse que não quer falar sobre seu passado na publicidade e, no melhor estilo Greta Garbo, disparou: "*Leave me alone!*".

MPM*Lovers*

Até hoje, 21 anos após a fusão com a Lintas e 17 desde que a marca MPM foi desativada pelo Interpublic, alguns grupos de ex-funcionários da agência se reúnem periodicamente, em São Paulo, no Rio de Janeiro ou em Porto Alegre, para relembrar o passado em comum na antiga casa. Fora o aspecto saudosista, essas iniciativas demonstram a força que a MPM teve na trajetória profissional dessas pessoas e também o carinho com que todos guardam na memória afetiva a experiência de ter trabalhado em uma agência que não existe mais, em um tempo que já se foi e de um mercado totalmente diferente.

Um lugar festivo, aberto, familiar, acolhedor e, acima de tudo, estimulante são alguns dos adjetivos que encontram consenso na descrição de quem passou pela MPM ao se referir à agência. Um exemplo desse culto ao passado em comum da MPM é a comunidade MP*Memories* no Facebook, fundada e mantida por ex-funcionários do escritório carioca. A timeline da comunidade é marcada pelo compartilhamento de fotos de festas, encontros e, principalmente, de campanhas memoráveis que marcaram a história da agência.

Na unidade de São Paulo, que ficava na Rua General Jardim, no bairro boêmio de Vila Buarque, região central, embora os departamentos fossem separados, sendo um por andar, toda a agência era contaminada pelo espírito descontraído e festivo que fazia parte do seu DNA. Por se situar em uma área profícua em casas noturnas frequentadas por travestis e prostitutas que moravam em quitinetes no próprio bairro, era comum ao longo do dia ver o pessoal da agência bisbilhotando com seus binóculos, pela janela, as moças de família tomando sol em trajes sumários nas suas varandas. Ou então assistindo, do alto de seus andares, a cenas hilárias, como a do cantor Nelson Ned a bordo de seu Landau branco com bancos vermelhos estacionando o carro em um prostíbulo da Rua Major Sertório com quatro ou cinco acompanhantes.

Frequentemente, Petrônio Corrêa, cuja sala ficava no último andar, o 9º, descia de escada até o térreo, passando por todos os andares, onde conversava com os diretores de cada departamento. O cheiro forte do cachimbo denunciava a chegada do Coronel, dando tempo a todos de voltar para suas respectivas mesas e disfarçar que estavam concentrados, trabalhando seriamente. Sua aparência durona e o distanciamento crítico que fazia questão de manter da imensa maioria dos funcionários eram quase folclóricos, e escondiam um afinadíssimo senso de humor que ele próprio estimulava nas relações e que se refletia no clima geral da agência.

Por sua vez, o escritório do Rio de Janeiro, na Rua Dona Mariana, em Botafogo, tinha uma arquitetura bastante informal que influenciava totalmente o layout e o ambiente da agência. A partir da junção de duas casas – uma que pertenceu a família Flecha de Lima e outra que teve como proprietário Santiago Dantas –, foi criado um amplo espaço interno onde ficava o jardim e para o qual convergiam todas as salas da criação – nessa época, cada dupla tinha sua própria sala –, que se intercomunicavam, o que contribuiu para deixar o ambiente totalmente integrado e aberto. Fábio Fernandes, presidente da F/Nazca S&S, é um dos muitos talentos que iniciou sua carreira na MPM, no Rio de Janeiro, onde começou como estagiário e permaneceu por cerca de um ano e meio. Essa disposição física da agência é bastante forte em sua memória.

"A despeito de ser ainda uma época em que as duplas eram separadas por paredes em pequenas salas, as salas da criação eram dispostas de um jeito que todos se olhavam em um pátio interno, o que acabava deixando essas salas muito integradas, porque havia janelas grandes, bem generosas e baixas. Então, na altura que você se sentava, ficava com mais de meio corpo para fora e enxergava as outras salas. Tinha até uma piada que se gritava na janela para chamar as comadres, e brincávamos que estávamos em um cortiço. Tinha cara que passava pelo parapeito e entrava na sala do outro por sacanagem. É a minha visão dessa época, um tempo em que eu estava começando, quando tudo é muito importante. Pode ser que esses detalhes não sejam importantes para outras pessoas, mas para mim marcaram muito e contribuíram para a idealização de alguns personagens como mitos, além do clima de congraçamento e amizade que existia lá e que era muito forte".

9

as sete irmãs

A articulação política é, sem dúvida, a característica mais marcante não só de Petrônio Corrêa e seus sócios na MPM, Antonio Mafuz e Luiz Macedo, mas de uma geração inteira que construiu as bases empresariais do mercado publicitário a ponto de transformá-lo em indústria. E por assim se configurar, é reconhecido hoje como um importante setor econômico no Brasil e um expoente de respeito no cenário mundial. Essa articulação começou de forma organizada, no início dos anos 1960, com um objetivo muito claro e pontual: unir forças para fazer frente às agências multinacionais.

Por serem mais bem estruturadas e por contarem com profissionais mais bem preparados do que as agências nacionais, as empresas atuantes no mercado brasileiro, que eram subsidiárias de grupos internacionais, em especial J. Walter Thompson, McCann Erickson e Lintas, foram as responsáveis por introduzir aqui as modernas técnicas de marketing e de publicidade em meados do século passado. O desenvolvimento econômico do Brasil iniciado no governo Juscelino Kubitschek e, posteriormente, predominante durante o governo dos militares, foi o pano de fundo para a consolidação da propaganda nacional como um importante agente de dinamização do consumo e de cultura de massa.

Era necessário o estímulo à presença de capital estrangeiro para dar conta da imensa defasagem que existia para que o Brasil fosse inserido em uma economia de mercado de fato. Grandes corporações globais, com suas respectivas marcas e agências, tinham um papel importante nesse contexto. Ao mesmo tempo, o sentido de nacionalismo era algo arraigado aos governos daquele período. Os empresários de diversos segmentos eram imbuídos de um sentimento maior de contribuir para o crescimento do País e fazer parte dele quase como um dever cívico. E os empreendedores do setor publicitário da época enxergaram nas contas públicas e governamentais um caminho natural para isso – além, é claro, de conseguirem a garantia de uma ótima fonte de receita.

Afinal, a vocação política estava no DNA desses empresários, enquanto a comunicação mercadológica para bens de consumo era uma seara amplamente dominada pelas agências multinacionais. Exatamente por essa razão, era preciso criar algum tipo de blindagem às agências de fora no atendimento às contas do governo, uma espécie de reserva de mercado informal que funcionou por quase três décadas.

As principais lideranças do mercado publicitário já haviam se articulado institucionalmente no corpo a corpo com o Congresso para a aprovação da Lei 4.680, de 1965, e perceberam que o caminho da articulação conjunta, além de mais viável, fortalecia o negócio como um todo. A MPM inaugurou o governo federal como anunciante ao conquistar a conta da Caixa Econômica Federal, a primeira de muitas contas públicas que marcaram a história da agência.

Em 1964, Cícero Leuenroth, presidente da Standard, liderou um consórcio de agências para disputar a conta do Instituto Brasileiro do Café (IBC). A MPM não aceitou participar do *pool* e entrou sozinha na concorrência, da qual saiu vencedora. A iniciativa foi pioneira e inspirou, cinco anos depois, a formação do

Consórcio Brasileiro de Agências de Propaganda, dessa vez articulado por Geraldo Alonso, presidente da Norton, para disputar novamente a conta do IBC.

Caio de Alcântara Machado deixara, havia pouco tempo, a sociedade com seu irmão José, na Almap. Além de fundar a empresa de eventos responsável, entre outros, por feiras que se tornaram marcos de setores importantes no País, como o Salão do Automóvel e a UD, ele havia acabado de assumir a presidência do IBC. Assim que tomou posse do órgão governamental, percebeu que o consumo de café no Brasil estava em queda e que era necessário fazer algo para mudar esse cenário. A comunicação seria uma importante arma nesse processo.

Para atender o IBC foi constituído novamente um Consórcio de agências formado por Norton, Mauro Salles Publicidade, Denison, Alcântara Machado e, dessa vez, a própria MPM. Todas "puro-sangue" no quesito capital nacional, a exigência básica para fazer parte do clube, que, como toda agremiação de classe, era bastante fechado. O Consórcio fez um importante movimento de publicidade e de relações públicas para aumentar o consumo de café no País. Passado esse momento, o Consórcio se firmou e começou a se articular para a conquista conjunta de várias outras contas públicas.

Duas outras agências viriam a se juntar ao grupo – menos na prospecção de contas conjuntas, sem fazer parte formalmente do Consórcio, e mais na articulação em torno de uma pauta comum de questões compartilhadas pelo conjunto de empresas. Foram elas a DPZ, agência fundada em 1968, e a Standard. Depois das multinacionais, essas sete eram as principais agências da publicidade brasileira, e começaram, por meio dessa mobilização unificada, a ditar as regras do mercado. Com o tempo, receberam a alcunha de "Sete Irmãs". É inevitável a associação com as chamadas Sete Irmãs Petrolíferas – Exxon, Mobil, Chevron, Texaco, Gulf, BP e Shell –, que ganharam essa denominação nos anos 1970, após a crise mundial do petróleo, devido ao seu enorme poderio econômico e político. Muitas dessas empresas se fundiram nos anos seguintes, aumentando ainda mais a concentração da força global do setor.

Se anos depois a indústria da propaganda nacional viria a ser um negócio próspero e estável, devia muito a essa aliança informal, mas sólida, entre as suas lideranças. Em 1972, a Standard foi comprada pela Ogilvy & Mather e, portanto, deixou de fazer parte do grupo. No entanto, nos bastidores do mercado, o nome Sete Irmãs já havia se consolidado e continuaria sendo a forma de todos se referirem ao grupo das agências brasileiras mais poderosas das décadas de 1960 e 1970.

indicação e influência

O Consórcio Brasileiro de Agências de Propaganda dominou as disputas pelas contas do governo federal e, posteriormente, do governo paulista. É importante salientar que nesse período não existiam concorrências pelas verbas e contas públicas. Tudo funcionava por indicação e influência direta dos relacionamentos dos donos das agências com os governantes ou com membros dos primeiros escalões do poder.

Em São Paulo, o Consórcio passou a operar para as contas do governo local a partir da gestão do governador Paulo Egydio Martins, eleito indiretamente durante o governo de Ernesto Geisel pelo então Colégio Eleitoral, ficando no poder de 1975 a 1979. Petrônio Corrêa se lembra do papel de Geraldo Alonso na articulação do Consórcio em São Paulo.

> "O governador Egydio Martins era muito ligado ao Geraldo Alonso e queria trabalhar com ele. O Geraldo, por sua vez, apesar da imagem polêmica que tinha, era uma pessoa muito séria e direita, e disse que não poderia pegar todas as contas. Foi aí que ele propôs o Consórcio – que era formado pelas seis principais agências do mercado –, por meio do qual as diversas contas do governo paulista seriam divididas entre suas agências. Cada agência ficou com uma conta e, em troca, pagava uma parte da comissão que cobrava do cliente ao Consórcio. Dessa forma, o lucro era dividido. Era

um negócio muito benfeito pelo Geraldo. Ele tinha, inclusive, um funcionário que fazia o balanço mensal do resultado e o distribuía para as seis agências. Nos reuníamos na Norton todo mês para essa prestação de contas".

Com o tempo, a pauta dessas reuniões começou a se tornar mais complexa, abrangendo assuntos não diretamente ligados ao atendimento das contas que essas agências haviam conquistado conjuntamente. Pedidos de autorização para sondagens a profissionais dessas agências para possíveis contratações, estratégias de remuneração, questões sobre como vender a publicidade brasileira internacionalmente, carga tributária e armas para enfrentar os reveses da economia se tornaram alguns dos assuntos discutidos conjunta e sistematicamente pelo grupo.

Dessa forma, a agenda se ampliou e aquelas lideranças, aos poucos, conseguiram se articular para tomar decisões sobre temas que extrapolavam o dia a dia do atendimento às contas de governo mantidas de forma compartilhada e que envolviam a discussão e mobilização em torno de questões mais abrangentes sobre o negócio em si.

Luiz Sales, que revezava a frequência a essas reuniões com seu irmão, Mauro, do qual era sócio, salienta que a preocupação desses líderes não era somente com os seus negócios, mas com o desenvolvimento e crescimento do mercado de propaganda brasileiro de maneira geral.

"Nós lutávamos por isso, por essa união. Num determinado momento, os líderes dessas agências foram à França e à Inglaterra, onde se reuniram com empresários locais para mostrar o Brasil como uma possibilidade. Nós não queríamos uma conta, queríamos mostrar para aqueles grandes investidores que o Brasil era uma oportunidade de negócios. Eram coisas dessa natureza que a gente fazia".

Foi apenas questão de tempo para que a força e o poder que o Consórcio Brasileiro de Agências de Propaganda começou a conquistar passassem a incomodar setores do mercado, especialmente agências que se sentiam alijadas do processo de escolha do atendimento a verbas públicas. Um dos episódios mais polêmicos envolvendo o Consórcio ocorreu em 1979, quando o então ministro das Minas e Energia, Cesar Cals, decidiu unificar as contas publicitárias de sua pasta que eram pulverizadas entre diversas agências espalhadas pelo País e confiar uma pomposa verba ao Consórcio (formado pelas cinco originais: Norton, MPM, Denison, Almap e Salles).

A decisão desencadeou, entre as empresas que ficaram de fora, uma incontrolável onda de protestos, amplamente coberta pela grande imprensa. Faziam parte das reclamantes, na maioria, agências médias e pequenas, com arraigada vivência nos mercados regionais onde atuavam. Um relatório elaborado na época por Rodrigo Sá Menezes, então sócio da Propeg, da Bahia, dava conta de que a orientação centralizadora prejudicava pelo menos 20 agências que atendiam às mais de 70 coligadas do setor elétrico do MME. Em entrevista ao *Meio & Mensagem*, no calor dos acontecimentos, Sá Menezes foi categórico: "O negócio se resolve na base de conchavos ou de decisões unilaterais, que atendem aos interesses de poucos, ao mesmo tempo em que temas de grande importância para a propaganda são deixados de lado".

A polêmica ganhou as páginas dos grandes jornais, à época, porque um documento com a pauta de uma reunião do Ministério – além da gravação dessa reunião – vazou. Em questão de dias, a imprensa publicou frases comprometedoras de um alto funcionário do governo: "É uma verba invejável. (...) Nós temos condições de cobrar do Consórcio uma boa imagem do ministro porque, além de o Consórcio ter toda a verba do MME, tem muitos clientes particulares, o que lhe dá um grande poder de pressão. O Consórcio tem condições de ir em cima de qualquer jornal que disser alguma coisa do ministro".

Em artigo assinado publicado no *Meio & Mensagem*, Oswaldo Mendes, sócio da Mendes Publicidade, de Belém do Pará, manifestou publicamente o seu repúdio à decisão do Ministério das Minas e Energia. "Todo mundo sabe: o Consórcio em questão pleiteou a conta do Ministério como um todo. Dois erros, duas infrações num só gesto. Esse é, certamente, um fato grave. (...) Esse triste episódio, no meu entender, colocou a propaganda brasileira na posição mais incômoda que já testemunhei desde que entrei no ramo, há quase 25 anos. Em uma só palavra: é lamentável".

Outro interlocutor que esbravejou contra a decisão do MME foi Armando Sant'Anna, o combativo presidente do Cedampa (Centro de Desenvolvimento das Médias e Pequenas Agências): "Já denunciamos por várias vezes a concentração das contas governamentais, quer na área federal, quer na estadual, em um pequeno grupo favorecido, que formou um verdadeiro 'anel de aço', uma barreira magnética em torno de tudo que emana do governo. Não há abertura nem brechas. Tudo é feito nos bastidores. O tráfico de influências é o grande prospector de contas", denunciou ele na mesma reportagem.

O Consórcio Brasileiro de Agências de Propaganda não ficou à margem da polêmica. Em nota reproduzida na íntegra pela imprensa, esgrimiu seu argumento: "É da natureza do negócio da propaganda que as agências pleiteem permanentemente a conquista de novas contas e novos clientes, na iniciativa privada ou nas áreas oficiais, respeitada sempre a legislação". Após discorrer sobre o Consórcio, que já existia havia dez anos, e enumerar suas realizações, as agências a ele filiadas admitiram que foi apresentado ao Ministério das Minas e Energia um plano de comunicação composto por campanhas institucionais, salientando, entretanto, não terem sido até aquele momento concretizados qualquer plano de mídia ou mesmo previsão de verbas. A nota terminava dizendo que o Consórcio continuaria pleiteando os serviços do Ministério e suas empresas: "Atribuir contas ou escolher agências é um ato normal e legítimo do mercado de anunciantes, sejam eles entidades públicas ou privadas", concluía o comunicado.

Nesse período, Petrônio Corrêa era presidente da Abap e, poucos meses antes, havia vivenciado outra polêmica, dessa vez envolvendo apenas a MPM.

No dia 20 de junho daquele ano, os principais jornais do País publicaram o edital da concorrência pública que iria sacudir o mercado publicitário: a Comissão de Financiamento da Produção, autarquia do Ministério da Agricultura, procurava uma agência para planejar, criar, executar, veicular e controlar a publicidade e a divulgação da Política de Garantia de Preços Mínimos (programa de estímulo implantado em 1965 que visava modernizar o setor agrícola nacional).

A licitação despertou imediato interesse das agências, principalmente pela vultosa verba da campanha, algo em torno de 150 milhões de cruzeiros. A euforia de primeiro instante seria transformada em incontida frustração apenas três dias depois. No dia 23 de junho, os jornais publicaram novamente um edital tornando público que, "por motivo de conveniência administrativa", a concorrência fora revogada. Passados mais alguns dias, uma nova informação esclareceria o mistério: a campanha ficara a cargo do Banco do Brasil e, por consequência, a conta ficara com a MPM, que atendia a instituição financeira estatal havia 16 anos.

O caso da concorrência que não aconteceu provocou reações em forma de comentários e críticas em diversos setores do mercado. E despertou velhas suspeitas de favorecimento por parte das agências pequenas, que se sentiam definitivamente alijadas da concorrência pelas contas de empresas públicas.

Petrônio Corrêa assistiu tranquilo àquelas manifestações. Como presidente da Abap, fez questão de colocar a entidade acima das querelas comerciais entre suas agências associadas. Como sócio e diretor da agência envolvida na polêmica, ele considerou que as contas governamentais deveriam ser disputadas por todas as agências – mas que ganhasse a que apresentasse trabalho mais eficiente profissionalmente e que possuísse estrutura operacional à altura do desafio.

E assim explicou, à época, a questão: "Nós temos a conta do Banco do Brasil há 16 anos. Esse atendimento atravessou uma revolução e vários governos. Há cerca de 90 dias, foi-nos encomendada uma campanha de auxílio à produção, através do setor de crédito agrícola daquele estabelecimento, que é um dos produtos que fazem parte do atendimento da conta. Começamos a trabalhar e, quando saiu o edital, a campanha já estava pronta e sendo apresentada ao cliente para sua aprovação. Tanto que a parte de veiculação pelo rádio será feita principalmente pelo programa 'Porteira Aberta', patrocinado pelo Banco do Brasil e que há um ano e meio é administrado por nossa agência. Por isso estranhamos o edital de concorrência e pedimos satisfações. Foi-nos comunicado que teria havido algum engano e que iriam resolver o caso. E, de fato, a concorrência foi desfeita".

Vale ressaltar que o titular da pasta de Agricultura na época era o ministro Delfim Neto, que tinha com a MPM uma relação bastante próxima, construída muitos anos antes. Além disso, quem estava no governo era o presidente João Baptista Figueiredo, amigo de Antonio Mafuz. Tal nível de entrosamento funcionava como uma espécie de blindagem para a agência, uma garantia de participar do atendimento a polpudas verbas de comunicação da esfera federal.

Somente no final da década de 1980, mais especificamente durante os debates em torno da constituição de 1988, é que os critérios e os processos de seleção de agências de publicidade por parte de ministérios, órgãos, estatais e autarquias do governo federal começaram a dar sinais de mudança, tendo início uma etapa na qual as escolhas, pelo menos em teoria, passaram a ser mais técnicas e menos subjetivas. As discussões acerca da questão não eram novas e ganharam força com a aprovação no texto da Carta Magna de novas regras para a propaganda governamental.

De acordo com o parágrafo 1º do Artigo 37, "a publicidade dos atos, programas, obras, serviços e campanhas dos órgãos públicos deverá ter caráter educativo, informativo e de orientação social, dela não podendo constar nomes, símbolos ou imagens que caracterizem promoção pessoal de autoridades ou servidores públicos".

Dessa forma, ficou banida da propaganda oficial qualquer conotação personalista. Tomando como exemplo o presidente da época da aprovação do texto, em vez de uma campanha do poder público federal levar a assinatura "Governo José Sarney", como era até então, passou a ser "Governo Federal".

Ao mesmo tempo, a crescente pregação das entidades que reúnem as agências em busca de "democratizar" a distribuição da propaganda governamental começava a ter sucesso em tempos de abertura política e democratização – de fato – que o País como um todo vivia. Mesmo sendo frequentemente questionadas e com regras pouco claras, as licitações públicas para contratos de publicidade começavam a virar uma realidade.

A posse do presidente Fernando Collor de Melo, em 15 de março de 1990, jogou a última pá de cal no reinado das agências que haviam passado as últimas décadas no centro do atendimento às contas do governo federal. Onze dias depois de Collor ser entronizado, um decreto cancelou todos os contratos de publicidade da administração direta e de empresas estatais, inclusive algumas veiculações e cotas de patrocínios que já haviam sido pagas. A medida também centralizou a verba da propaganda oficial – estimada, na época, em 500 milhões de dólares por ano – no gabinete pessoal do presidente da República, sob responsabilidade do advogado Cláudio Vieira.

A notícia chegou logo depois da divulgação do fatídico Plano Collor, trazendo um novo problema para as agências administrarem, especialmente as que respondiam pelas contas da Petrobras (DPZ e Almap), do Banco do Brasil (MPM e Ítalo Bianchi) e da Caixa Econômica Federal (MPM), que se configuravam como os maiores anunciantes do poder público federal. Somadas às outras contas públicas da administração direta que a MPM atendia naquele momento, foi um duro golpe que a agência teve de absorver e que afetou diretamente os escritórios do Rio de Janeiro e de Brasília.

construindo as bases do mercado

A maneira organizada com a qual as Sete Irmãs se articularam e o poder que detinham fizeram com que muita gente do mercado até hoje se refira a esse grupo de líderes como uma espécie de máfia ou cartel. O fato é que, para o bem ou para o mal, esse grupo conseguiu de forma muito competente alinhavar práticas e modelos de condução dos negócios que se tornaram referência, sobretudo no que diz respeito à remuneração. Esses princípios obviamente favoreceram suas respectivas agências, mas também viraram praxe para o mercado como um todo.

Fábio Fernandes, presidente da F/Nazca S&S, é de uma geração posterior à atuação desse grupo de líderes e foi diretamente beneficiado pelos fundamentos que ele construiu para a indústria publicitária nacional. Ele faz questão de ressaltar esse aspecto ao analisar a importância da atuação desses empresários.

"Eu acho que talvez já tenha cometido o ato falho de chamar esse grupo de líderes do nosso mercado de máfia. Mas não posso deixar de reconhecer que eles tiveram a percepção de que faziam parte de um ofício que se transformava em profissão diante dos seus olhos. No momento em que eles eram os atores principais deste negócio, tiveram a capacidade e a percepção de transformar a publicidade em indústria. Indústria tem um significado mais profundo, de fábrica, alicerce fundamental, pilar enfiado 50 metros dentro da terra. Combinado com as ações que eles providenciaram na época, isso fez o nosso negócio ser respeitado e se tornar algo que eu pude, anos depois, escolher para a minha vida".

Ao comentar hoje sobre essa época, Rodrigo Sá Menezes – que durante muito tempo combateu o poderio econômico das Sete Irmãs, por ser originário de uma agência de fora do eixo Rio-São Paulo que tentava ganhar seu espaço no principal mercado do País – faz questão de salientar que a geração que veio depois desse grupo de líderes, em especial os profissionais oriundos da criação que se tornaram empresários a partir do final da década de 1980, foi a grande responsável por abrir mão de alguns preceitos já estabelecidos ao colocar seus negócios em primeiro lugar em detrimento do mercado. Dessa forma, esses profissionais levaram por terra conquistas importantes que o grupo de líderes formado por nomes como Petrônio Corrêa, Geraldo Alonso, Mauro Salles, Roberto Duailibi e Alex Periscinoto, entre outros, dedicou-se a construir.

"No final dos anos 1980, brilhantes profissionais de criação resolveram tornar-se empresários de publicidade. Tinham talento, mas ainda não tinham todos os clientes que queriam e de que precisavam. Impacientes e agressivos, procuraram os clientes que mais lhes interessavam e, em troca da oportunidade de mostrar o seu talento, propuseram-se a trabalhar por uma remuneração inferior aos 20%. Assim, rapidamente ganharam clientes e visibilidade. A notícia correu o mercado, rápida como rastilho de pólvora. Logo, todos os clientes de todas as agências, de todo o Brasil, passaram a questionar os 20%. Queriam pagar menos. O que aconteceu a partir daí foi esse novo tempo que a indústria da propaganda vive atualmente, e que trouxe inevitáveis consequências para a vida e o comportamento das agências, dos seus proprietários e de quem nelas trabalha".

10

Conar: uma reação à censura

Um dos maiores fantasmas para os empresários e dirigentes da indústria da comunicação brasileira é a censura. Afinal, a história recente do Brasil ainda é manchada por essa prática que ganhou força fenomenal durante os 21 anos de regime militar, mas que permeia a vida do País desde a época da colonização portuguesa.

A história deste discutido instrumento de poder teve início por aqui em 27 de setembro de 1808, quando D. João trouxe com ele de Portugal a imprensa, a noção de bons costumes e a censura. Na época, predominou a censura prévia. Todos os trabalhos destinados à impressão tinham de passar pelos censores, responsáveis por todas as obras que criticassem a coroa, a religião e os bons costumes. A forma de censura que o Brasil experimentou mais recentemente, após o Golpe de 1964, foi gerada no Estado Novo, em 4 de abril de 1932, quando Getúlio Vargas, para reforçar seu aparato policial, subordinou-a ao Departamento Nacional de Segurança Pública.

Logo depois, na Constituição de 1934, foi incluído o artigo que estipulava a censura. A Constituição de 1937 excluiu esse artigo, que foi restabelecido pela Carta Magna de 1946, ficando em vigor até a Constituição de 1988, que baniu de uma vez essa prática abominável.

O assunto, no entanto, ainda é atual. Liberdade de expressão foi o tema principal do V Congresso Brasileiro da Indústria da Comunicação, realizado em maio de 2012, em São Paulo, no qual o presidente do Conselho Nacional de Autorregulamentação Publicitária (Conar), Gilberto Leifert, proferiu a frase: "A liberdade de expressão está sofrendo *bullying*".

Além de forte, a frase dita por Leifert remete à própria história do órgão que preside, do qual é coerente com sua formação, em 1980. Se hoje o tema ainda é relevante mesmo com a democracia exercida em sua plenitude, o contexto da época da criação do Conar era muito diferente. A articulação do mercado em torno do Código de Autorregulamentação começou em 1977. Embora desde o início do governo do general Ernesto Geisel, um ano antes, tivesse havido algum abrandamento da censura com o controle moderado da linha dura vigente na primeira metade daquela década, estavam em tramitação no Congresso alguns projetos de lei que previam uma mão mais pesada da censura prévia sobre a publicidade.

Até então, havia censura institucionalizada a duas vertentes de atividades: as diversas manifestações artísticas (música, teatro, cinema, novelas, shows, literatura etc.) e os órgãos de imprensa. Todas as produções feitas nessas duas áreas eram submetidas à censura prévia com base em critérios morais ou políticos, que decidia sobre a conveniência de serem ou não liberadas para apresentação ao público em geral. A censura expressa à publicidade pendia entre esses dois campos.

Uma vez que no âmbito moral as restrições eram menos claras do que no aspecto político, as proibições e alterações tinham frequentemente caráter subjetivo e arbitrário. Petrônio Corrêa se lembra do período em que as agências precisavam submeter seus trabalhos à censura federal em Brasília.

"Não só a MPM, mas todas as agências sofreram com a censura. Todas as campanhas tinham de ser aprovadas em Brasília, e os critérios adotados eram diversos e totalmente arbitrários. Por exemplo: um anúncio podia mostrar um seio de mulher, mas seria vetado se apresentasse o par. Algo que não fazia o menor sentido".

A história mostra até hoje, em países como China, Coreia do Norte e Venezuela, o poder da censura como uma das armas de regimes totalitários para calar seus opositores e impedir que qualquer tipo de mensagem contrária a seus interesses seja amplamente divulgada. Os militares por aqui fizeram uso do mesmo expediente.

Em 6 de setembro de 1978, o Projeto de Lei nº 40/72, de autoria do senador José Lindoso (Arena-AM), que estabelecia a censura prévia na propaganda, havia sido aprovado no Congresso após tramitar durante seis anos e figurar por quase dois meses na pauta. Jornais de todo o País fizeram críticas veementes à iniciativa com títulos enfáticos: "Iniciativa biônica" (*Jornal do Brasil*, 26/09), "Para o cesto" (*Folha de S.Paulo*, 25/09), "Mate-se a economia, mas defenda-se o consumidor" (*O Estado de S. Paulo*, 17/09), entre outros.

No mercado publicitário, a reação foi também bastante contundente. Afinal, se sancionado o projeto causaria ainda mais dificuldades para colocar uma campanha no ar. Ele ditava normas para a publicidade, incluindo, além da própria censura já existente, a exigência de certificado de inspeção de qualidade do produto anunciado. E ainda considerava rótulo e embalagem como peças publicitárias, e não meramente informativas.

Se a lei fosse implantada, nenhum anúncio poderia ser veiculado sem que antes recebesse um carimbo "De Acordo" ou algo parecido. A criação do departamento para controle da publicidade exigiria a contratação de algumas centenas de funcionários. As implicações burocráticas seriam inimagináveis e ainda assim desprezíveis diante do retrocesso que tal controle representaria para um País que começava a reconquistar, a duras penas, seu direito à liberdade de expressão.

No próprio ano de 1978, em abril, durante o III Congresso Brasileiro de Propaganda, o mercado já vinha se preparando para essa ameaça e aprovou o Código de Autorregulamentação Publicitária em resposta a esses e a outros projetos que tramitavam em Brasília a caminho de recrudescer a censura prévia à publicidade. A função do Código é simples e direta: zelar pela liberdade de expressão comercial e defender os interesses das partes envolvidas no mercado publicitário, inclusive os do consumidor.

O trabalho de articulação das lideranças nacionais da propaganda em torno do tema havia começado um ano antes, quando foi criada a Comissão Interassociativa da Publicidade Brasileira, presidida por Geraldo Alonso. A comissão ficou encarregada de elaborar o documento de autodisciplina que viria a ser denominado Código Brasileiro de Autorregulamentação Publicitária. O primeiro relator do Código foi Mauro Salles, que fez um amplo trabalho de busca de referências internacionais a respeito da matéria compreendendo os diversos códigos estrangeiros, especialmente o inglês. Em seguida, a tarefa de redação coube a Caio Domingues.

Após a aprovação do Código, por aclamação, no III Congresso Brasileiro de Propaganda, foi formada uma comissão tripartite composta por representantes dos três setores que compõem a indústria da propaganda – agências, anunciantes e veículos –, da qual faziam parte Petrônio Corrêa, Luiz Fernando Furquim e Dionísio Poli, respectivamente. Sua missão era articular longa e pacientemente o reconhecimento do Código pelas autoridades federais, convencendo-as a engavetar o projeto de censura prévia e a confiar que a própria publicidade brasileira era madura o bastante para se autorregulamentar.

participação da Globo

Um fator importante nessa desafiante tarefa era a sensibilização por parte de algumas autoridades do governo em relação ao assunto, que já vinha sendo manifestada publicamente desde o início da gestão de Ernesto Geisel. Em 1976, durante a abertura do II Encontro de Mídia, o ministro interino da Fazenda,

José Carlos Soares Freire, falando em nome do governo, cobrou do mercado uma ação autodisciplinadora. No mesmo dia, em um encontro informal realizado com lideranças de agências, de veículos e de anunciantes, Soares Freire ressaltou aquela posição, salientando que ela não só representava o pensamento do titular da Pasta, Mário Henrique Simonsen, como também tinha o apoio do Presidente Geisel, de quem partira a autorização para que o discurso no evento fosse feito em nome do governo. Ou seja, a deixa oficial estava dada e era preciso abraçar a oportunidade de forma eficiente. Tal ambiente favorável foi fundamental para que o Projeto Lindoso não fosse sancionado, de forma que a articulação do mercado pudesse ser profícua.

Afinal, a abertura democrática começava a ensaiar seus primeiros passos, e a autorregulamentação da publicidade mostrava-se o caminho mais eficaz nesse cenário. Além disso, afastava os perigos que as ações do legislador ou da autoridade, por desconhecimento das sutilezas do sistema, poderiam criar com normas reguladoras que, sem coibir as distorções mais importantes, acabariam por prejudicar a eficácia do instrumento publicitário, imprescindível ao desenvolvimento econômico do País. Além de atuar conjuntamente para sensibilizar o governo com relação ao Código, era necessário dar um passo mais efetivo para a criação de uma entidade que ficasse encarregada de aplicá-lo no dia a dia. No projeto original do Conar, esse órgão seria formado por 23 integrantes: 21 do mercado, representando agências, anunciantes e veículos – no caso deste setor, haveria divisão pelos diversos meios –; e dois representantes do governo. Petrônio Corrêa se lembra com detalhes da importância da Rede Globo no processo de formação do Conar:

> "Um dia, o Dionísio Poli, que era diretor comercial da Rede Globo, me chamou e disse que o Dr. Roberto [Marinho] não concordava com a participação do governo no Conar, achava que o órgão deveria ser totalmente independente. Aí eu fui falar com ele. No encontro, ele foi enfático e disse: 'Nós, representantes dos veículos,

achamos que não deve haver participação do governo. Tem que ser algo da sociedade, da iniciativa privada, senão eles começam com dois representantes hoje, depois vão querer mudar o estatuto e colocar quatro, seis representantes, e quando formos ver, estaremos cheio deles'. Eu argumentei que não tínhamos dinheiro para estruturar o Conar e que um dos motivos de o governo fazer parte da proposta de formação do órgão era que ele pudesse bancar parte das despesas. Ele me perguntou: 'Você precisa de dinheiro durante quanto tempo até a implantação do órgão?'. Eu respondi que eram necessários no mínimo seis meses de despesas pagas para que o Conar pudesse se firmar e andar com as próprias pernas. Ele concordou sem questionar, e assim começamos o Conar, com uma ajuda inequívoca das Organizações Globo. Acredito que o mérito dele não esteja tanto na iniciativa de bancar a fundação do órgão, mas na sua visão liberal de que uma entidade do mercado não poderia ter participação do governo."

o início de uma relação duradoura

Por cerca de um ano, antes da fundação oficial do Conar, o jurista Saulo Ramos exerceu a função de Presidente do órgão em formação. Seu papel principal era estruturar o Regimento Interno. Em 5 de maio de 1980, foi oficialmente instituído o Conar. Petrônio Corrêa, pela Abap; Luiz Fernando Furquim, pela ABA; Roberto Marinho, pela ANJ; Carlos Cordeiro de Mello, pela Abert; Pedro Jack Kapeller, pela Aner; e Carlos Alberto Nanô, pela Central de Outdoor, subscreveram o Estatuto Social do Conar elaborado por João Luiz Faria Netto, na ocasião diretor-executivo da ANJ. Naqueles históricos seis primeiros meses foi possível, com a ajuda da Rede Globo, alugar uma sede – na Rua 7 de Abril, centro de São Paulo –, comprar móveis e equipamentos e contratar a pequena equipe que daria início ao Conar.

Nesse período também foi estipulado o sistema de financiamento do órgão. Petrônio Corrêa, na época presidente da Associação Brasileira de Agências de Publicidade (Abap), foi um dos responsáveis pela sua implantação ao incorporar a prática já vigente na Abap: a contribuição dos associados.

No caso do Conar, sua manutenção se dá por meio da contribuição das principais entidades da publicidade brasileira e de seus filiados. São elas: a própria Abap, a Associação Brasileira de Anunciantes (ABA), Associação Nacional de Jornais (ANJ), Associação Brasileira de Emissoras de Rádio e Televisão (Abert), Associação Nacional de Editores de Revistas (Aner), Central de Outdoor, Associação Brasileira de TV por Assinatura (ABTA), Federação Nacional das Empresas Exibidoras Cinematográficas (FENEEC) e, mais recentemente, Interactive Advertising Bureau (IAB Brasil).

Em agosto de 1980, Petrônio Corrêa assumiu a presidência do órgão. O primeiro diretor-executivo foi um profissional desconhecido no mercado publicitário: Gilberto Leifert, que entrou na propaganda pelas mãos de Petrônio. A publicidade não era totalmente estranha a Leifert, que tinha sido modelo de comerciais quando tinha 12 anos de idade. Advogado por formação e com algumas incursões pelo jornalismo, depois de atuar como estagiário no Estadão e *Jornal da Tarde*, na editoria de Esportes, Leifert trabalhou no Banco Safra e, posteriormente, no Banco Geral do Comércio, do Grupo Camargo Corrêa, do qual foi consultor jurídico. Lá conheceu Paulo Richer, que era diretor da instituição financeira e, mais tarde, seria superintendente nacional da MPM.

Richer tinha ligações familiares e profissionais com os sócios da maior agência do País. Casado com a irmã de Luiz Macedo foi o primeiro presidente da Eletrobras, cliente da MPM por vários anos. Quando Petrônio Corrêa estava em busca de um braço direito para ajudá-lo no dia a dia do Conar, Richer o apresentou a Leifert, que foi contratado em seguida. Ele se lembra do desafio de colocar de pé algo totalmente novo no mercado publicitário brasileiro naqueles tempos.

"O Petrônio me convidou para fazer parte do Conar e eu topei o desafio. No Conar, conheci o lado articulador do Petrônio, participei de perto do processo de regulamentação da propaganda brasileira. Quando assumi o Conar havia lá uma calça estirada no espaldar de uma cadeira, na sala de reuniões do Conselho, com quase nada, em um minúsculo escritório que ficava no centro de São Paulo. Achei aquele cenário desolador, mas tive fé nas propostas do Petrônio e no que começava a se desenhar em termos de autorregulamentação para a propaganda. Foi realmente um passo importante para o mercado publicitário brasileiro".

Depois de cinco anos, Leifert deixou a entidade após aceitar o convite de Petrônio para trabalhar na MPM ocupando a vaga de superintendente do escritório paulista em substituição ao próprio Paulo Richer, que havia deixado a agência para atuar no governo Tancredo Neves. A proposta, segundo Leifert, foi irrecusável.

"Para eu deixar o Conar e ir para a MPM, o Petrônio foi insistente. Fez uma proposta de salário irrecusável e ainda me ofereceu um carro. Passei a ter uma convivência ainda maior com ele. Conheci seu jeito sério e, ao mesmo tempo, bonachão e cordial. É o tipo de pessoa que sabe delegar. Quando as coisas pareciam querer desandar, sabia ouvir a todos; mas, se fosse preciso, com toda polidez, batia o martelo. Era firme".

Petrônio Correa permaneceu à frente do Conar por nove anos – três mandatos de três anos. No início, ele acumulava a função com a presidência da Abap, além do dia a dia como empresário. Em entrevista ao *Meio & Mensagem*, em abril de 1981, chegou a admitir que algumas vezes os interesses do empresário colidiam com os do dirigente da entidade.

"Posso dizer que essa é uma das coisas mais difíceis de superar, e tenho a satisfação de afirmar que, todas as vezes que enfrentei esse problema, superei-o em benefício da classe. Prefiro até que seja em detrimento da empresa. Isso aconteceu mais frequentemente no Conar, onde a MPM sofreu processos. Um filme nosso recebeu uma denúncia, então pedi licença do Conar e deixei o processo caminhar. Poderia usar meu prestígio na entidade para evitar que o processo tivesse curso; no entanto, resolvi deixar correr normalmente. Em primeiro lugar, por uma questão de justiça; em segundo, para dar uma demonstração de que é possível ser dirigente de entidade e de empresa simultaneamente".

Os desafios de Petrônio à frente do órgão tinham diversas origens. Antes de tudo, era preciso informar à sociedade sobre a existência de um modelo totalmente novo de autorregulamentação. Afinal, a participação dos consumidores é um dos pilares que dão legitimidade e sustentação ao Conselho. Ele colocou a MPM a serviço do Conar e em junho de 1981 foi lançada a primeira campanha publicitária do órgão feita pela agência da qual era sócio.

Outra situação a vencer eram algumas resistências dentro do próprio mercado. Da parte de uns, por absoluta falta de conhecimento de como funcionava o Conar; de outros, pela hipótese de que o órgão sofria pressão de setores da sociedade que faziam constantes críticas públicas ao Conar. Afinal, como tudo que é novo, é natural que surjam opositores e questionadores de um modelo que ainda estava em consolidação.

No dia 27 de maio de 1983, uma circular assinada por Petrônio Corrêa trazia a tão esperada notícia: o fim da censura prévia. O País começava a experimentar uma fase de abertura democrática que duraria até o final da década. Em 1987, um grupo formado por diversos dirigentes do mercado começou a frequentar Brasília para defender o modelo do Conar na Assembleia Constituinte. O lobby, encabeçado por Petrônio Corrêa, tinha como objetivo informar os congressistas que preparavam a nova Constituição sobre o modelo brasileiro de autorregulamentação publicitária.

Em 1988, Luiz Fernando Furquim foi eleito presidente do Conar, em substituição a Petrônio, tendo como vice Ivan Pinto. Este, por sua vez, assumiu a presidência do órgão em 1991, permanecendo por duas gestões. Até então, a presidência do órgão era alternada por representantes de agência e de anunciante.

Em 1998, quebrando a praxe, foi eleito como Presidente do Conar um representante de veículo, Gilberto Leifert – na época já à frente da direção de relações com o mercado da Rede Globo. Ele está no cargo há 14 anos. Fundado com a missão de atender a denúncias de consumidores, autoridades, associados ou aquelas formuladas pelos integrantes da própria diretoria, o Conar se ocupa somente do que está sendo ou foi veiculado. As denúncias são julgadas pelo Conselho de Ética, com total e plena garantia de direito de defesa aos responsáveis pelo anúncio ou pela campanha em questão. Quando comprovada a procedência de uma denúncia, é responsabilidade do órgão recomendar alteração ou suspender a veiculação do anúncio.

dualidade de posições

A denúncia protocolada sob o número 1, entregue ao relator Ney Lima Figueiredo, pediu a suspensão de um anúncio de cosméticos. A alegação era de que o produto estaria usando uma frase considerada pouco ética, afirmando que "não fazia mal à saúde (...) como os similares". Esta observação, muito naturalmente, foi interpretada por um concorrente como uma lesão ética prevista no Código. O processo foi rapidamente encerrado, pois o anunciante em questão, assim que tomou conhecimento da denúncia, suspendeu imediatamente a campanha. Era o mercado se acostumando com a autorregulamentação.

Uma questão, no entanto, que ficou subjacente, e é matéria importante em diversos julgamentos do Conar desde sua fundação, é a dualidade de posições de dois grupos que, inevitavelmente, compõem o órgão, como qualquer outra entidade associativa: de um lado, aqueles que levam ao extremo a autodisciplina como forma de evitar um controle externo; do outro, os defensores da criatividade pura e simples.

Desde seus primeiros julgamentos ao longo das mais de três décadas de atuação, o Conar tem sido alvo de críticas – principalmente por parte dos profissionais de criação – por exercer, em alguns casos, uma fiscalização excessivamente rígida. De fato, certos aspectos de processos do Conar possuem um nível de subjetividade grande e, especialmente em tempos de acirramento da postura politicamente correta, algumas decisões são polêmicas.

Esse jogo de tensão existe desde o início de atividade do Conar. Em 1983, quando a entidade tinha apenas três anos e já era muito criticada pelos criativos, o presidente do Clube de Criação à época, Sérgio Graciotti, promoveu um debate, em São Paulo, do qual participaram os principais nomes do setor, além de representantes do órgão. Em pauta: aliviar os pontos de atritos acumulados havia muito entre os dois grupos. Uma série de pequenos conflitos e diferenças vinham acontecendo desde o nascimento do Código, em 1978, e se agravaram quando, cinco anos depois, um anúncio feito para o Conar deixara de ser premiado no Festival do CCRJ não por sua qualidade, mas por divulgar um "órgão de censura".

Durante o encontro, ocorrido no hotel Maksoud Plaza com moderação do jornalista Alberto Dines, Sérgio Graciotti reconheceu que "o Conar foi criado em um momento crítico da censura no Brasil. Era preciso que nossa categoria se autorregulamentasse para que não se submetesse à Censura Federal". Todos os criativos presentes reconheceram ter sido uma medida de segurança para a própria classe profissional. Por outro lado, alguns demonstraram preferir a própria Censura Federal, por esta não ter envolvimento e interesses particulares em tirar algo do ar por ser seu concorrente.

Boa parcela dessa insegurança ocorria por absoluta falta de informação por parte dos homens de criação sobre os ritos processuais do Conar. E o encontro foi importante para que os próprios representantes do órgão fizessem um *mea culpa* ao reconhecerem que muitas das denúncias chegavam ao conhecimento dos donos das agências e dos clientes e seus respectivos advogados, mas não dos profissionais de criação.

Petrônio Corrêa, à época presidente do Conar, admitiu que aquele era um momento de aprendizado. "É o constante exercício de um trabalho novo. Exatamente por isso é suscetível a falhas, que, no entanto, vão deixando de existir com o tempo. Mas seu objetivo, fundamentado na defesa do direito e da liberdade de anunciar, estabelecendo medidas éticas sobre como as empresas devem se comunicar com o público, nunca foi desvirtuado".

Outro aspecto importante da atuação do Conar é a sua constante tentativa de se antecipar às demandas da sociedade para acompanhar a evolução da comunicação comercial. Foi assim em 2003, quando, após dois anos de debates, houve uma revisão completa das normas técnicas que regulam a publicidade de bebidas alcoólicas. A revisão, cujo foco principal era o cuidado com adolescentes e crianças, recomendava que anúncios de bebidas não tivessem nenhum animal com características humanas. A utilização de bichinhos, de acordo com o Conar, poderia atrair menores para o consumo do álcool. Também, desde então, não devem ser empregados na comunicação desses produtos bonecos e animações, já que fazem parte do universo infantojuvenil. Só pessoas podem aparecer nas peças, e os atores precisam não somente ter, mas aparentar mais de 25 anos. No caso de campanhas de cervejas e de vinhos, as novas recomendações do Conar servem, em TV aberta e por assinatura, para o horário entre 6h e 21h30.

Mais recentemente, em 2011, foram incorporadas ao Código algumas regras para disciplinar a comunicação com apelos acerca da sustentabilidade, com o objetivo de reduzir o espaço para o uso deste conceito evitando, assim, sua banalização ou confusão para os consumidores. A propaganda de produtos e alimentos infantis é atualmente foco de constante vigilância por parte de algumas entidades da sociedade civil e da própria Anvisa.

O assunto é delicado, e não é a primeira vez que vem à tona ao longo dos 32 anos do Conar. Em 1983, quando a Almap lançou a campanha de Danoninho cujo slogan era "Aquele que vale por um bifinho", a polêmica gerada trouxe à baila uma discussão mais ampla: a da ética publicitária, que ganhou vasta cobertura da mídia. A campanha foi denunciada ao Conar pela Comissão de Defesa do Consumidor (Codecon) e causou uma inédita movimentação de médicos pediatras, que viam na peça publicitária uma "frouxidão das regras do Conar". O caso acabou sendo arquivado, mas sua repercussão foi tamanha que até hoje é citado quando o tema é propaganda politicamente incorreta para crianças.

O fato é que, passados 32 anos de sua fundação, o Conar é uma das grandes conquistas da indústria publicitária brasileira, chegando mesmo a ser referência internacional. Seu modelo tornou-se exemplar ao longo dos anos por demonstrar eficiência em defender a missão básica que tem desde sua criação: fornecer parâmetros éticos para o exercício da publicidade evitando que ela seja enganosa ou abusiva e que cause constrangimento ao consumidor ou a empresas.

O órgão julgou 366 processos em 2011 e instaurou 325 representações movidas por ele próprio, por consumidores, autoridades ou anunciantes. O setor campeão de punições foi o de telefonia. Os processos éticos, em média, são julgados em torno de 90 dias, incluindo os eventuais recursos. Atualmente, o Conselho de Ética da entidade conta com 180 membros, oriundos de todos os setores que compõem o mercado, que trabalham para o Conar em regime totalmente voluntário, além de representantes da sociedade civil.

É consenso, já há algum tempo, que o Conar constitui um dos grandes patrimônios do mercado publicitário brasileiro, um exemplo de que é possível construir algo perene, relevante e útil a partir da união de forças e de interesses comuns. Importantes lideranças da indústria da propaganda nacional participaram da sua formação. Petrônio Corrêa é uma delas. Com certeza, seja na articulação antes de sua formação, seja nos anos em que presidiu o órgão logo após sua criação, foi no Conar que ele começou de fato a exercer com mais veemência aquilo que mais gostou de fazer enquanto estava na ativa: buscar formas de colocar de pé grandes projetos, articular o consenso e trabalhar arduamente para viabilizar algo que não apenas servisse a interesses particulares, mas que ajudasse o mercado a se desenvolver.

Ao comentar sobre a contribuição de Petrônio ao Conar, Octávio Florisbal, diretor-geral da TV Globo, fala das ameaças atuais que a liberdade de expressão comercial vem sofrendo:

> "Se não fosse a autorregulamentação, o que seria de nós hoje, com tantas restrições e proibições sobre vários temas ligados ao exercício da publicidade? O Conar e o trabalho exercido por pessoas como o Petrônio na sua formação são poderosas armas que temos hoje para nos autoafirmar diante desses novos desafios".

Se o grande inimigo na época da formação do Conar era a censura do governo militar, hoje não há um único opositor tão nítido à liberdade de expressão. A própria dinâmica da sociedade tem dado cada vez mais voz a diversos agentes – que, por sua vez, defendem diferentes interesses dentro do jogo democrático. Uma indústria que possui um órgão como o Conar está apta a fazer parte desse jogo de maneira ética, séria e responsável.

11

agência chapa-branca

A despeito das razões que levaram a MPM a ser a agência que mais atendeu contas públicas na história da publicidade brasileira, é inegável que ela conseguiu inaugurar formalmente o governo como anunciante por meio de um trabalho que tinha, sim, um forte viés político, principalmente na articulação feita pelos sócios – em especial, por Luiz Macedo – com as altas cúpulas do poder. No entanto, o que chamou a atenção ao longo de sua trajetória foi que a força da agência nessa área veio da atuação perante o segundo e terceiro escalões dos diversos órgãos, autarquias, estatais e ministérios dos governos que foram seus clientes. Assim, internamente, a agência trabalhava da mesma forma para as duas esferas de contas: privadas e públicas. Entre os anos 1960 e a primeira metade da década de 1970, os clientes estatais chegaram a representar 60% da receita da agência.

Essa relação, embora tenha se dado de forma profissional, sem que nunca houvesse registro público de manobras escusas realizadas por meio do atendimento às contas públicas que sempre fizeram parte da história da

MPM, era, antes de tudo, uma opção absolutamente estratégica de seus sócios. Fosse pelo DNA político deles – especialmente de Luiz Macedo e de Antonio Mafuz –, pelo prestígio de estar perto do poder, por questões financeiras ou simplesmente por todos esses fatores somados, não há dúvida de que havia um preço a ser pago por essa decisão empresarial.

Em primeiro lugar, deixava a MPM vulnerável, já que o atendimento a contas de governo, em geral, demanda estrutura regional e de pessoal ampla, diminuindo a rentabilidade do negócio, além de criar uma dependência que poderia ser fatal no caso de alguma crise. O segundo fator é a reputação – e parece que com este a agência soube conviver até os últimos dias, antes de ser vendida para a Lintas sem grandes incômodos. Agência chapa-branca passou a ser a forma pela qual a MPM ficou conhecida dentro e fora do mercado.

Os concorrentes creditavam essa maneira pejorativa de se referir à empresa ao fato de os sócios fundadores se dedicarem por demais ao atendimento dessas contas, deixando a qualidade criativa do trabalho desenvolvido em segundo plano. Este é um traço que acompanhou a imagem da MPM ao longo de toda a sua trajetória: obter favorecimento político desde os tempos de Jango. Luiz Macedo não concorda com essa análise e considera como fator determinante dessa característica marcante exatamente o fato de o atendimento a contas públicas na agência ter sido absolutamente profissional.

> "Eu às vezes vejo campanhas da Caixa Econômica Federal e do Banco do Brasil no ar e fico até triste. Penso no trabalho que eles nos deram no passado, porque o que fizemos lá atrás foi muito importante para tornar, principalmente a Caixa, um anunciante mesmo. Fazíamos tudo, e iniciamos o trabalho que resultou na entrada deles no mercado concorrendo com os bancos privados. Hoje, a comunicação desses bancos não se compara com a abrangência do que produzíamos no passado".

Realmente, uma das mais duradouras, emblemáticas e vultosas contas atendidas pela MPM foi a da Caixa Econômica Federal, a primeira de muitas contas estatais que passaram a fazer parte da história da agência. Conquistada aos poucos pela MPM Rio, a partir de 1962, essa conta não apenas representou um grande aumento no faturamento, mas também deu à agência a possibilidade de angariar ainda mais prestígio de outros clientes estatais.

Esse período coincidiu com uma mudança na exploração da Loteria Federal, até então feita por particulares que conquistavam a concessão de serviço do Conselho Superior das Caixas Econômicas Federais, órgão que centralizava a administração das diversas Caixas Econômicas autônomas de cada estado da União. O tempo mostrou que esse sistema, além de não propiciar nenhum tipo de controle à Caixa sobre os números da Loteria, também era fonte de irregularidades.

Com a CEF passando a administrar a Loteria Federal, o apoio publicitário era necessário para que a Loteria promovesse um arranque em termos de venda e, consequentemente, no volume arrecadado. Foi aí que a MPM entrou em substituição à McCann Erickson, por meio de uma forcinha de João Goulart.

Para Petrônio Corrêa, a fama de agência chapa-branca era uma forma encontrada pela concorrência de tentar diminuir o papel da MPM no mercado.

> "Todo mundo que sempre tentou diminuir a importância da MPM usava essa prática, de nos chamar de agência chapa-branca. Isso nos incomodava pessoalmente, mas não atrapalhava os negócios. Nós nunca usamos a força política para tirar vantagens pessoais".

Dentre os três sócios, o mais cioso da importância de não usar o prestígio político para tráfico de influência ou em negócios obscuros era Antonio Mafuz. Petrônio remembra como ele era enfático nesse ponto.

"Havia dois craques dentro da MPM: o Macedo, um ser político, que se não tivesse entrado para a propaganda seria político, porque a família dele toda tem isso no sangue; e o Mafuz, que era extremamente sério. E nós três, por decisão e influência do Mafuz, nunca fizemos nenhuma ação ou negócio que pudesse colocar nossa credibilidade à prova. Recebemos enormes propostas por causa das amizades que tínhamos, mas nunca cedemos".

Em uma ocasião, por exemplo, em meados dos anos 1970, o representante de uma empresa química que queria se instalar na região de Pelotas (RS) procurou primeiramente Macedo e depois Petrônio, separadamente, e propôs pagar 2 milhões de dólares para cada um se ele conseguisse a concessão para abrir a fábrica caso os sócios da MPM fizessem uma aproximação com o governo militar para ajudar nesse processo. Como era praxe quando surgia algo urgente e importante, era convocada uma reunião entre os três sócios para discutir o assunto em questão. No encontro, Mafuz foi enfático ao dizer que eles não poderiam aceitar a proposta.

"Na época, estávamos mal de dinheiro pra burro! Eu e o Macedo ficamos torcendo para que o Mafuz aceitasse, passamos uma noite inteira conversando sobre o assunto. E como tínhamos o acordo de que tudo teria de ser consensual, o turco acabou nos convencendo. Como esse, houve muitos outros casos. Nós nunca fizemos um negócio escuso, mesmo com toda essa proximidade que tínhamos com o poder. Tu não podes imaginar o que eram 2 milhões de dólares naquela época!"

Por mais que diga não ter tido nenhuma relação com a cúpula do poder durante o governo militar, Petrônio Corrêa admite, no entanto, uma única exceção: a ligação da MPM com o presidente João Figueiredo, que era amigo próximo de

Antonio Mafuz e que governou o País de 1979 a 1985. Essa proximidade, inclusive, rendeu um cliente importante para a agência em São Paulo, da forma mais curiosa pela qual se pode conquistar uma conta: apenas pelo poder de influência.

Durante uma visita de somente um dia de Figueiredo à capital paulista, o presidente solicitou um encontro com Mafuz. No entanto, o sócio da MPM deveria apresentar naquele mesmo dia a campanha anual do principal cliente do escritório gaúcho, a Ipiranga, e não poderia ir a São Paulo. Petrônio, então, foi ao encontro no local marcado pelo general Figueiredo representando seu sócio. Quando entrou no restaurante do hotel Eldorado Higienópolis, logo percebeu a presença de um exército de jornalistas, autoridades e empresários também aguardando o presidente. Este, por sua vez, ao chegar ao hotel, em vez de falar com os repórteres se dirigiu a Petrônio, e ambos começaram a conversar.

> "Eu expliquei a ele que o Mafuz não conseguira desmarcar a reunião e ele começou a fazer a mesma brincadeira de sempre, dizendo: 'Petrônio, não é isso, ele não vem pra cá porque ele está roubando vocês. Eu conheço aquele turco, ele é muito ladrão, e se tu e o Macedo não se cuidarem vão ficar pobres, na miséria, porque ele vai dar um fim em tudo o que é de vocês'. Começamos a rir, pois ele frequentemente fazia esse tipo de piada com o Mafuz. Fiquei ali uns dez minutos conversando com ele e depois ele foi falar com as autoridades e os jornalistas. Aí aconteceu um negócio muito interessante. Isso foi por volta das 17 horas. No dia seguinte, às 9 horas, recebi um telefonema do dono da Cica, e ele me disse: 'Estou mandando meu diretor de marketing falar contigo pessoalmente agora, pois vou lhe entregar a conta da Cica e do meu banco".

Simplesmente por ter testemunhado a intimidade entre Petrônio Corrêa e o presidente Figueiredo, o empresário Rodolfo "Rudi" Bonfiglioli decidiu transferir sua conta para a MPM. Ele também era proprietário do Banco Auxiliar de São Paulo. No entanto, o que se sucedeu com essa decisão não foi das melhores experiências para a agência. Quando o diretor de marketing da Cica sentou-se diante de Petrônio, foi logo dizendo: "Vim aqui para fazer algo contra a minha vontade. Estou cumprindo uma ordem, pois eu não gosto da sua agência. As contas estão aqui para você trabalhar, mas eu vou colocar todas as dificuldades possíveis que eu puder nessa relação". Petrônio conta que, de fato, foi uma das piores relações que a MPM já teve com um cliente, um processo difícil de conquista que só começou a mudar depois de mais de um ano de relacionamento.

Figueiredo: um case de mudança da imagem

A relação entre Mafuz e Figueiredo começou quase por acaso e se transformou em uma forte amizade que durou até o fim da vida de ambos. Nos anos 1950, num discreto consultório dentário em Porto Alegre, três homens conversavam enquanto esperavam a vez de ser atendidos pelo cirurgião-dentista, o Dr. Jair Soares, que se tornaria uma forte liderança política do Rio Grande do Sul. Eram eles: o publicitário Antonio Mafuz, João Baptista Figueiredo e Aimé Lamaison – os dois últimos, colegas no Colégio Militar de Porto Alegre. A relação entre eles e o dentista continuaria firme pelas próximas décadas. Em 1978, Jair Soares, já um proeminente político, apoiou o general Figueiredo como candidato pela via indireta à sucessão do Presidente Ernesto Geisel à Presidência da República. Aimé Lamaison, secretário de Segurança Pública do Distrito Federal, também.

O general, no entanto, estava em dificuldades. Do ponto de vista militar, muitos o consideravam despreparado para o cargo e articulavam uma candidatura alternativa, a do também general Euler Bentes Monteiro. Na perspectiva da política, Figueiredo, apoiado pelo general Couto e Silva, um dos ideólogos do golpe de março de 1964, enfrentava a dissidência de parte do partido político que o apoiava, a Arena. Do ponto de vista da popularidade, ele estava identificado com a imagem sisuda e antipática do Serviço Nacional de Informações (SNI), órgão que dirigiu durante todo o período de mandato do Presidente Geisel.

Em outras palavras, havia um problema sério de imagem desgastada. Aí entrou a força da amizade com Antonio Mafuz e veio o convite para a MPM ajudar a mudá-la. A notícia não foi bem recebida por parte de alguns funcionários da MPM Rio, escritório que centralizava o atendimento às contas políticas e de governo. A agência tinha na equipe profissionais que se colocavam publicamente contra o regime militar. Luiz Macedo, sabendo dessa rejeição, convocou uma reunião com os diretores responsáveis pelos principais departamentos para liberar aqueles que não quisessem se engajar no projeto.

Afastada a resistência, a MPM tratou de vencer o desafio de transformar um homem intempestivo e malcriado num sujeito que só tinha boas intenções. Uma tarefa nada fácil. Este desafio teve um importantíssimo aliado e estrategista: o jornalista e publicitário Saïd Farhat, assessor especial do general Figueiredo quando ele era candidato e seu ministro da comunicação quando assumiu a presidência, cargo que ocupou até 1980. O primeiro passo foi desenvolver um posicionamento e elencar os principais atributos de Figueiredo; fazer de seus famosos desatinos verbais algo que soasse como um gesto de franqueza, de destemor. Foi, então, criado o slogan "Figueiredo – coragem, franqueza e lealdade". Em cima dessas virtudes, o compositor Luis Reis compôs uma música, no estilo baião, que exortava essas qualidades.

Ao mesmo tempo, começou um *extreme makeover*: os óculos escuros deram lugar a outros, de aros mais claros; a imagem carrancuda foi substituída pela fotografia de um cidadão sorridente; e o terno de tons sóbrios tirou de cena a farda militar. E assim, em junho de 1978, a MPM entregou à equipe de campanha um plano de ações para reverter e mudar a imagem do general Figueiredo. Ao longo dos meses seguintes, começaram as etapas da campanha: consolidação da candidatura, legitimação, afirmação do presidente eleito e transição de governo. Todas as fases teriam um *timing* definido e seriam acompanhadas por meio de uma avaliação. E assim foi feito.

Nem mesmo as controvertidas declarações do candidato à imprensa – "prendo e arrebento", "prefiro o cheiro de cavalo ao cheiro do povo", ou "daria um tiro na cuca se tivesse de viver de salário mínimo" – alteraram o quadro geral de sucessão. E o general Figueiredo se tornou presidente.

Enquanto governou o País, Figueiredo costumava frequentar os tradicionais churrascos da MPM sempre que ia a Porto Alegre. A agência chegou a disponibilizar uma sala reservada para o general, ao lado da sala de Mafuz, com uma linha de telefone exclusiva. Alguns dias antes dessas visitas ilustres, membros da equipe de segurança da Presidência da República, conhecidos como destacamento precursor, iam à agência fazer uma vistoria em todas as instalações para verificar se não havia nada suspeito que pudesse colocar em risco a integridade física do presidente.

Eles também recebiam com antecedência uma lista de todos os convidados, o que acabou sendo uma ótima oportunidade para a agência fazer relações públicas com clientes, autoridades e amigos. No dia da visita, a Rua Silvério era fechada para dar lugar aos batedores. A chegada de Figueiredo era precedida sempre pela de um sujeito baixinho, escoltado por alguns seguranças. Era o seu provador oficial. O presidente não bebia e não comia nada sem que antes passasse pelo tal provador.

Nessas ocasiões, todos os funcionários da MPM eram dispensados, deixando o local apenas para os convidados do churrasco. Em um desses encontros, o Presidente pediu para convidar o Grupo dos Onze, formado pelos seus amigos da época em que serviu como capitão em Porto Alegre, em uma referência e versão à direita do "grupo dos onze companheiros" (como em um time de futebol) ou dos "comandos nacionalistas" liderados por Leonel Brizola, em 1963. No entanto, nos dias que precederam o churrasco, a notícia se espalhou na capital gaúcha e os convidados, cuja lista era de onze pessoas, chegaram a 200.

sem ideologia política

Ao lado do atendimento sistemático a contas públicas, de estatais e órgãos ligados ao governo e a outras autarquias, o histórico da MPM também foi marcado por campanhas eleitorais em uma época em que a expressão marketing político ainda não fazia parte do glossário dos profissionais de publicidade do País. O que mais chama a atenção nas diversas campanhas feitas para candidatos a cargos públicos e partidos políticos é o leque realmente amplo de vertentes diferentes de partidos e ideologias que parecem nunca ter incomodado os sócios da agência.

Além da campanha de João Figueiredo, a MPM coleciona em sua trajetória serviços prestados à própria Aliança Renovadora Nacional (Arena), em 1970, e, no período de transição democrática, a outros candidatos. Produziu o jingle da campanha para o Senado de José Sarney, em 1979, ainda pela Arena; fez a campanha de Tancredo Neves ao governo de Minas, em 1983, pelo PMDB; de Mario Andreazza na disputa contra Paulo Maluf, na convenção do PDS (sucessor da Arena) de 1984; no Rio Grande do Sul, realizou as campanhas de Jair Soares, do PDS, para o governo do estado, nas eleições de 1983, e de Pedro Simon, do PMDB, na gestão seguinte; e ainda as de Fernando Henrique Cardoso para o Senado pelo Movimento Democrático Brasileiro (MDB), em 1978, e para a Prefeitura de São Paulo, em 1985.

Esta última foi capitaneada pelo próprio Petrônio Corrêa. Faziam parte do *pool* de agências da campanha de FHC também a Adag e a Deck. O coordenador da campanha por parte do PMDB era Sergio Motta. Em carta enviada ao então senador Fernando Henrique Cardoso, em 13 de novembro de 1985, dois dias antes daquela que seria uma das primeiras eleições diretas depois da abertura democrática pós-ditadura militar, Petrônio expôs seu otimismo com a campanha e também a admiração que passou a ter por FHC desde então: "Estamos certos da vitória nas urnas. Porém, não é isso o que nos move agora. Não queremos nos dirigir ao senador ou ao futuro prefeito: queremos expressar nosso respeito e nossa gratidão a Fernando Henrique Cardoso como pessoa e cidadão brasileiro. (...) Nestes três meses de campanha, vi as pessoas de minha equipe se transformarem. Alguma coisa mágica estava acontecendo. Às vezes, via todos exultantes. Às vezes, profundamente preocupados. Vi sorrisos e lágrimas. Vi pessoas varando madrugadas no trabalho, movidas por uma força que eu inicialmente não conseguia compreender. Compreendo agora, entretanto, que eles não estavam sendo movidos pela política. São, na grande maioria, pessoas jovens que jamais votaram, militaram e mal se interessavam pelo assunto. Tinham, por herança histórica, a imagem do político como um homem prepotente, falso, desonesto e interesseiro. Entretanto, rapidamente foram contagiados pela honestidade, sinceridade e franqueza de um homem que jamais separou os seus valores e princípios pessoais dos seus valores e princípios de homem público. (...)".

Embora fosse apontado como favorito nas pesquisas, não foi dessa vez, no entanto, que FHC venceria uma eleição para cargo majoritário. Contando com o proeminente apoio do empresariado e dos setores e figuras mais conservadores da sociedade paulistana, como a TFP, a Opus Dei, o ex-governador Paulo Maluf e o ex-ministro Antônio Delfim Netto, Jânio Quadros retornou aos cargos públicos elegendo-se prefeito de São Paulo também pelo PTB, em 1985, derrotando o candidato situacionista e o representante da esquerda, o deputado federal Eduardo Suplicy (PT).

A vitória de Jânio Quadros contrariou os prognósticos dos institutos de pesquisa e contradisse as avaliações segundo as quais o ex-presidente era tido como um nome "ultrapassado" no novo contexto da política brasileira emergente, do processo de redemocratização e da campanha das Diretas Já. Fernando Henrique Cardoso, o então primeiro colocado nas pesquisas, chegou a tirar uma foto – publicada pela Revista Veja São Paulo – sentado na cadeira de prefeito de São Paulo. Tal fato levou Jânio a tomar posse com um tubo de inseticida nas mãos, declarando: "Estou desinfetando a poltrona porque nádegas indevidas a usaram".

Para coroar essa amplitude de matizes políticos atendidos pela MPM ao longo de sua história, a agência foi a vencedora da licitação aberta pela

Prefeitura de São Paulo, em 1990, sob o comando de Luiza Erundina, para a qual se habilitaram 23 concorrentes. A vitória era emblemática, pois marcava a estreia do atendimento da MPM a uma administração do PT.

Ironicamente, Erundina havia derrotado, na eleição realizada dois anos antes, Paulo Maluf – que, indiretamente, também era cliente da MPM por meio do atendimento da agência à Eucatex, empresa de sua família. A primeira providência que Petrônio Corrêa tomou ao receber a informação de que sua empresa passaria a trabalhar com a Prefeitura de São Paulo sob o comando do PT foi se encontrar com Maluf e avisá-lo da notícia para checar se não causaria algum tipo de conflito. E recebeu como resposta: "Política é política. Negócio é negócio".

A conta foi atendida pelos quatro diretores da agência em São Paulo: Vera Aldrighi, de pesquisa e planejamento; Raul Pinto, atendimento; Gilberto Reis, criação; e Ivan Marques, mídia. Vera Aldrighi destaca um dos trabalhos de pesquisa realizado por sua equipe no atendimento à Prefeitura de São Paulo.

> "Entre 1990/91 realizamos o 'O Avesso do Avesso', um estudo de segmentação de *mindsets* do eleitorado paulistano colocando em foco a questão da cidadania e do ativismo político-social. Nesse estudo, sintetizei tudo que pude observar em quase quatro anos sobre o comportamento do consumidor-eleitor".

O novo cliente foi muito bem-vindo, pois a MPM havia acabado de perder todas as contas do governo federal devido a uma decisão do presidente recém-empossado, Fernando Collor de Melo. No entanto, trabalhava ainda para diversas contas na esfera estadual, como as dos governos do Rio de Janeiro, na gestão Moreira Franco (PMDB), do Rio Grande do Sul, com Pedro Simon (também do PMDB), e do Distrito Federal, com Joaquim Roriz (PFL). Em 1990, seu faturamento foi de 180 milhões de dólares, dos quais 13% corresponderam às contas de governo.

anos de chumbo

Por mais que pudesse haver alguma distância, fosse ela política ou ideológica, entre os sócios da MPM e os governos militares a proximidade era muito grande. Afinal, tratava-se do maior cliente da agência. Lidar com isso e ao mesmo tempo conviver com pessoas próximas que acabaram vítimas das atrocidades da ditadura exigia uma boa dose de sangue frio.

Luiz Macedo recorda algumas passagens desses anos de chumbo de perseguição e intolerância envolvendo amigos e familiares. Em certa ocasião, o compositor Miguel Gustavo – que havia se aproximado dos militares depois do sucesso do jingle "Pra Frente Brasil", composto para a Copa de 1970 –, de quem era amigo e que fazia uma série de trabalhos para a MPM, apresentou-lhe um homem a quem chamava apenas de coronel Sergio. Ele era encarregado de coordenar as Olimpíadas Militares que seriam realizadas no Rio de Janeiro. No encontro, o tal coronel pediu uma colaboração da MPM para fazer alguns cartazes e material de divulgação dos Jogos, solicitação que foi aceita sem hesitação.

Poucos dias depois, já perto do início da competição, Macedo recebeu a informação de que a esposa do jornalista Antonio Callado estava desaparecida, havia sido presa. Ele ligou então para o coronel Sergio, de quem havia ficado bem próximo, e lhe pediu ajuda para localizar o paradeiro da mulher. Ela foi, de fato, localizada e libertada poucos dias depois.

Macedo se emociona ao rememorar outra situação extrema envolvendo um amigo seu cujo desfecho não foi nada alentador.

> "O negócio mais escandaloso de todos que houve durante a ditadura foi o que envolveu o deputado Rubens Paiva, que era muito meu amigo. Jogávamos cartas juntos, minha ex-mulher era amiga da mulher dele, que é minha amiga até hoje. Ele sumiu sem ninguém saber. Através do Miguel [Gustavo], eu conheci o Newton Leitão, que era chefe do Serviço Nacional de Informações (SNI).

Um dia, fiz um pedido a ele: 'Newton, a mulher do Rubens Paiva, minha amiga, é uma pessoa maravilhosa e está passando por uma situação desoladora em casa. O que tu podes fazer por mim?'. Ele disse para marcarmos um encontro com uma pessoa que poderia passar alguma informação sobre esse caso, mas fez questão de reforçar: 'Se ele disser basta, aí não insiste, não faz pergunta nenhuma, não conta essa história. Topa?'. Eu fui falar com a Eunice, mulher do Rubens Paiva, e ela, claro, topou. E o cara ciscava, procurava, andava, até que um dia me telefonou e disse: 'Dr. Macedo, vamos esquecer aquele assunto'. Foi um tremendo golpe para mim ouvir aquela ligação!"

Petrônio Corrêa também vivenciou uma experiência envolvendo um desaparecido político com um familiar muito próximo. Cilon da Cunha Brum era seu primo por parte de mãe, também nascido em São Sepé, em 1946. Veio para São Paulo no final dos anos 1960 para cursar a Faculdade de Economia da PUC. Um pouco antes, já em Porto Alegre, a convite de Petrônio começou a trabalhar na MPM, a princípio como assistente, mas rapidamente iniciou uma carreira promissora. Quando se mudou para São Paulo para estudar, transferiu-se para o escritório local da agência. Na época, seu primo já percebera a possibilidade de treiná-lo para ser diretor financeiro da agência. Paralelamente à atuação na MPM, Cilon passou a se envolver cada vez mais com o movimento estudantil.

Foi nessa época que Cilon conheceu José Genoíno, líder estudantil fichado, com processo na Justiça Militar e que havia sido preso no Congresso da UNE de Ibiúna. Em 1969, tornou-se vice-presidente da UNE, e Cilon, líder estudantil na PUC. Costumavam reunir-se no diretório da Faculdade de Economia, do qual o primo de Petrônio era o presidente. O sócio da MPM lembra-se da última vez que o viu, em meados de 1971.

"Ele morava perto da minha casa. Um dia eu dei carona a ele, e foi quando me pediu demissão dizendo que ia ter que fazer uma viagem. Eu sabia que ele era de esquerda e achei que estava sendo perseguido. Eu disse que ele estava fazendo bobagem e propus mandá-lo para Paris para terminar os estudos lá. Não houve jeito, ele estava irredutível. Fiquei muito bravo com ele. Depois disso, ele desapareceu. Dois anos depois, eu soube que ele foi morto na Guerrilha do Araguaia".

A família só obteve o atestado de óbito de Cilon 24 anos depois, em 25 de janeiro de 1996, mas o corpo nunca foi resgatado. A Guerrilha do Araguaia, no sul do Pará, foi responsável por 60 dos 152 desaparecidos políticos durante a ditadura militar.

No início da década de 1930, em Santo Ângelo.

No final dos anos 1940.

No set de filmagens do filme "O pagador de promessas", em 1962.

Antonio Mafuz (no meio, acima) quando trabalhou com Getúlio Vargas (no centro, de terno claro), na década de 1940

Com equipe da Grant, 1955.

Inauguração do primeiro posto da Ipiranga no Rio de Janeiro: Luiz Macedo,
Francisco Martins Bastos e Antonio Mafuz, abril de 1959

Charge feita quando trabalhava na
Grant Advertising, 1956.

Luiz Fernando Veríssimo,
quando trabalhava na MPM, em 1967

Os três sócios da MPM nacional com Sérgio Graciotti, sócio da
MPM São Paulo.

Mobilização popular conhecida como Campanha da Legalidade, em abril de 1964, convocada por Leonel Brizola, cunhado de João Goulart e então governador gaúcho, em defesa da posse de Jango.

Com a esposa Elza e a primogênita, Anadege, no início dos anos 1950, na rua da Praia, em Porto Alegre.

Com Petrônio Filho e Anadege, nos anos 1960.

Petrônio e Elza ao centro, com Mariano e Hermínia Barberena (pais de Elza) e Anadege à esquerda; e João e Anadege Brum Cunha (pais de Petrônio) e Petrônio Corrêa Filho à direita.

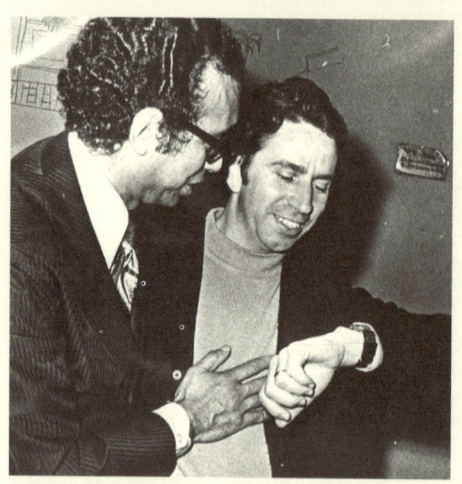

Adão Juvenal de Souza e Luiz Carlos Cotta, em 1972

Com Mauro Salles, no início dos anos 1970

Os sócios da MPM Casabranca, após a fusão, em 1975: Petrônio Corrêa, Antonio José Fonseca Pires, Júlio Ribeiro, Armando Mihanovich, Luiz Macedo, Sérgio Graciotti e Antonio Mafuz

Com Elza, em férias na Europa, 1978.

Os três sócios da MPM com o então presidente João Baptista Figueiredo, outubro de 1980.

Mafuz e Petrônio ao lado de João Havelange, em reunião do Conselho da MPM, início dos anos 1980.

Petrônio Filho, Gugu e Faustão, em festa de final de ano da MPM, 1984.

Roberto Marinho, José Sarney, Mafuz, Petrônio e Macedo, na festa de entrega do Prêmio de Agência do Ano da ABP, 1985.

Com Frank W. Clarke, da Grey, 1988.

No Cenp, início da década de 2000.

Com Sérgio Amaral, 1997.

Com Luiz Sales, em meados dos anos 2000.

Com Willy Haas, João Roberto Marinho e Sergio Amado, durante o IV Congresso Brasileiro de Propaganda, 2008..

Com Luiz Lara, Dalton Pastore e Nizan Guanaes, durante o IV Congresso Brasileiro de Propaganda, 2008.

Entre Daniel Barbará e Célia Fiasco, durante o IV Congresso Brasileiro de Propaganda, 2008.

Com o bisneto João Pedro em 2011

12

um complexo de comunicação

Passados os anos de chumbo do governo militar, no final dos anos 1970, a liderança de mercado da MPM já estava plenamente consolidada. No entanto, a agência tinha pela frente os desafios que qualquer empresa no Brasil enfrentava naquele momento diante do cenário complexo e difícil que o País vivia do ponto de vista político e econômico. A primeira metade dos anos 1980 foi marcada pela tentativa frustrada de abertura política com a campanha pelas eleições diretas, em 1985. Após a morte de Tancredo Neves antes de sua posse, José Sarney assumiu a Presidência da República executando naquela gestão um governo transitório, sob fortes pressões políticas.

Um pouco antes, em 1983, o Banco Central havia anunciado à nação a maxidesvalorização da moeda vigente – o cruzeiro – em 30%. A justificativa na nota oficial era "acelerar o processo de ajustamento do balanço de pagamentos do Brasil face à situação adversa dos mercados internacionais".

Com economia frágil, o País sofreu as consequências. Como previram os economistas da época, a maxidesvalorização não conseguiu controlar a inflação, que, ao contrário, acelerou-se, aprofundando a crise econômica. Tal conjuntura culminou na implantação do Plano Cruzado, em fevereiro de 1986, já no governo Sarney, medida que também não solucionou a crise financeira, a qual se arrastou até meados da década de 1990. Siglas como URP e OTN, que indexavam salários, pagamentos e tabelas de preços dos veículos de comunicação, faziam parte do dia a dia.

A crise deflagrada em 1970 no mundo seria sentida no Brasil quando o endividamento nacional atingiu níveis difíceis de administrar com a perda do valor da moeda brasileira. Dessa forma, a inflação seria a protagonista da cena econômica dessa época. Iniciou-se um forte período recessivo com o esvaziamento dos investimentos estrangeiros e a necessidade de planejamento do pagamento da dívida externa, uma fase em que as empresas foram forçadas a reduzir custos e a encontrar soluções administrativas para racionalizar suas operações.

Do marketing, surgiram expressões típicas da época, como "reengenharia", agregando as novas tecnologias digitais para agilizar o processo de informação e reduzir postos de trabalho. Também as terceirizações de setores de uma empresa passaram a ser cada vez mais implementadas nas grandes corporações instaladas no País.

A velha máxima de que é durante uma crise que aflora o lado mais criativo das pessoas, das marcas e das empresas nunca foi tão certeira como nos anos 1980 para o mercado publicitário brasileiro. Foi nesse período que a criação nacional se consolidou como força global. Além de ser a maior agência de capital 100% nacional, a MPM firmou-se como potência criativa, expandiu sua cobertura nacional e ensaiou sua primeira experiência internacional.

Quebrando um tradicional posicionamento – tido mesmo como inflexível – de se manter presa ao mercado brasileiro até que todo o seu potencial fosse explorado, a MPM iniciou sua operação no Chile em 1981. A modesta e bem-sucedida história que começou com a ida para aquele País de um cliente, a Placas Paraná, fabricante de armários planejados e cozinhas embutidas, pegou de surpresa a própria agência, que logo em seguida viu vários outros clientes interessados em tomar o mesmo rumo. A princípio, a atuação no mercado chileno se deu por meio de acordo operacional com a agência local Publicidad Occidente.

No ano seguinte, a Fiat anunciou a abertura de uma fábrica no Chile e promoveu uma concorrência da qual a MPM saiu vencedora, passando a necessitar de uma presença mais expressiva no país, não bastando o acordo operacional. A agência, então, implantou um escritório em Santiago, com a razão social MPM-Chile Publicidad, para o atendimento de Fiat e Placas Paraná. A unidade trabalhou também com as contas da Muricy (da rede das Lojas Pernambucanas), da Selecta (do ramo alimentício chileno) e da Ellus (uma representante local).

Haroldo Ribeiro, executivo que atuava na MPM São Paulo, foi o primeiro funcionário da operação internacional. Alarico de Toledo Piza, que trabalhava na MPM de Belo Horizonte, foi para o Chile como diretor de criação. Lá, contratou uma dupla de criação chilena, mantendo a proposta da agência de se adaptar às realidades dos mercados locais. A MPM-Chile chegou a ter quinze funcionários e inovou no mercado daquele país, introduzindo o *spot* de rádio para o cliente Muricy. A prática corrente até então era a veiculação de textos lidos pelos locutores, já que as rádios chilenas eram resistentes a colocar no ar peças pré-gravadas.

A experiência da MPM no Chile prometia ser mais uma das investidas bem-sucedidas da agência – como o processo de expansão regional no Brasil. No entanto, a crise econômica e política que abatia o país, um ano depois da abertura daquele mercado ao capital estrangeiro, na ditadura de Augusto Pinochet, dificultou a permanência da Fiat. Com o cenário hostil à industrialização, afugentando seu projeto local, a montadora italiana desativou sua fábrica. Como consequência, a MPM se viu obrigada a fechar suas portas no Chile no final de 1983 e ainda arcar com uma operação que deu prejuízo enquanto existiu.

O acordo com a Grey

Se a expansão para o Chile não deu certo, um movimento inverso para o mercado paulista foi uma alternativa para o crescimento da agência. O interior de São Paulo vivia um bom momento de desenvolvimento econômico e as empresas eram atendidas por agências locais de pequeno porte. A MPM enxergou ali uma oportunidade para seu projeto de expansão. Em julho de 1982, a maior agência do País colocou em funcionamento o escritório da MPM Oeste, em Bauru, que visava atender uma vasta e importante região de São Paulo. No final do mesmo ano, foi aberta uma unidade em Ribeirão Preto. Seguiram-se logo depois escritórios em São José do Rio Preto e em Campinas.

Mesmo com a experiência malsucedida de atuação no mercado chileno, a internacionalização não estava descartada para os sócios da MPM. Era comum o assédio à maior agência do Brasil por parte de grupos ou conglomerados globais interessados em atuar no País. Em 1984, esse processo levou ao fechamento do acordo com a rede norte-americana Grey, que ainda não pertencia ao Grupo WPP. As bases da negociação eram claras: a MPM atenderia clientes internacionais da Grey em território brasileiro e, caso tivesse planos de operar fora do Brasil, o faria por meio da rede norte-americana. Na hipótese de a MPM ser colocada à venda, a Grey teria a preferência.

Sem envolver nenhum tipo de troca de ações, o acordo estabeleceu um avançado intercâmbio de informações e tecnologia, além de um programa de treinamento de pessoal da MPM que incluiu as áreas de criação, atendimento e mídia. As duas agências atenderam em um primeiro momento no Brasil clientes como Stafford Miller, dona das marcas Corega, xampu Aristolino e creme dental Confident e Sensodyne; Olin, fabricante do produto para piscinas HTH; e Warner Bros.

Na virada de 1989, após a chegada da Procter & Gamble ao mercado brasileiro por meio da compra da empresa fabricante de produtos de higiene e beleza Phebo, a MPM obteve o maior fruto do seu acordo com a Grey: passou a fazer parte do seleto grupo de agências a atender a gigante global do setor de higiene e limpeza. Ficou responsável pela parte da conta da P&G que incluía as marcas Phebo, Seiva de Alfazema e Senior (linha masculina). As demais, como Princess e linha Turma da Mônica, ficaram com a Leo Burnett.

Na época, o acordo com a Grey completava cinco anos, e foram fortes os rumores no mercado sobre uma possível venda da MPM para a agência norte-americana. Em entrevista ao *Meio & Mensagem*, Frank W. Clarke negou os boatos e declarou: "A Grey não está preocupada no momento em ter uma agência própria no Brasil, pois existe satisfação em trabalhar com a MPM e as duas empresas têm um relacionamento perfeito. Se fôssemos comprar alguma agência no Brasil, essa agência seria a MPM. E, de seu lado, se a MPM fosse ser vendida, esse comprador seria a Grey".

altos e baixos dos anos 1980

No início dos anos 1980, a MPM, em mais uma de suas iniciativas inéditas, constituiu seu Conselho Administrativo em uma tentativa de despersonalizar a agência. O Conselho obedecia às então recentes normas da Lei das Sociedades Anônimas, e tinha interferência direta nos rumos a serem tomados pela empresa. A presidência foi entregue a Karlos Rischbieter, ex-ministro da Fazenda do governo João Figueiredo, e os demais membros eram: Marcio João de Andrade Fortes (João Fortes Engenharia), Ruben Ilgenfritz da Silva (Cotrijui), Roberto Bastos Tellechea (Ipiranga), João Havelange (Fifa) e Paulo Richer (diretor da MPM), mais o M, o P e o M.

Em tempos de incerteza e instabilidade, a ideia do Conselho Administrativo era, além de aprimorar a governança e a gestão da empresa, também estabelecer um foro privilegiado de aproximação com personalidades importantes do meio empresarial, político e econômico.

À medida que a atividade publicitária se sofisticava no Brasil, consolidou-se nessa década a atuação por meio do conceito de agência *full service*, que consiste em atender o cliente em todas as áreas do marketing, não apenas na publicidade. A maior agência do País – que, intuitivamente, sempre teve exatamente o posicionamento de solucionar todos os problemas de comunicação dos clientes, desde a elaboração de uma campanha, passando pela assessoria de imprensa e realização de eventos, até o planejamento de marketing e outros serviços –, embora estivesse em posição vantajosa, também sofreu com a crise que o País atravessava.

Em 1987, a MPM completava seus 30 anos de existência em um período bastante crítico do ponto de vista macroeconômico. Diante disso, promoveu um forte enxugamento de seus quadros e reduziu o número de unidades de dezesseis para treze em todo o Brasil. O número de funcionários, que beirava 900, foi diminuído para cerca de 780. A rede possuía uma carteira com aproximadamente 250 clientes, em sua maioria de pequeno e médio portes. Esse perfil de anunciantes ajudava a agência, pois, mesmo com a crise, havia sempre empresas que continuavam ativas em seus respectivos segmentos.

Diante dessas medidas, as comemorações que estavam programadas para os 30 anos da agência foram canceladas.

No ano seguinte, os sócios decidiram colocar em prática um plano de reestruturação e modernização, visando tornar a empresa mais ágil e rentável e, portanto, menos vulnerável às oscilações da economia. Naquele momento, a reestruturação da MPM – que cada vez mais se transformava em um complexo de comunicação – consistiu em dotar seus vários setores de maior autonomia, permitindo, por um lado, descentralizar as decisões, e por outro, facilitar o maior controle dos custos e dos resultados. Os serviços de assessoria de imprensa, relações públicas e comunicação interna, que antes funcionavam como departamentos da agência, foram englobados pela MPM Press – uma empresa autônoma que operava como filial da unidade de São Paulo desde o final de 1987.

No mesmo sentido foram as transformações ocorridas anteriormente na área de merchandising, cujo departamento – embora não tivesse assumido o status de empresa – funcionava como divisão desde setembro de 1986. Para cobrir a área de promoção, a MPM seguiu um caminho diferente. Em vez de aproveitar uma estrutura interna, decidiu comprar, em 1986, 50% das ações de uma empresa já constituída, a PPR (Profissionais de Propaganda Reunidos), tendo, posteriormente, assumido o seu controle total. Tal estratégia foi adotada também pela unidade de Porto Alegre, que adquiriu 50% da Ribalta, empresa local de promoções.

Dentro desse plano também estava o projeto de profissionalização da agência – e a consequente sucessão dos primeiros sócios no decorrer dos anos. A preocupação era de que a MPM não só tivesse suas rédeas na mão dos filhos, mas que seguisse profissionalmente seu percurso natural. Naquele momento, dois dos fundadores tinham seus filhos em plena atividade nos negócios da agência. Em São Paulo, Petrônio Corrêa Filho completava 12 anos de atuação na empresa e ocupava o cargo de diretor executivo. No Rio, Carlos Alberto Macedo, filho de Luiz Macedo, havia acabado de entrar na MPM. Antonio Mafuz não tinha filhos.

Foi nesse período também que a pesquisa se consolidou como fator fundamental na análise da eficácia de campanhas publicitárias, bem como fornecedora de subsídios para o processo de planejamento e de criação. Exatamente por isso, os Petrônios, pai e filho, elegeram a área de planejamento como ponta de lança no processo de profissionalização da agência, e a contratação de Vera Aldrighi, em 1985, foi estratégica para alcançar esse objetivo. Afinal, a agência era a primeira em faturamento e precisava também ser a líder em qualidade profissional.

Na função, além de ser um elemento importante no planejamento estratégico para o principal cliente, a Fiat, Vera desenhou e executou estudos especiais cujos temas estavam em sintonia com a personalidade da nova agência, muito voltada para contas públicas e sociais, embora houvesse o desejo de mudar esse perfil.

> "Ainda em 1985, estudei o fenômeno da audiência extraordinária da novela Roque Santeiro e a virada nas demandas e expectativas

do público televisivo depois da abertura democrática do País (algo meio parecido com o que aconteceu recentemente com Avenida Brasil). Em 1986/87, fiz um acompanhamento analítico das transformações na mentalidade do consumidor ao longo dos sucessivos choques anti-inflacionários em 'A Classe Média Saiu do Paraíso'. Em 1989, desenhei uma pesquisa de segmentação psicográfica para estudar a questão do 'jeitinho brasileiro', identificando um *set* muito interessante de mentalidades diante da crise do País. Chamava-se 'Brasileiros & Brasileiros. Imagens da Crise e do Caráter do Nosso Povo'. Caprichei na análise desse estudo e lamentei quando soube que a equipe da campanha do Fernando Collor se inspirou nela para a sua estratégia eleitoral".

quarta onda

Na virada de 1989/90, a MPM realizou, sob o comando de Vera Aldrighi, uma ampla pesquisa de avaliação do mercado publicitário, da relação da agência com seus clientes e da sua realidade interna. Era uma forma de desvendar seus próprios mitos e analisar o mercado para adotar um novo modelo. A meta era clara: tornar-se a mais moderna agência de comunicação do País. Não bastava ser líder apenas em volume de investimentos publicitários.

Quando Petrônio Corrêa, Antonio Mafuz e Luiz Macedo criaram a MPM em Porto Alegre, em 1957, a ideia inicial era fazer dela uma "boa agência regional". A realidade mostrava, após 33 anos, que a pretensão era modesta, pois os saltos posteriores – para o Rio de Janeiro, em 1959, e São Paulo, em 1962 – transformaram a empresa em um gigante que iniciava, naquele momento, o que se chamou de quarta onda, partindo para a segmentação. A primeira onda se estabelece a partir da fundação; a segunda compreende o período de expansão da agência, entre 1959 e 1975; e a terceira se estende durante a fase em que a MPM atingiu a liderança de mercado.

O projeto de renovação da MPM contou com a ajuda externa do consultor Marcos Cobra, que se responsabilizou pela pesquisa interna. Ao mesmo tempo, no retrato das relações com os clientes desenhado pela agência, ficou patente que os anunciantes pediam mais envolvimento, mais rentabilidade (leia-se, resultados), soluções criativas para os seus problemas, mais iniciativa, parceria e compromisso – em suma, todos os aspectos que faziam parte do discurso publicitário à época e que continuam praticamente os mesmos até hoje.

Observando o mercado, a pesquisa da MPM mostrava que era considerado velho aquele modelo que trabalha com estrutura "inchada", com uma administração autocrática e que valoriza a estrutura no sentido de tamanho. Também foram julgados velhos conceitos como rigidez, inércia, atitude reativa, *low profile* e a orientação para o *business*. Em contrapartida, o novo nas agências estava representado por estrutura enxuta, agilidade, flexibilidade, visibilidade, seletividade e transparência. Estavam presentes ainda nos estudos da MPM características como equipe motivada, atitude proativa, valorização do talento, orientação para a qualidade e administração democrática – o outro fator novo era a agência liderar o cliente.

Vale lembrar que esse estudo ocorreu em um momento no qual o mercado publicitário nacional havia sido impactado por um fenômeno importante: o surgimento de agências com novas propostas de trabalho, menores e mais ágeis, que souberam aproveitar a oportunidade aberta pela inércia das grandes agências e pela revolução do mercado e que, em sua maioria, eram lideradas por profissionais de criação. Exemplos dessa nova safra eram W/GGK, DM9, Talent e Fischer, Justus. A primeira, especialmente, iria quebrar um tabu de 15 anos: o relacionamento exclusivo entre Fiat e MPM, ao conquistar parte da conta da montadora italiana em abril de 1991, quando passou a atender as marcas Elba e Prêmio. A MPM permaneceria com os produtos Uno, Uno Mille, institucional de marca, comerciais leves, peças, serviços e redes de concessionárias.

Em resumo, a agência vinha sofrendo pressões de todos os lados para se manter competitiva e moderna ante os novos tempos. Todos os parâmetros estabelecidos pelos levantamentos foram analisados e, como resultado, a MPM promoveu uma ampla reestruturação. Atuando com grupos integrados de contas, a agência extinguiu os departamentos. No dia 18 de novembro de 1989 foi realizada uma convenção na qual foi comunicada a nova estrutura e forma de atuação. Vera Aldrighi, Ivan Marques, Raul Pinto e Gilberto dos Reis (Giba) passaram a ser diretores de pesquisa, mídia, atendimento e criação, respectivamente, trabalhando inclusive no mesmo espaço físico, encabeçando os grupos integrados de conta.

No final de 1990, a MPM também se aventurou em um novo negócio. Lançou a Ayrton Senna Licensing e Participações, da qual detinha 20% em sociedade com o piloto Ayrton Senna, que ficou com 60% da empresa, e com a Gouvea de Souza & MH, detentora dos 20% restantes. A aproximação com Senna se deu em virtude do atendimento à conta do Banco Nacional, cliente com o qual trabalhava desde 1985, o maior patrocinador do piloto. A MPM foi a responsável pelo desenvolvimento e lançamento da marca Senna, cujo projeto se apoiava na venda de diversos produtos com foco no mercado internacional, especialmente o Japão.

13

a venda para a Lintas

Os acontecimentos mais impressionantes da história são imprevisíveis. Não marcam hora para acontecer e pegam a humanidade de surpresa. A queda do Muro de Berlim e os ataques de 11 de setembro de 2001 são exemplos de quão inequívocos são os fatos e de como eles sobrepujam qualquer tipo de previsão. No mundo dos negócios não é diferente. O mercado brasileiro foi surpreendido, em 1999, pela fusão ocorrida entre Brahma e Antarctica, resultando na formação da AmBev. Mais recentemente, movimentações como a compra do Unibanco pelo Itaú, em 2008, e a união de operações entre o Pão de Açúcar e as Casas Bahia, no ano seguinte, demonstram que a lógica empresarial tem um forte ingrediente no fator surpresa das grandes negociações.

No início dos anos 1990, no mercado publicitário, uma notícia também surpreendeu a todos. Deixou perplexa a indústria e se configurou como um marco até os dias de hoje. Trata-se da venda da MPM para a Lintas. O negócio foi assinado em um domingo, 17 de novembro de 1991, às 18h45, no escritório de advocacia das agências do Grupo Interpublic no Brasil, Peixoto & Cury.

Era um fim de semana prolongado, devido ao feriado da Proclamação da República, e a notícia vazara no próprio domingo, nos Estados Unidos. Na segunda-feira, uma verdadeira maratona se seguiu para comunicar, o mais rápido possível, nessa ordem: funcionários, clientes e imprensa.

Maior agência do País desde 1975, a MPM obteve faturamento de 120 milhões de dólares no ano em que foi negociada. Sua venda não era totalmente descartada àquela altura, afinal, o mercado começava a se abrir para a internacionalização e era natural que a maior agência de capital 100% nacional fosse assediada por redes internacionais que tinham presença tímida no Brasil, ou que ainda não estavam por aqui. Além disso – e essa talvez seja a principal razão da negociação –, não havia na MPM um plano estruturado de sucessão. A surpresa se deu também pelo fato de a venda ter sido efetuada para a Lintas – então oitava colocada no ranking nacional, com um faturamento anual de 40 milhões de dólares na época – e não para a Grey, com quem a MPM mantinha acordo operacional desde 1984.

A transação foi fechada por 30 milhões de dólares, divididos em partes iguais entre os três sócios. A Lintas havia sido comprada, em 1979, pelo grupo Interpublic, também proprietário da McCann Erickson e da Lowe & Partners. Corrigido pelos índices de inflação do período, o montante envolvido giraria hoje em torno de 120 e 130 milhões de dólares. É importante ressaltar que em uma negociação do mesmo porte, atualmente, os números seriam bem diferentes, pois os valores movimentados pelo mercado são bastante superiores aos da época, além do fato de as agências brasileiras estarem hoje muito valorizadas no mercado internacional.

Só para efeito de comparação, a Talent, que em 2010 ocupava a 16ª posição no ranking nacional de agências (357 milhões de reais em volume de compra de mídia), naquele ano vendeu 49% de suas ações ao Publicis Groupe por um valor estimado pelo mercado em 110 milhões de dólares. O negócio também envolveu a QG Propaganda – que já pertencia ao Grupo Talent –, 38ª colocada no ranking com 112 milhões de reais em compra de mídia. No ano seguinte, por valores não revelados, o Publicis aumentou sua participação nas duas agências, atingindo o controle com 60% das ações.

Antes da venda da Talent, a maior operação envolvendo a compra de uma agência nacional havia sido o negócio entre a DM9 e a DDB, concluído em 1997. Na ocasião, a rede pertencente à holding Omnicom adquiriu 49% das ações da agência de Nizan Guanaes e seus sócios na época: João Augusto Valente, Affonso Serra Jr., Tomás Lorente e o Banco Icatu. No ano anterior, a DM9 havia ficado no quarto lugar do ranking de agências, com faturamento na casa de 120 milhões de dólares. Embora o valor não tenha sido revelado, estimativas do mercado dão conta de que alcançou a quantia de 100 milhões de dólares.

A diferença no caso da MPM, além da ordem de grandeza envolvida, é que foram negociadas 100% das ações. Em geral, a decisão da venda de uma parte ou da totalidade das ações de uma agência tem muito a ver com o projeto profissional e pessoal de seus donos. Normalmente, se são profissionais jovens, que acreditam no potencial de sua empresa para crescer nos anos posteriores à transação, eles podem preferir ficar no negócio por mais alguns anos para maximizar o valor da operação – portanto, não estariam dispostos a vender a totalidade do capital de entrada.

No caso da MPM, no entanto, existiram diversas razões que motivaram os donos a vender a totalidade da empresa desde o início. Em retrospecto, diante do desastroso negócio que resultou dessa venda, talvez tivesse sido mais apropriado disponibilizar só uma parte do capital, mantendo os sócios na ativa por um curto período de tempo.

Ao relembrar a época da transação, Petrônio Corrêa não esconde seu desconforto com relação ao assunto. Ele foi voto vencido – a insistência em negociar a agência era dos outros sócios da MPM, Luiz Macedo e Antonio Mafuz. Sua intenção era continuar com a empresa, no aguardo de uma oferta melhor, ou fazer a transição para uma gestão profissional. Entretanto, não foi possível resistir à abordagem bastante hostil por parte da Lintas.

"Na realidade nós não vendemos, nós fomos comprados. O Ivan Pinto, que na época era o presidente da Lintas no Brasil, estava muito interessado em fazer a operação, e ele nos assediou muito, a ponto de eu ter uma reação meio boba, um pouco infantil até por causa disso. Ao mesmo tempo, o Mafuz e o Macedo queriam muito vender a agência. Eu não queria, mas não tinha dinheiro para comprar a parte deles".

A primeira sondagem de Ivan Pinto a Petrônio Corrêa se deu no dia 20 de janeiro de 1991, em um almoço no restaurante Paddock, no centro de São Paulo. Durante esse encontro, em uma brincadeira, falou-se sobre como seria interessante a união das duas agências. Ao final, Ivan pediu autorização a Petrônio para consultar sua matriz sobre o assunto. Este, por sua vez, não acreditou que ele estivesse falando sério e consentiu. Uns dez dias depois daquele almoço, Petrônio foi surpreendido com uma ligação de Ivan dizendo que a autorização da Lintas Worldwide estava em suas mãos.

Era um tempo em que não havia internet, tampouco redes sociais, mas mesmo assim, para evitar vazamento durante o período de negociação, a transação foi cercada por lances de operação de guerra, em que não faltaram nomes e códigos, encontros furtivos em hotéis e viagens internacionais.

"Perplexidade", "Líder" e "Abap Líder" foram os códigos criados para o projeto, bem como o pseudônimo Dr. Carlos, utilizado pelo Presidente da Lintas Brasil, que não podia aparecer de forma alguma. Na Lintas, o projeto chamou-se "Líder", e além do Presidente da agência, somente o diretor administrativo e financeiro, Hélio Cardoso, tinha conhecimento da transação. Na MPM, a denominação inicial foi "Abap Líder", em razão de uma nota publicada em um jornal de São Paulo pelo jornalista Antoninho Rossini, que viu Petrônio e Ivan Pinto almoçando juntos no Paddock e pensou que se tratava de um encontro para discutir a eleição do novo presidente da Abap, que estava prestes a se realizar. Esse título foi alterado quando o diretor administrativo e financeiro da MPM São Paulo, Hildemar Klein, soube de toda a história. Resolveu-se adotar o nome "Projeto Perplexidade" diante da reação que ele teve com a notícia.

A primeira proposta recebida por escrito foi detalhada em um documento de cerca de 50 páginas. Até esse momento, somente os três sócios e Paulo Richer, administrador geral da MPM, sabiam da conversação. Petrônio Corrêa ficou encarregado de conduzir a negociação, funcionando como uma ponte entre seus sócios e a Lintas. De comum acordo, os três decidiram recusar a oferta inicial da multinacional, que consideraram desinteressante do ponto de vista do valor, além de a Lintas assumir uma posição de dona da situação e a MPM ficar apenas com responsabilidades. Seria necessário dar essa resposta pessoalmente, em Nova York, na sede do Grupo Interpublic.

Petrônio Corrêa Filho, então vice-presidente de operações da MPM São Paulo, também estava na cidade em razão de outro compromisso, e foi por ocasião dessa viagem que ele soube das negociações. Além de contar ao filho, Petrônio pediu que ele o acompanhasse na reunião, pois seu inglês é muito básico, embora a agência tivesse um representante em NY que era também intérprete.

> "Eu fiz uma malcriação nessa reunião, numa mesa bem comprida. Joguei aquele documento na mesa e disse a eles que eu não limpava meu rabo com aquilo porque o papel era muito grosso. Meu filho olhou para mim com uma cara de espanto e pedi a ele que traduzisse o que eu estava dizendo. Eles foram muito incompetentes, pois em vez de conduzir uma negociação desse tamanho conversando, mandaram uma proposta por escrito para a gente aceitar ou não. Depois dessa reunião, achei que o assunto iria se encerrar por ali, mas eles recomeçaram tudo de novo, de uma forma mais amigável e com maior atenção. Afinal de contas, a MPM era o negócio que nós três tínhamos construído com muito cuidado ao longo de mais de três décadas".

Depois do vazamento da nota sobre o almoço entre Petrônio e Ivan Pinto, e com medo de que alguma informação também vazasse, os envolvidos nas negociações decidiram não se encontrar mais em público. Pensaram primeiro na sede da Abap, mas optaram por montar um QG no hotel Maksoud Plaza. Depois da malcriação de Petrônio em Nova York, o presidente do Grupo Interpublic, Philip Geier, passou a vir ao País pessoalmente – e em completo sigilo. Ele chegava pela manhã ao hotel, marcava as reuniões às 9h, almoçava com os sócios e executivos-chave da MPM e voltava no final do dia para Nova York. Nem o pessoal da Lintas chegava a saber que ele havia passado por São Paulo.

Seis meses após o início da participação pessoal de Philip Geier no processo, a venda foi fechada, e nascia a MPM Lintas. Ivan Pinto era o CEO da nova agência, e Petrônio Corrêa, presidente do Conselho Administrativo, formado por Luiz Macedo, Antonio Mafuz, o próprio Ivan e Hélio Cardoso, ex-diretor financeiro da Lintas. A agência tinha também dois vice-presidentes executivos: Petrônio Corrêa Filho, responsável pela operação nacional, e Ercílio Tranjan, diretor nacional de criação. Ercílio, que já trabalhara na MPM, estava havia cerca de um ano no comando da criação da Lintas.

A primeira atitude de Petrônio Corrêa após assinar o contrato da venda foi entregar a Ivan Pinto a chave de seu carro. Pinto não entendeu aquela atitude e não aceitou a chave. Desde que passara a atender a Fiat, 16 anos atrás, Petrônio utilizava rigorosamente apenas automóveis da marca – bem como sua família, seus sócios e o time de primeiro escalão de executivos da agência. No entanto, essa não era sua marca predileta de carros. Na primeira oportunidade que teve de se desfazer daqueles modelos, o fez. E não era um Fiat qualquer: como o mercado acabara de ser aberto a veículos estrangeiros pelo presidente Fernando Collor de Melo, tratava-se do luxuoso modelo Alfa Romeo 164. Ivan não aceitou o carro, que acabou ficando com Petrônio Filho meses depois.

Essa recusa, no entanto, fez Ivan passar por uma situação embaraçosa. Na primeira reunião que teve na Fiat, o novo presidente da MPM Lintas estacionou seu Santana na garagem de visitantes. Na saída, o presidente de sua segunda principal conta – a primeira passou a ser a Gessy Lever (hoje Unilever), com a fusão – perguntou se aquele Santana era dele e pediu para, da próxima vez, ir com um Fiat. Ivan comprou rapidamente um modelo Prêmio e, na semana seguinte, voltou ao cliente com seu novo carro. Se tivesse aceitado o Alfa Romeo de Petrônio, não teria passado por essa saia justa.

O cenário anterior à venda era de apreensão com relação aos negócios. Assim que assumiu a Presidência, em janeiro de 1990, o Presidente Collor, além de implantar um plano econômico heterodoxo e com imenso impacto em todo o mercado, tomou uma decisão que atingiu em cheio a MPM: mudou totalmente o atendimento às contas do governo federal. Com isso, a agência perdeu, de uma só vez, todas as contas públicas com as quais tinha uma relação desde os primeiros anos de sua trajetória. Naquele ano, a participação dessas contas no faturamento da agência representava 13%, o menor percentual desde que a MPM passou a trabalhar com a Caixa Econômica Federal, em 1962. Embora a agência tivesse ainda algumas contas de governos estaduais, o impacto não foi só econômico, mas institucional e, principalmente, existencial – afinal, o atendimento a contas públicas, especialmente do governo federal, era parte do DNA da MPM.

Diante das incertezas econômicas daquele momento, estava novamente em gestação na agência a implantação de um modelo de gestão comum no mercado japonês e que já havia sido cogitado muitos anos antes: o atendimento a contas do mesmo segmento ou conflitantes por meio de suas diferentes unidades. Pouco antes da venda para a Lintas, a MPM atendia em todo o País cinco contas de varejo (Lojas Renner, J.H. Santos, Ribeirão Shopping, Imcosul e GG Presentes) e oito instituições financeiras (Banco do Brasil, Caixa Econômica Federal, Banco Nacional, Banco Mercantil, Banrisul, Banco Maisonnave, Banco Meridional e Sibisa Financeira). Muitos desses bancos eram estatais e, após a decisão de Collor, o plano ficou inviável.

Além da perda de todas as contas de governo – o que deve ter sido colocado na balança na avaliação da Lintas durante a negociação com a MPM –, outro impacto imediato da fusão seria a perda também da conta da

P&G, já que, no País, a Lintas era a maior agência da Unilever, rival histórico global da Procter & Gamble.

arrependimento

No dia seguinte ao anúncio da venda, Petrônio Corrêa percebeu que o negócio não seria como imaginava. O que ele e seus sócios mais sabiam fazer – lidar com o alto escalão dos clientes –, que era o fator-chave do sucesso da MPM, de uma hora para outra deixou de existir. No Conselho, eles ficaram literalmente encostados. Luiz Macedo e Antonio Mafuz nem davam expediente na agência. Petrônio ganhou uma sala e uma secretária na nova sede da MPM Lintas, na Rua Gomes de Carvalho, zona sul de São Paulo. Mas ele não tinha o que fazer. Os três permaneceram apenas oito meses no Conselho Administrativo, mas mantiveram o vínculo com a Lintas por mais dois anos, até que o pagamento fosse totalmente liquidado.

"Alguns dias após a venda, saiu uma foto numa reportagem da revista Exame do Ivan Pinto com os pés em cima da mesa e o título 'Agora mando eu'. Coisa de alguém vaidoso, imaturo e sem experiência. Houve uma revolta por parte dos nossos clientes, porque nós passamos a ideia não de uma venda, mas de uma associação. Até porque eu continuaria lá, havia um conselho – do qual nós três fazíamos parte – que teria uma função estratégica importante. Mas nada disso aconteceu".

Ao olhar para trás e voltar 21 anos no tempo, Petrônio Corrêa não esconde seu arrependimento por ter vendido a MPM.

"O evento da venda da MPM me machucou muito. Eu me arrependo porque a história da agência foi muito interessante e bonita: três caras do Rio Grande do Sul que construíram algo que realmente se tornou nacional e com uma grande preocupação de manter sempre a unidade. Aquela promessa feita lá atrás, na porta da A. J. Renner, de nunca brigarmos e de sempre fazermos as coisas por unanimidade, foi cumprida no período em que estivemos à frente da MPM. Acho que, se nós tivéssemos levado em frente a agência, ela estaria hoje entre as dez maiores. Foi uma história que nós interrompemos aos 34 anos – e a agência poderia ter feito 50 anos ou mais. Minha ideia era de continuidade. Eu estava preparando alguns executivos para assumirem o negócio, e nós três passaríamos a ter posição em um conselho. Mas o Macedo e o Mafuz queriam vender porque eles estavam cheios desse negócio de publicidade. Eu continuei muito amigo dos dois depois da venda, mas perdemos algo nesse processo".

De fato, Antonio Mafuz e Luiz Macedo aproveitaram a venda da MPM para a Lintas para se aposentar e nunca mais atuaram no mercado publicitário. Essa era a vontade dos dois por trás da decisão de negociar a agência, algo que diferia do desejo de Petrônio, que, aos 62 anos, ainda tinha muita disposição para continuar na ativa.

tratamento experimental

Embora não admita abertamente, existiu outra forte razão que fez com que Petrônio Corrêa cedesse rapidamente à proposta de venda e não tentasse convencer seus dois sócios a esperar um pouco mais para fazer isso.

Em outubro de 1990 – portanto, um ano antes da venda –, Petrônio Corrêa foi diagnosticado com um tipo agressivo de câncer de próstata. Os traços de macho gaúcho deixavam-no longe dos exames médicos periódicos, e certo dia, durante uma partida de tênis, sentiu uma forte dor. Realizou uma série de exames e a doença foi detectada. Em agosto daquele mesmo ano, sua mulher, Elza, também havia descoberto que tinha um linfoma na mama. Seu tratamento foi feito nos Estados Unidos, em Nova York, com o médico Richard Silver, e os resultados começavam a aparecer de maneira positiva.

O caso de Petrônio, contudo, era muito mais sério e de difícil reversão. Os médicos do Hospital Sírio Libanês traçaram um cenário nada animador sobre a situação. Anadege Corrêa e Rotta, a primogênita da família, juntamente com seu marido, Álbio, resolveram não contar a ninguém sobre aquele diagnóstico – nem aos sócios do pai nem ao irmão – e, em comum acordo com Petrônio, decidiram passar alguns dias em Nova York para que ele pudesse se consultar com o Dr. Silver e receber uma segunda opinião.

O médico lhe deu três hipóteses. Ou Petrônio não fazia nada e morreria em seis meses, porque já estava com metástase nos ossos, ou faria os tratamentos convencionais e ganharia um pouco mais de sobrevida. A última opção era se submeter a um tratamento experimental, que ainda estava em testes, mas que vinha apresentando bons resultados para aquele tipo de câncer. Ele faria duas aplicações do novo coquetel de medicamentos; após a segunda, se o índice de PSA (substância produzida pela próstata que funciona como marcador do nível do tumor) baixasse 10%, haveria uma esperança de que o tratamento pudesse surtir efeito. Petrônio foi o paciente de número 92 a se submeter a esse tratamento no mundo.

Depois da segunda aplicação, todos voltaram para São Paulo. No dia do exame para verificar o resultado da bateria inicial do tratamento, Anadege recebeu a boa notícia da equipe de oncologistas do Hospital Sírio-Libanês: o nível do PSA havia baixado de 480 para 250. Ela não entrou em detalhes, dizendo ao pai apenas que o tratamento estava dando certo e que ele devia continuar. Assim, não só Elza, mas também Petrônio conseguiu se curar de um câncer na passagem de 1990 para 1991.

Lidar com duas situações tão extremas e sérias, praticamente ao mesmo tempo, mexeu profundamente com Petrônio Corrêa. É inegável que a experiência de conviver com a proximidade da morte exerceu influência na sua decisão de ceder à vontade de seus sócios de vender a agência. Desse modo, pela primeira vez em sua trajetória, ele entrou naquele ano com essa perspectiva, o que de fato acabou se concretizando no final de 1991.

impasse na sucessão

A falta de um processo estruturado de sucessão também foi um fator importante de impacto na perpetuação dos negócios da MPM. Vera Aldrighi, que passou sete anos na agência, tendo inclusive permanecido por algum tempo depois da fusão, foi testemunha atenta da maneira pela qual os negócios foram conduzidos. Ela analisa essa questão:

> "Além da influência e do talento político dos sócios, a liderança em faturamento da MPM era sustentada por um delicado arranjo pessoal, um pacto muito singular de entendimento e lealdade entre o Petrônio, o Macedo e o Mafuz, permitindo que cada um administrasse como bem entendesse os recursos materiais, profissionais e familiares nos seus respectivos quintais. Por sorte, eram três líderes inteligentes, cheios de charme e de carisma pessoal e muito influentes em suas áreas. Mas já estavam passando o bastão. Aquela combinação de talentos era única e intransferível, e a sucessão para a continuidade do modelo parecia inimaginável".

De fato, a tentativa dos sócios de colocar seus filhos para trabalhar na agência e, dessa forma, preparar a passagem gradual do comando da MPM para a segunda geração, especialmente, não surtira o efeito esperado. Carlos Alberto Macedo atuou por pouco tempo nos escritórios do Rio e de Brasília. Em São Paulo, Petrônio Corrêa Filho, embora tivesse uma longa carreira na agência e, àquela altura, já estivesse praticamente no comando da operação, ainda não estava preparado para suceder o pai.

Era um momento em que, pela primeira vez na história recente das grandes agências nacionais, ocorria um processo de substituição dos líderes, homens que criaram e desenvolveram a atividade publicitária no Brasil e que se preparavam para passar o controle de seus negócios aos filhos, deixando como legado empresas de grande porte a serem administradas. Os casos mais emblemáticos desse processo eram o de Geraldo Alonso Filho, na Norton, e o de Paulo Salles, na então Salles/Inter-Americana.

Essa é uma questão delicada, sobre a qual Petrônio Corrêa fala com muito cuidado e até com certa resignação, pois no centro dela estava a sua relação com o filho. Petroninho, como ficou conhecido, começou a trabalhar na MPM como estagiário ainda na época em que estudava Economia na USP, em 1974, aos 19 anos. Para conhecer a operação como um todo, ficou uma pequena temporada no escritório de Porto Alegre, a convite de Mafuz.

Em São Paulo, passou pelos departamentos de mídia, RTV e atendimento. Após algum tempo, em 1977, Júlio Ribeiro, então sócio da agência, convidou-o para trabalhar por seis meses com ele, e foi na área de planejamento que Petroninho acabou fincando raízes. Na década seguinte, assumiu o cargo de diretor de operações da MPM-São Paulo e, posteriormente, de superintendente.

Havia claramente uma expectativa por parte do pai – e, principalmente, do filho – de que um caminho para a sucessão estaria sendo trilhado, e ele parecia certo. No entanto, a realidade não foi bem essa. Com pouco mais de 30 anos, Petrônio Corrêa Filho ainda não estava talhado para assumir uma agência da envergadura da MPM. Não possuía experiência nem a vivência necessária para isso naquele momento. O pai admite ter havido precipitação da sua parte ao colocar o filho na direção da agência em São Paulo, o que causou a única briga com seus sócios nos 34 anos de sociedade.

> "Eu fui o culpado por colocá-lo [Petrônio Filho] na direção da empresa muito cedo, sem ele estar preparado. Foi a única coisa que fez com que eu, o Macedo e o Mafuz brigássemos nesses anos todos, porque eles não queriam e tinham toda razão. O Petrônio é um cara de boa índole, mas tomou decisões erradas, inclusive na vida pessoal dele".

Petrônio atribui essa atitude a uma compensação por todas as dificuldades pelas quais passou na infância e juventude e pela rigidez na educação que teve por parte de seu pai, João Corrêa.

"Eu tive uma juventude muito difícil. Com 17 anos me mudei sozinho para Porto Alegre para trabalhar e me sustentar, sem o apoio de ninguém. Como eu tive um pai que me controlou muito, acabei sendo muito liberal com o Petrônio. Ele tinha uma grande preocupação em ter uma posição como a que eu tive, só que ele não estava preparado para isso. Por culpa minha! Eu dei todo o apoio ao meu filho para compensar tudo o que eu não tive e cometi o maior erro da minha vida".

contas voando

Independentemente das circunstâncias pessoais de cada um dos sócios na época da venda da MPM, era claro que desde o princípio existira um choque entre as culturas empresariais das duas agências. A Lintas teve dificuldades em administrar os clientes provenientes da MPM, que não se adaptavam à realidade da nova MPM Lintas. Além disso, não tinha o know-how para agregar contas pequenas e médias, só sabia atender grandes clientes internacionais. Os novos administradores não souberam conduzir com sensibilidade e perícia as mudanças implantadas após a compra, entre elas o fechamento de quase todos os escritórios regionais (exceto os de Porto Alegre, São Paulo e Rio de Janeiro).

Ivan Pinto atribui os problemas que se seguiram à compra da MPM à pressão que sofria por parte da matriz da Lintas, em Nova York.

"Havia um *chairman* na ocasião, cujo nome prefiro não mencionar, que era uma pessoa com fraca experiência em gestão. O Brasil estava numa época de inflação altíssima, chegando a registrar índice de 89% ao mês. Nós enviávamos relatórios com uma ampla explicação do contexto daqui para que os números pudessem ser compreendidos. Um dia, eu cheguei ao escritório desse executivo e ele tinha jogado toda a parte escrita do relatório no lixo. Para ele, só interessavam os números. Eu argumentei que se ele não lesse a parte escrita não entenderia os números, mas não houve jeito. Ele ficava brigando por resultados de curto prazo, o que a realidade brasileira não permitia. Começou a exigir cortes e mais cortes. E eu disse que não daria certo, mas ele insistiu. Mostrei que, para apresentar o resultado que ele esperava, seria preciso cortar oito dos treze escritórios da MPM Lintas, o que seria um baque enorme na operação. Ele insistiu e me obrigou a fazer os cortes".

O fato é que o impacto negativo da fusão foi praticamente proporcional à perplexidade que ela causou, configurando-se um caso clássico de má condução do processo de transição e transferência de comando, em que não foram respeitados os valores culturais da empresa e o relacionamento com seus clientes históricos. Como resultado, a nova agência começou a perder muitos clientes importantes, poucos meses depois da fusão.

Já no início de janeiro de 1992, o então diretor para assuntos corporativos da MPM Lintas, Raul Pinto, deixou a agência para se tornar diretor associado da Setembro, e levou consigo a conta da Parmalat, que tinha investimentos substanciais à época, estimados em 5 milhões de dólares.

O maior baque, no entanto, se daria alguns meses depois, em agosto, quando Euler Matheus, vice-presidente e diretor-geral da unidade do Rio da agência e com 25 anos de casa, dos quais 15 foram em Brasília, foi para a Salles/Inter-Americana. O profissional era o braço direito do ex-sócio Luiz Macedo e o responsável direto pelas grandes contas do escritório carioca. Logo após sua saída, os principais clientes da MPM Lintas Rio acompanharam Matheus na nova agência. Na ocasião, a Salles havia acabado de ganhar também, por meio de concorrência, as contas da Caixa Econômica Federal e da Loteria Esportiva, que haviam saído da MPM com o decreto de Collor.

Nesse mesmo mês, as demissões na MPM Lintas somavam 190 desde a fusão. De 750 colaboradores em todo o Brasil, a agência passou a contar com 560. O modelo descentralizado que tanto fez história na empresa – para o bem e para o mal – havia chegado ao fim, e a cobrança de resultados era implacável. Em dezembro de 1993, quando o Conselho da MPM Lintas foi desfeito e o último remanescente dos sócios, Petrônio Corrêa, se desligou da agência, houve o rompimento com uma conta emblemática: um dos clientes fundadores, a Ipiranga, deixou a agência e iniciou uma parceria de sucesso com a Talent, que dura até hoje.

Os profissionais oriundos da MPM que passaram pela fusão e permaneceram na nova agência relatam que, além da inaptidão da Lintas para preservar os pontos fortes da MPM, a diferença de postura empresarial e estilo de gestão foi sentida de imediato, o que gerou enormes atritos. Ivan Marques, que era diretor de mídia da MPM, conta um episódio simbólico que aconteceu pouco tempo depois da fusão e que mostrou a ele que a agência, dali para a frente, seria totalmente diferente daquela na qual havia permanecido por mais de uma década.

"Em 1991, eu ganhei o Prêmio Caboré como Profissional de Mídia. A fusão ocorrera havia menos de um mês, portanto, aquela premiação era o reconhecimento pelo meu trabalho na MPM. Só que na minha mesa não tinha ninguém da MPM – estavam o Ivan Pinto e alguns executivos da nova agência. Quando eu ganhei, Ivan veio me cumprimentar e disse 'Parabéns, xará, começamos bem'. Eu agradeci, e me lembro que voltei para casa sozinho com a minha coruja. Se fosse nos tempos da MPM, teria havido uma grande festa, e com certeza sairíamos para comemorar depois da premiação. Ali eu percebi que as coisas tinham mudado".

a perda da liderança

Ao longo de 1992, a versão inicial da fusão entre as duas empresas se comprovou ser uma compra pura e simples. Para forçar a impressão de união harmoniosa, houve o casamento de marcas e o anúncio do surgimento da "maior agência da América Latina", "a maior reunião de talentos numa única agência". Louvou-se a inteligência do negócio pela quase absoluta ausência de conflito de contas. Os números projetados nada mais eram do que a soma dos faturamentos estimados por cada agência. Um enorme erro de avaliação que custou caro a Ivan Pinto.

No final de julho de 1993, o presidente da MPM Lintas foi afastado do cargo, após 34 anos de serviços prestados à agência, sendo substituído por Alejandro Larenas, que viera da Lintas chilena cinco meses antes para ocupar a posição de vice-presidente executivo e diretor de operações. Oficialmente, a saída de Ivan Pinto foi anunciada como consequência de um "desacordo" entre o executivo e os acionistas da rede do Grupo Interpublic quanto às diretrizes da agência para os próximos anos. Mas era evidente para todos que a verdadeira razão fora o fatídico erro de avaliação antes da compra e uma condução conturbada após a concretização do negócio.

A Lintas, sob o comando de Ivan Pinto, via na compra da MPM um caminho rápido para crescer no mercado e chegar ao topo do ranking. Em 1991, com Collor na Presidência, o País sofria talvez a maior recessão da sua história, tendendo a piorar no ano seguinte – como de fato ocorreu. A situação exigia das empresas drásticas reduções de custos administrativos. "Enxugar" era a palavra de ordem, e uma grave crise de desemprego se alastrava. O mercado de propaganda alinhava-se entre os setores que mais sofriam esse processo, principalmente as agências, caudatárias que são do sistema econômico. No caso da MPM, especificamente, ainda havia a recente perda das contas do governo federal.

Tudo previsível, mas nada disso foi considerado na decisão de compra da agência pela Lintas. A crise acabou com a lua de mel que se seguiu ao casamento entre as duas empresas. Na nova sede, em São Paulo, não havia mais espaço – leia-se contas – para "tantos talentos". Mais de 50 milhões de dólares em verbas publicitárias perdidas levaram a duras medidas administrativas.

A maioria dessas verbas estava na antiga MPM. E a maior parte da verba do principal cliente da Lintas e do mercado em 1992, a da Gessy Lever, foi irrigar a colheita de outra de suas agências, a Standard, Ogilvy & Mather.

Ao final de 1992, a MPM Lintas não estava no topo – onde, um ano antes, pretendia estar. Com receita de 30,4 milhões de dólares, a agência foi desbancada de uma histórica liderança – considerando-se a performance da MPM isoladamente – pela DPZ, com 30,5 milhões de dólares, segundo levantamento de Agências & Anunciantes, do *Meio & Mensagem*. No ano seguinte, despencara para um pálido sexto lugar, sendo superada, respectivamente, por DPZ, Salles/Inter-Americana, McCann Erickson, Standard, Ogilvy & Mather e Fischer, Justus. Em 1994, caiu ainda mais, atingindo a sétima colocação no ranking nacional de agências. A soma da MPM com a Lintas cada vez mais tendia a resultar na Lintas de antes da compra.

Eduardo Steiner, que na época da fusão era Chief Financial Officer (CFO) da McCann Erickson, a outra agência do Grupo Interpublic no Brasil, e hoje é diretor regional da Results International para a América Latina, lembra que acompanhou de perto o desenrolar das negociações e não recomendava aquela transação.

> "Em várias ocasiões, nos meses e semanas que antecederam a assinatura dos contratos, nós, da McCann, tínhamos desaconselhado o CEO e outros executivos da Interpublic, em Nova York, a ir em frente com a compra. Fizemos reiterados esforços para impedir a concretização dessa operação, porque tínhamos certeza de que essa fusão estava fadada ao fracasso".

Para o consultor, que participou da intermediação da venda da DPZ para o Publicis Groupe, em 2011, a operação foi motivada por razões contextuais da própria agência, dos compradores e do mercado em geral.

"A MPM tinha problemas sérios de sucessão, o seu faturamento estava caindo e as despesas com a enorme estrutura regional eram muito altas, fato de grande preocupação dos fundadores. Por sua vez, a Lintas concluiu que a única forma de melhorar o seu opaco desempenho no Brasil e atingir um crescimento rápido era através de aquisições. Os fatos posteriores demonstraram que o projeto MPM não foi avaliado cuidadosamente pela Lintas. Uma análise mais detalhada da agência e do mercado na época teria indicado que a operação não fazia sentido do ponto de vista estratégico ou de negócios".

O Grupo Interpublic comprou, em 1994, a Ammirati & Puris, uma pequena rede de agências que tinha escritórios em Nova York e em Londres. Com a aquisição, a holding decidiu unificar as operações da nova rede com a Lintas globalmente. Como resultado, a marca adotada pela operação mundialmente e no Brasil, em 1996, foi Ammirati Puris Lintas. Dessa forma, enterrava-se a histórica marca MPM, quase 40 anos depois de sua fundação e cinco após a aquisição que entrou para a história da publicidade nacional por vários motivos, nem todos positivos. Mas é inegável que se transformou em um divisor de águas, marcando o início da intensificação do processo de globalização da indústria brasileira de publicidade nos anos 1990.

14

a vida depois da aposentadoria

O rápido declínio da MPM Lintas abateu os sócios fundadores, pois embora quisessem vender a agência – pelo menos era a vontade de Macedo e Mafuz –, nenhum deles imaginava que uma história construída por mais de três décadas e com tanto sucesso fosse ruir tão rapidamente. Os dois permaneceram apenas oito meses no Conselho da nova agência. Cada um teve destinos diferentes, e somente Petrônio Corrêa continuou trabalhando nela, de onde se desligou totalmente em 1993.

Luiz Macedo, que já era frequentador assíduo do Jockey Club Brasileiro desde os tempos de guri, quando acompanhava o tio João Goulart nas luxuosas provas do Grande Prêmio Brasil na capital federal, via novamente nos cavalos seu porto seguro. Ele costuma dizer que o Jockey foi sua grande salvação. Em 1992, fez a campanha do candidato da oposição à presidência do Jockey, o empresário e ex-banqueiro José Carlos Fragoso Pires – a chapa tinha o próprio

Macedo como vice-presidente de marketing. Conseguiu desbancar o fortíssimo candidato da situação, Lineu de Paula Machado, cuja família empresta nome ao JCB. Ele conta que, em um primeiro momento, não quis entrar na disputa.

> "Eu não queria entrar, queria descansar um pouco. Mas ouvi o conselho de um sábio, que disse: 'Agora é que você não pode parar, tem que ter alguma responsabilidade, tem que fazer alguma coisa'. Aí veio a mulher do candidato e me deu uns papéis para assinar. Quando eu vi, estava dentro. Foi a melhor coisa que fiz naquele momento".

Macedo permaneceu na função até 1998. Em 2000, foi coordenador da campanha do ex-banqueiro Júlio Bozano à presidência do Jockey, mas dessa vez, não teve sucesso. O candidato foi atropelado na reta final da eleição pelo azarão Luiz Alfredo Taunay – um advogado que é bisneto do Visconde de Taunay –, que o bateu por 1.399 votos contra 1.306.

As campanhas do Jockey não se parecem em nada com as eleições amadorísticas que acontecem em grêmios estudantis ou clubes de bairro. A disputa pela instituição que arrecada mais de 200 milhões de reais em prêmios por ano envolveu uma máquina de fazer inveja a qualquer campanha política – cada chapa gasta, em média, 300 mil reais nas campanhas. Para a eleição de Bozano, além de Macedo, a então Salles D'Arcy (hoje Publicis Brasil) também foi contratada. No total, havia 40 pessoas trabalhando em sua campanha.

O próprio banqueiro se esforçou e tirou dinheiro do bolso. Ele assinou de próprio punho mais de 5 mil cartas enviadas para os sócios. Mandou confeccionar 5 mil camisetas, adesivos e *buttons* com o slogan "Vote Bozano, vote pelo clube" e "Amigos, amigos, Jockey à parte". Para se garantir, promoveu 13 coquetéis na hípica na tentativa de atrair novos simpatizantes para sua chapa.

O estrategista-chefe do advogado Taunay foi o publicitário Clementino Fraga Neto, responsável pela campanha que elegeu Marcelo Alencar prefeito do Rio em 1988. As duas chapas sabiam que a disputa seria dura. Bozano acompanhava a situação através de pesquisas encomendadas ao Ibope. Em setembro de 1999, ele tinha apoio de praticamente dois terços dos eleitores. Três meses depois, os candidatos entraram num empate técnico. Em março, porém, Bozano conseguiu uma ligeira vantagem. Contava com uma vitória por 5% de diferença.

A eleição foi em maio. O voto não era obrigatório, mas 2.738 dos 4.700 sócios, incluindo empresários e políticos com agendas atribuladas, fizeram questão de depositar a cédula na urna. O ex-prefeito do Rio, Cesar Maia, votou em Bozano "pelo continuísmo". A ex-diretora de privatizações do BNDES, Elena Landau, apresentou-se como vice na chapa de Taunay.

Em outubro de 2001, o ex-presidente Fernando Henrique Cardoso anunciou Macedo, então com 70 anos, como o novo ministro-chefe da Secretaria de Comunicação do Governo Federal, em substituição a Andrea Matarazzo, que havia sido nomeado embaixador do Brasil em Roma. No entanto, quando Macedo comunicou a decisão a seu médico cardiologista, Aluísio Sales, este recomendou que ele não aceitasse aquele cargo, já que o nível de estresse e as constantes viagens poderiam comprometer sua saúde. Com essa admoestação, Macedo desistiu do cargo.

A *Folha de S.Paulo* chegou a dar outra versão para a decisão. De acordo com o jornal, a desistência estaria relacionada à crescente influência do publicitário Nizan Guanaes na condução da imagem do governo. Muito próximo de FHC, Nizan era cotado para ser o publicitário do candidato do governo à sucessão presidencial, o que acabou se confirmando nas eleições de 2002, quando ele foi o responsável pela campanha de José Serra, que foi derrotado por Lula. Sua interferência na Secom havia aumentado depois que Andrea Matarazzo anunciou sua saída do cargo. Na véspera do feriado de 12 de outubro daquele ano, Dia da Criança, quando FHC se reuniu com o elenco do programa Sítio do Pica-Pau Amarelo, da Rede Globo, Nizan foi à Secom para coordenar o planejamento do evento. Segundo o jornal, Macedo estaria insatisfeito ao perceber que teria funções praticamente decorativas. A versão foi desmentida na época e Macedo a nega até hoje. Bob Vieira da Costa acabou assumindo a Secom.

Morador do alto Leblon, zona sul do Rio, nos últimos três anos, Luiz Macedo se cansou dos cavalos, embora goste de mostrar com orgulho a estante cheia de troféus que seus puros-sangues conquistaram ao longo das últimas cinco décadas. Está longe das atividades no Jockey e se desfez de todos os seus cavalos, que chegaram a ser 30. Mantém apenas um em sociedade com um amigo. Tem quatro filhos – Ana Amélia, Carlos Alberto, Maria Teresa e Ana Luiza –, todos do primeiro casamento. Divide seu tempo entre os oito netos e longas mesas de carteado com amigos, como Chico Buarque de Hollanda e a família Gouvêa Vieira, uma das donas do grupo Ipiranga.

um final triste e solitário

Uma das primeiras decisões da Lintas quando assumiu a MPM foi mudar o endereço dos seus três principais escritórios, São Paulo, Rio de Janeiro e Porto Alegre. Na capital gaúcha, onde o corte de funcionários foi proporcionalmente maior, a histórica sede da agência na Rua Silvério, no Morro Santa Tereza, que hoje está alugada para a Net, também foi desativada. Antonio Mafuz tinha uma ligação especial com aquele lugar, e a já combalida permanência dele na agência após a venda ficou ainda mais difícil quando a sede trocou de endereço.

Logo após se desligar totalmente da MPM Lintas, em 1993, Mafuz passou a se dedicar a outro tipo de negócio, a incorporação imobiliária, já que o contrato de *non-compete* com a Lintas impedia que os antigos sócios atuassem na área de agências por pelo menos dois anos.

Começou a trabalhar, então, no escritório da holding Antahyr (nome derivado da junção de Antonio e Lahyr), que incorporou alguns empreendimentos lançados pela construtora Maiojama em Porto Alegre. No entanto, em 1994, viria a sofrer uma das maiores perdas da sua vida. Lahyr, sua mulher, que já vinha sofrendo havia algum tempo com problemas pulmonares, veio a falecer. À dor da perda seguiu-se um período de depressão que nunca chegou a ser superado. O homem alegre, sedutor e cativante deu lugar a uma pessoa reclusa, triste e reservada.

Mafuz e Lahyr não tiveram filhos. No início dos anos 1960, o casal trouxe de São Borja uma empregada que trabalhava com a família de Lahyr, mas que estava causando alguns problemas, pois queria se casar a todo custo com um homem rico. Ao chegar a Porto Alegre, contudo, ela continuou com essa obsessão, mas acabou engravidando de um motorista de ônibus casado. O pai não assumiu a criança, um menino chamado Carlos Alberto. Além de ter recebido o sobrenome Mafuz, o garoto foi criado pelo casal de patrões como um filho. Lahyr, porém, nunca quis adotá-lo oficialmente, embora essa sempre tenha sido a vontade do marido.

O sócio da MPM tentou fazer com que Carlos Alberto tivesse uma carreira na agência, mas ele não chegou a ir muito além do desempenho de algumas funções operacionais nos quase dois anos em que trabalhou na empresa. Inconformado com a sua origem, ele, que herdara da mãe a vontade de se casar com alguém de um nível social superior ao seu, aos 16 anos se apaixonou por uma garota da alta sociedade gaúcha, e começaram a namorar. O pai da menina achava que ele era filho de Mafuz. Como nos roteiros dos folhetins, tão logo descobriu que era, na realidade, filho da empregada, proibiu o namoro. O episódio encheu o menino ainda mais de revolta.

Assim que Lahyr morreu, Mafuz resolveu adotar legalmente Carlos Alberto, que já era um homem de pouco mais de 30 anos. Além disso, passou todos os seus bens – inclusive o dinheiro da venda da MPM – para o seu nome, pois não tinha herdeiros. Esse foi o seu grande erro. A história corrente em Porto Alegre é de que seu filho adotivo teria tomado posse de todo o seu patrimônio e feito diversos investimentos desastrosos, o que teria resultado na perda do dinheiro que o pai, ao longo de toda a vida, havia amealhado.

Essa punhalada nas costas agravou ainda mais a depressão de Mafuz, que chegou a proibir que Carlos Alberto o visitasse, em 2002. Nos últimos anos, antes de falecer, em 31 de agosto de 2005, vítima de um aneurisma na aorta,

Antonio Mafuz recebia pouquíssimas visitas. Odila Urusola, sua secretária desde 1974, esteve a seu lado até o último momento. Além dos ex-sócios, que iam a Porto Alegre de tempos em tempos, seu amigo Jayme Sirotsky e a viúva de Maurício Sirotsky, Ione, faziam questão de vê-lo toda semana. Petrônio Corrêa telefonava para Mafuz religiosamente todas as noites. Logo após sua morte, o apartamento onde morava, na Rua Assunção, em Porto Alegre, foi a leilão.

Tanto Petrônio quanto Macedo e Jayme evitam falar sobre o assunto e lembram com enorme pesar e resignação do triste fim de Mafuz e da decepção que ele sofreu nos últimos dias de vida. Afinal, era difícil aceitar que o homem que gozou de enorme prestígio desde os tempos em que Getúlio Vargas foi presidente, que havia sido empresário de sucesso e amigo íntimo do ex-presidente Figueiredo, chegasse ao ponto de ter o próprio enterro rateado entre amigos.

dedicação ao mercado em tempo integral

Único dos três sócios da MPM que não desejava parar de trabalhar naquele momento, Petrônio Corrêa também teve um reforço de peso na decisão de negociar a MPM. Assim que vendeu a agência, foi a Nova York para sua consulta periódica com o Dr. Richard Silver, o médico que havia tratado seu câncer de próstata dois anos antes. Ao comunicar que estava aposentado a partir daquele momento, ouviu como resposta que não deveria parar de jeito nenhum.

A doença ainda não estava totalmente curada e, de acordo com o médico, se ele ficasse sem trabalhar começaria a pensar no seu problema de saúde, o que poderia agravá-lo. "Vá fazer um trabalho que consuma metade do tempo que você dedica às suas atividades hoje", recomendou.

A primeira oportunidade de trabalho na nova fase da carreira de Petrônio Corrêa após se desligar totalmente das funções de Presidente do Conselho Consultivo da MPM Lintas foi uma sociedade, em 1995, no SPGA, empresa de consultoria dos amigos Alex Periscinoto e Luiz Sales, em parceria com Walter Fontoura e Sérgio Guerreiro. No entanto, no início do ano seguinte, foi contratado pela Abap e pela Fenapro para ser consultor e costurar o acordo que resultou no Cenp. Como a SPGA presta serviços a clientes, principalmente coordenando concorrências de agências de publicidade, havia um conflito de interesses nessa atividade, e Petrônio abriu mão de fazer parte da empresa para se dedicar integralmente à articulação do mercado.

A disciplina e o estilo espartano que tanto marcaram a vida de Petrônio desde os tempos de ouro da MPM são, sem dúvida, as características mais marcantes da sua personalidade. Um exemplo desse estilo de vida é o seu destino favorito para passar as férias com a família todos os anos, há mais de quatro décadas: a minúscula cidade de Santa Vitória do Palmar, terra natal de sua mulher, Elza. O pequeno burgo com cerca de 15 mil habitantes, quase adormecido entre o mar e a Lagoa Mirim, onde o Brasil termina às margens do Arroio Chuí, foi o local escolhido por Petrônio como seu refúgio.

O lugar tornou-se especial para ele desde a primeira em vez que esteve lá, em 1948, quando desembarcou na cidade para se casar com dona Elza. Chegar a Santa Vitória do Palmar ainda era uma aventura quando o jovem Petrônio Corrêa conheceu o município. Um pequeno e desconfortável barco o levou ao local, depois de 24 horas de viagem vindo de Pelotas, ao norte da Lagoa Mirim. A paisagem bucólica continuou intacta, mesmo com o progresso econômico. A região é farta em criação de gado, plantação de arroz e produção de lã. A marca cultural dos pampas permanece com o hábito do churrasco e do chimarrão, além do forte sotaque castelhano.

Embora esteja a 1,6 mil quilômetros de São Paulo, o refúgio escolhido por Petrônio para ser seu retiro durante tanto tempo tem algumas compensações que pesaram na sua opção: a apenas duas horas de carro estão os cassinos de Punta del Este, uma de suas paixões. E mais perto ainda, bem na fronteira, ele podia frequentar o cassino de Chuy, no lado uruguaio de Chuí, que se divide entre os dois países pela Avenida Internacional.

O que sempre atraiu Petrônio a Santa Vitória do Palmar era o distanciamento que a cidade lhe permitia das preocupações do trabalho. Na agência, em Porto Alegre, era comum os mais irreverentes brincarem com o patrão nos corredores se referindo ao seu hábito de frequentar a cidade gaúcha como algo realmente inusitado. "Um homem viajado, que vive em São Paulo e vem para cá tomar um banho de civilização em Vitória do Palmar!", diziam os mais próximos.

A brincadeira diz muito sobre Petrônio, uma pessoa de hábitos simples, fiel às suas origens, que sempre viveu longe de ostentações e que nunca se deslumbrou com o sucesso e o poder que já teve.

O conselho do seu médico de se dedicar a uma atividade que consumisse metade do tempo que dispendia trabalhando na MPM foi seguido apenas em um primeiro momento. Assim que começou a estruturar o Cenp, sua rotina passou a incluir um ritmo intenso de viagens para todos os cantos do País. Conheceu pessoalmente a sede de mais de 300 agências em praticamente todos os estados brasileiros, participou intensamente de diversos eventos nacionais e regionais e, não raro, dava expedientes de mais de 12 horas diariamente.

Em depoimento para um projeto do Centro de Pesquisa e Documentação de História Contemporânea do Brasil (CPDOC), da Fundação Getúlio Vargas em conjunto com a Associação Brasileira de Propaganda (ABP), em 2004, Petrônio Corrêa afirmou que essa jornada intensa e o prestígio que tem sempre foram os grandes motivadores de sua vida. "Essa é a razão pela qual eu trabalho hoje. Por isso eu estou nessa vida. (...) Sou um cara útil. Isso me envaidece muito. E se eu quiser falar com qualquer um dos Marinho, com os caras da Editora Abril, do *Estado de S. Paulo*, da *Folha de S.Paulo*, da RBS do Rio Grande do Sul, essa posição no Cenp me permite hoje pegar o telefone, ligar e eles me atendem. Isso me dá, profissionalmente, uma grande satisfação. É pouca gente que tem essa possibilidade. É por isso que eu trabalho até hoje".

Mesmo com a morte de dona Elza, em dezembro de 2005, Petrônio não esmoreceu. Embora num ritmo um pouco menos intenso, continuou ativo na presidência do Cenp, ocupação que acabou o ajudando a se recuperar da terrível perda da sua companheira de 57 anos de jornada.

15

o modelo bem-sucedido do Conar faz escola

Se os anos 1980 são considerados por muitos no Brasil como a década perdida, isso não se aplica exatamente ao mercado publicitário. Foi nessa década que a publicidade brasileira conquistou definitivamente notoriedade mundial com um estilo de criação próprio e uma qualidade que a colocou entre as três melhores do mundo, ficando atrás apenas dos Estados Unidos e da Inglaterra. Entre os anos 1970 e 1980, o trabalho incansável das principais lideranças do mercado sedimentou o terreno propício para que as agências tivessem todas as condições de serem profissionais e se constituírem em um setor econômico sólido e próspero.

Durante muito tempo, houve um descolamento entre a representatividade mundial da publicidade brasileira e o papel e a imagem da economia nacional no cenário global. Somente a partir dos últimos anos, quando o Brasil realmente passou a assumir um papel de protagonista no intrincado jogo de forças das potências planetárias, é que esta distância tem ficado menor.

A entrada na década de 1990 representou uma nova etapa para o País e, como consequência, para a publicidade nacional. A economia começava a se abrir para o mundo. A entrada em vigor do Plano Real, em 1º de julho de 1994, trouxe uma inédita oportunidade de mudança estrutural no sistema financeiro do Brasil, tendo como base a estabilidade econômica.

Durante o primeiro mandato do presidente Fernando Henrique Cardoso, entre 1995 e 1997, o embaixador Sergio Amaral assumiu a Secretaria de Comunicação Social da Presidência da República (Secom), acumulando também a função de porta-voz de FHC, com status de ministro. Uma de suas primeiras diretrizes se baseou em dar unidade à comunicação e ter um controle maior de todos os investimentos feitos pelo governo nessa área. Isso envolvia tanto rever o papel da Radiobrás e da TVE como analisar mais atentamente a relação do Palácio do Planalto com suas diversas agências de publicidade. Quanto à unidade da comunicação, o fato de também ser porta-voz e despachar com o presidente diariamente facilitava essa convergência em torno de buscar um tom único.

O investimento do governo em publicidade naquela época girava em torno de 600 milhões de reais. Na Secom, Sergio Amaral se preocupou primeiramente em democratizar a relação com as diversas agências por meio de uma abertura maior à participação de novas empresas no atendimento a contas federais. Empenhou-se também com um esforço maior de regionalizar a comunicação mercadológica. Um terceiro aspecto das medidas implantadas por Amaral dizia respeito à profissionalização e à modernização da gestão da comunicação do governo. Isso envolvia desde equipar com computadores a redação da Radiobrás, por exemplo – pois quando ele assumiu a Secom os jornalistas ainda trabalhavam com máquinas de escrever –, passando pela criação da Agência Brasil (a agência de notícias oficial que distribui gratuitamente informações do governo e da sociedade), até o controle sobre os investimentos em publicidade das administrações direta e indireta. Exatamente esse último ângulo é que mereceu dele um estudo detalhado de como eram as relações dos diversos Ministérios e autarquias com suas respectivas agências, mais precisamente 43, naquela época.

"Tivemos uma preocupação com o custo porque muitas vezes, embora os Ministérios tivessem a gerência das contas, era necessário também que a Secom as aprovasse conjuntamente para promover essa convergência da comunicação de todo o governo. Então, nós aprovávamos todas as campanhas, fossem elas dos Ministérios, fossem das empresas estatais. E nós fiscalizávamos ainda a parte financeira. Só que percebemos que seria difícil controlar custos sem ter referência. Então começamos a levantar os custos de mídia. Se houvesse uma planilha de mídia de uma campanha cuja veiculação era no Rio Grande do Sul, nós tínhamos os custos dos jornais, das TVs e dos diversos veículos daquele estado. Se a ação fosse um evento no Nordeste, no carnaval, nós tínhamos uma referência dos custos daquele evento. Fizemos inúmeras planilhas desse tipo, algo que nunca havia sido feito antes".

No decorrer desse processo de levantamento minucioso de custos para a formação de um banco de dados de referências e parâmetros de preços na área de comunicação do governo, Sergio Amaral se defrontou com o sistema de remuneração das agências de publicidade por meio de comissionamento pago pelos veículos. A partir de uma consulta ao mercado, no entanto, percebeu que enquanto o governo cumpria fielmente o Decreto nº 57.690/66, que regulamentava a Lei 4.680, na iniciativa privada a realidade não era bem essa.

"Comecei a verificar que nossas comissões pagas às agências eram de 20%, mas no mercado eu sabia que a prática era outra, com comissões de 8%, 10%, 12%. Questionei minha equipe sobre essa incoerência e obtive como resposta que era porque a atividade publicitária era regulada por esse tal decreto e, como governo, deveríamos cumpri-lo. Com isso, passei a rever algumas coisas que eu não achava justificáveis – por exemplo, a publicidade legal, que era obrigatória por parte de todas as empresas, inclusive as estatais. Publicidade legal é publicação de balanço, não tem arte, não tem nada. A empresa passa os dados para a agência, esta faz o anúncio e manda o boy entregá-lo para a publicação. Hoje isso é até feito on-line. E a agência leva 20% de comissão para fazer isso!"

Esse incômodo começou a tomar uma dimensão maior. O ministro-chefe da Secom passou, então, a expor sua inquietação em conversas com diversos técnicos das áreas de comunicação do governo e também com interlocutores do mercado publicitário, dirigentes de agências que atendiam contas públicas federais com quem passou a ter mais proximidade. Estava inconformado com aquela situação. Sua firme decisão de modernizar uma área tão estratégica como a comunicação passava obrigatoriamente por uma revisão de todas as práticas, especialmente a financeira.

"Percebi que aquilo não era razoável. A comissão que o veículo paga à agência impacta o preço que o governo paga por aquela campanha. O dinheiro é do governo. Não achava que fazia sentido ele pagar em dobro".

Como defensor do livre mercado e por acreditar que as agências, embora não gostassem da ideia, tivessem de aceitar que o País vivia uma nova realidade, Sergio Amaral levou o assunto ao presidente Fernando Henrique Cardoso, mesmo sabendo que era uma área sensível. Sua justificativa era a de que a economia como um todo estava passando por uma desregulamentação, e não fazia sentido a remuneração da publicidade obedecer a um decreto dos anos 1960.

"O Presidente escutou tudo, ficou quieto e depois me perguntou: 'Você sabe com o que está mexendo? Você está disposto a fazer isso?'. Eu respondi que sim, que estava disposto a comprar aquela briga. E ele me disse que eu poderia ir em frente. Esta era a grande qualidade do Fernando Henrique, porque ele me advertiu e não podia deixar de concordar com o princípio daquilo que eu estava propondo".

a inevitável desregulamentação

A partir da autorização presidencial para continuar com sua decisão de desregulamentar a Lei 4.680, Sergio Amaral ampliou a conversa que vinha mantendo, até então informalmente, com algumas pessoas do mercado publicitário, e passou a incluir nela os veículos, parte importante deste jogo. Era muito comum, na condição de porta-voz e ministro-chefe da Secom, ser convidado para almoços em alguns dos principais veículos nacionais, nos quais falava diretamente com os dirigentes sobre cenário e conjuntura.

Amaral aproveitava essas ocasiões para introduzir o tema da desregulamentação do mercado. Falou, entre outros, com Roberto Civita, presidente do Conselho de Administração e diretor editorial do Grupo Abril; com membros da família Marinho, das Organizações Globo; da família Mesquita, do Grupo Estado; e com Nelson Sirotsky, da RBS. Evidentemente, a reação não foi positiva. Amaral já havia começado essa conversa com as agências e sabia que estava mexendo com um vespeiro.

Rodrigo Sá Menezes, que na época era sócio da Propeg e atendia a conta da Secom, despachava periodicamente com Sergio Amaral e estava bem informado sobre as intenções do ministro.

"O embaixador queixava-se demais pelo fato de o governo federal ser o único a pagar 20% de comissão às agências. Ele se considerava um palhaço, um bobo, e estava firme na decisão de acabar com aquela situação. Um dia, ele me disse que ia levar para o Fernando Henrique uma minuta de um decreto que eliminava da lei o item de remuneração. Eu perguntei se ele estava falando sério. Como ele respondeu que sim, imediatamente avisei Petrônio. Eu me lembro de ter ligado e dito 'corre porque a coisa vai ficar feia'. Sergio Amaral achava que o Petrônio era o embaixador da publicidade, gostava muito dele, tinham uma relação pessoal muito boa".

A comunicação oficial da decisão de Sergio Amaral de desregulamentar o mercado se deu em maio de 1996. A primeira providência tomada pela Abap, então presidida por Ivan Pinto, e pela Fenapro, sob o comando de Valdir Siqueira, foi a contratação de um consultor para ajudar as entidades a encontrar uma solução para aquele impasse. A partir desse momento, a conhecida habilidade de lidar com negociações complexas e difíceis de Petrônio Corrêa entrou em cena. O bom e velho Coronel começava a assumir naturalmente a posição em que mais se sentia confortável: a de articulador político. Convocou uma primeira reunião com Sergio Amaral e percebeu que o ministro da Secom estava irredutível. Não restava mesmo opção ao mercado a não ser lidar com aquela dura realidade e tentar achar alguma solução que aplacasse a falta que essa garantia legal da comissão de 20% causaria à indústria.

Para se ter uma ideia do nível de perplexidade e do impacto daquela decisão sobre a indústria, em fevereiro daquele mesmo ano, Ivan Pinto, em entrevista ao *Meio & Mensagem*, havia afirmado categoricamente acreditar que a desregulamentação do mercado era apenas uma questão de tempo. No entanto, ele imaginava que isso aconteceria em um futuro um pouco distante daquele momento.

"Num futuro que não posso precisar, a desregulamentação vai acontecer. Acho que ninguém tem ilusões de que em 2010 estaremos totalmente desregulamentados. Quem tiver alguma ilusão não sabe o que é o futuro e não está ligado com as coisas do Brasil. (...) Posso ser acusado de tudo, mas não de hipócrita e de ingênuo. Podem me chamar de idealista, podem me chamar do que vocês quiserem. A gente fica nessa discussão sobre remuneração como se este fosse o único problema, e não é o único. Tem um problema tão grave quanto, que é a modificação da natureza do nosso negócio".

A declaração de Ivan Pinto caiu como uma bomba no mercado. O dirigente, na época também presidente do Conar, foi extremamente criticado por lideranças do setor que viam na corajosa entrevista um ato de vulnerabilidade, como se as agências estivessem passando o recibo de uma situação que todo mundo sabia que acontecia, mas fingia que estava tudo bem. A história mostrou que, pelo menos dessa vez, as críticas a Ivan Pinto foram injustas. Apenas 16 meses depois da tão comentada entrevista, o mercado publicitário brasileiro estava desregulamentado.

Na realidade, o que estava acontecendo naquele momento era resultado de um processo que as próprias agências se autoimpuseram. No atendimento a contas da iniciativa privada havia uma palavra recorrente, que frequentemente se ouve quando o ponto em questão é a política de remuneração praticada por boa parte das agências: "esculhambação". Baixar taxas de comissão acabou se tornando uma forma fácil, suicida e inconsequente para conquistar ou manter clientes, algo que começou bem antes da decisão de Sergio Amaral e que acabou se incorporando na postura empresarial de grande parcela dos dirigentes das agências presentes no Brasil até hoje.

Em meio a esse contexto, no início de 1996, um contrato fechado entre a agência Caio Domingues & Associados, do Rio de Janeiro, e a Petrobras colocou mais lenha na fogueira: ficou acertado que a taxa de produção cairia de 15% (conforme previsto na Lei 4.680) para 5%. Pela primeira vez havia uma redução de taxas em contratos oficiais.

afastando os *bureaux* de mídia

Como, em geral, boa parte da conduta do mercado publicitário é marcada por uma dissonância entre discurso e prática, embora o teto de 20% regulamentado por decreto conferisse uma proteção legal, a realidade era completamente diferente. A lei funcionava como uma zona de conforto que respaldava atitudes nocivas e, muitas vezes, antiéticas. A decisão do titular da Secom de FHC, além de trazer um vácuo regulatório – praticamente inevitável naquele momento, quando tudo estava sendo desregulamentado no Brasil –, abria espaço para a livre negociação, colocando as agências em inédita posição de fragilidade. Por sua vez, os veículos – em especial a Rede Globo – também enxergavam naquela situação uma brecha para algo ameaçador aos seus negócios: a entrada dos *bureaux* de mídia no País.

A complexa teia de interesses e forças opostas estava ameaçando um sistema que nas últimas três décadas tinha feito prosperar uma indústria que se tornara referência global. O aprendizado com o então inédito modelo de autorregulamentação trazido pelo Conar, dezessete anos antes, foi o ponto de partida para a mobilização que se iniciaria no mercado naquele momento. O capitão de tudo isso seria Petrônio Corrêa.

> "O meu trabalho no Conar sempre foi o de reunir as pessoas. Eu nunca redigi uma linha daquilo lá, foi mais articulação mesmo. Naquele momento, o Octávio Florisbal me pediu para pensar em como poderia ser criada uma associação da qual fizessem parte agências, veículos e anunciantes para reunir o mercado em torno dessa questão da autorregulamentação também na área de negócios. Aí eu organizei o Cenp (Conselho Executivo das Normas-Padrão), uma entidade sem fins lucrativos que defende os interesses da indústria da comunicação. Foi um trabalho solitário, porque a ABA era contra, e uma parte dos veículos, no início, também era. Levamos um ano e dois meses para formar o Cenp".

Inicialmente, o grande objetivo do Cenp era impedir que os *bureaux* de mídia entrassem no País. Isso nunca foi assumido publicamente, mas era uma das principais questões colocadas nas inúmeras reuniões de bastidores entre as lideranças de mercado que discutiam o escopo de atuação e as regras de funcionamento do Cenp. Petrônio se lembra bem dessas discussões.

> "A ABA queria muito trazer os *bureaux* de mídia para o Brasil. Praticamente todos os anunciantes multinacionais trabalham com esse tipo de empresa fora daqui, e queriam repetir o modelo no mercado nacional para fazer valer aqui seus contratos de alinhamento internacional de contas com as agências de mídia. Os veículos menores também queriam isso porque, em muitos mercados, o *bureau* de mídia financia esse tipo de empresa. Apenas os grandes *players*, como Globo, Abril, Estadão e Folha de S.Paulo, é que não queriam".

Pela força e representatividade que sempre teve no mercado nacional de mídia, a Rede Globo foi o grande fiel da balança nesse intrincado jogo de poder por sua posição firme em defender as normas-padrão da indústria publicitária e o modelo brasileiro de agências. A maior emissora de TV do País sempre se posicionou em defesa da constituição do Cenp e contra a entrada dos *bureaux* de mídia no Brasil. Mesmo no período entre a assinatura do decreto presidencial que desregulamentou a Lei 4.680, em 26 de junho de 1997, e a formação oficial do Cenp, em dezembro do ano seguinte, a Globo nunca deixou de pagar os percentuais de veiculação previamente acordados. Para Octávio Florisbal, diretor-geral da Rede Globo, havia a necessidade, naquele momento, de equilibrar as forças entre os anunciantes, as agências e os veículos, que eram muito desiguais.

> "Os *bureaux* de mídia ameaçavam entrar no Brasil porque estavam fazendo muito sucesso no exterior. Foi quando os principais

dirigentes de veículos, agências e anunciantes se reuniram e começaram a fomentar a criação do Cenp. O trabalho do Petrônio foi fundamental nesse processo. Ele, como líder, foi muito importante naquele momento, porque todo aquele contexto era difícil e complexo, e ele fazia a mediação entre anunciantes e agências com maestria. O anunciante querendo pagar menos, fugir da regra, a agência sem força pra conseguir que o cliente ficasse dentro das regras. E ele ia lá, com muita paciência, muita competência, com a credibilidade dele, e conseguia negociar. A ABA não era muito favorável, até porque os anunciantes multinacionais viviam outra realidade. Não concordavam muito com o modelo brasileiro. Foi preciso bastante persistência. O apoio que o Petrônio teve dos veículos foi extremamente importante naquele momento, senão ele não teria conseguido fazer aquela articulação toda".

No entanto, no início do processo de articulação em torno da formação do Cenp, nem os próprios veículos estavam totalmente fechados entre si sobre sua participação na entidade. E, mais uma vez, Petrônio Corrêa teve de costurar a unidade de uma área importante do mercado.

"No princípio, nem os veículos se entendiam. A Editora Abril, por exemplo, não queria fazer um negócio que tivesse a Globo como um dos principais articuladores. Houve até uma ameaça de eles [Abril] fazerem uma associação própria com veículos que não concordavam com o papel de liderança da Globo no processo. E eu, com muita paciência, ia lá e falava que se os veículos se dividissem o Cenp perderia completamente a força. Com os anunciantes, por outro lado, eu sempre argumentava que, se eles não participassem do Cenp, os veículos fariam uma entidade própria e, como eles tinham uma capacidade de influenciar a opinião pública que a ABA não possuía, falei que se eles deixassem de fazer parte disso ficariam ilhados, não poderiam participar da visão global do relacionamento de veículos e agências. Eu consegui dobrar o Aguilera [José Carlos Aguilera, então presidente da ABA], que depois até se tornou meu amigo".

Assim como na formação do Conar, em que a Globo teve um papel preponderante para colocar o órgão de pé com apoio financeiro total nos primeiros seis meses, para dar corpo ao Cenp e estruturar a entidade novamente a emissora foi fundamental. Octávio Florisbal fala sobre esse período.

"O Petrônio teve outra dificuldade no começo da formação do Cenp: a falta de dinheiro. Ele me chamava de presidente e, sempre com muita habilidade, charme e humildade, ligava e dizia: 'Presidente, precisamos conversar com o João Roberto [Marinho]'. Então, marcávamos uma reunião no Rio e ele colocava a necessidade de ter um aporte da Globo para alguma precisão do Cenp naquele momento. Nós cobríamos, e depois isso era acertado com os outros veículos que também colaboravam. O Petrônio teve esse mérito. Primeiro, seu conhecimento, seu relacionamento e sua credibilidade faziam com que as pessoas confiassem nele para intermediar essas negociações entre agência e veículos. Depois, sua persistência. Ele insistia que aquilo tinha que dar certo, e essa era uma busca obstinada pessoal dele".

A redação das normas-padrão do Cenp foi um trabalho coletivo de um grupo de dirigentes que se reuniam exaustivamente na sede da APP. Coube a Rodrigo Sá Menezes a finalização deste texto. Por ter formação em Direito e por acompanhar as reuniões de discussão sobre o Conselho, ele conseguiu estruturar todas as ideias e o funcionamento do órgão, que veio a se tornar um modelo hoje completamente consolidado no mercado, após levar anos para se firmar. O ponto de partida para a redação do código eram os próprios debates feitos nesses encontros. Sá Menezes colocava cada capítulo para ser discutido ponto a ponto, até que se chegou a uma versão final.

"O pessoal das agências, dos veículos e dos anunciantes, cada qual tinha as suas posições. As reuniões visavam chegar a uma equação, um denominador comum. E eu ia transformando aquilo em texto. Foram pouco menos de dois anos até a finalização da redação".

Gilberto Leifert foi o revisor do Código do Cenp. Ele se lembra com detalhes de como ocorreu esse processo.

"Houve um trabalho grande de persuasão no conjunto das normas, de abrigar os interesses de cada uma das três partes para garantir que as agências continuassem prestando serviços ao Brasil nas bases que eram então oferecidas e com perspectivas de práticas mais avançadas, mais exigentes, que eram premissas do Cenp. Com relação aos anunciantes, era importante que continuassem a ter a percepção da sua importância estratégica para a atividade publicitária. Eles, assim como nós, veículos, também tinham preocupação, sim, de que houvesse uma degradação da atividade das agências".

Um pouco antes da assinatura do decreto presidencial de Fernando Henrique Cardoso revogando os 20%, o grupo que já articulava a formação do Cenp, tendo Petrônio Corrêa à frente, levou a ideia da autorregulamentação ao embaixador Sergio Amaral.

Ele recebeu a proposta muito bem.

"Eu respondi que não via problema nenhum, que achava até bom. Disse que eu quis instalar no governo a autorregulamentação da imprensa com relação ao conteúdo tendo como referência o sistema inglês que eu conhecia. Até escrevi um artigo no jornal defendendo isto, mas a ideia não evoluiu. Acho que o Cenp foi uma boa solução, porque estabeleceu uma referência para o mercado. O Petrônio desenvolveu um papel importante nesse processo. Ele certamente compreendia que não fazia mais sentido as empresas de publicidade terem uma regulação da comissão. E eu dei a ele a garantia de que as empresas públicas iriam respeitar aquele acordo".

O código estabeleceu em 20% a comissão das agências de propaganda para veiculação de até 2,5 milhões de reais, permitindo descontos maiores para verbas acima deste valor, até o limite de 15%. Isso porque uma das principais preocupações de Petrônio Corrêa na condução da articulação do código se relacionava às pequenas e médias agências, especialmente aquelas de fora do eixo Rio-São Paulo. São elas que lidam com verbas bem menores dos que as agências de maior porte, situadas nos grandes centros, e para elas o uso da lei seria importante para manter um volume mínimo de remuneração para sobreviver.

No primeiro semestre de 1996, a presidência da Abap trocou de mãos. Ivan Pinto deu lugar a Flavio Correa, então presidente da Standard Ogilvy & Mather. Correa, Valdir Siqueira e Sergio Amaral estavam ao lado do presidente Fernando Henrique Cardoso na cerimônia de assinatura do decreto que desregulamentou a propaganda nacional.

Em seu discurso, FHC destacou a importância de os gastos em comunicação por parte do governo terem mais critério e serem mais bem controlados. "O governo não pode ter ilusão de que, comprando, ganha. Porque não ganha. Não pode ter ilusão de que, ao fazer uma boa propaganda, só porque ela é boa ele vai levar vantagem com o conjunto da população. E não pode imaginar que a sociedade assista passivamente à utilização de recursos públicos para aquilo que não é devido. Ou a comunicação é correta e devida ou ela é contraproducente. Ela tem o efeito contrário".

De acordo com o ministro-chefe da Secom no governo FHC, o relacionamento da Secretaria com as agências que atendiam as contas do governo federal, na prática, não mudou após a desregulamentação. Com a formação do Cenp criava-se um novo parâmetro para as relações comerciais do mercado. E desse mercado fazem parte as empresas estatais. Ou seja, iniciava-se ali uma nova forma de convivência comum a todos os agentes do mercado, inclusive o governo.

Passados quase quatorze anos de constituição do Cenp, o percentual corrente das comissões das agências baixou: está próximo de 10% para contas da iniciativa privada e de 15% para contas públicas. A pressão para reduzir ainda mais as taxas por parte dos anunciantes é cada vez mais forte. Para Petrônio, trata-se de uma batalha perdida pelas agências.

"As agências que trabalham para o governo federal ganham 15% sobre a veiculação e recebem 15% de produção. No entanto, tem muita agência trabalhando para o mercado privado em que esse patamar não existe mais, é de 12%, 11%. Essa foi uma batalha que nós – de agências – perdemos. Então, ter conta de governo continua sendo a coisa mais rentável que existe nesse negócio".

O Cenp contempla em seus dispositivos outras formas de remuneração, como o *fee* mensal, que ganha cada vez mais espaço nas negociações entre agências e clientes. Além disso, também tirou do limbo e reconheceu como lícito o polêmico BV (Bonificação por Volume), sistema pelo qual os veículos de comunicação repassam às agências recursos financeiros proporcionais às receitas que elas lhes asseguram.

passando o bastão

Entre a desregulamentação e a formação oficial do Cenp como órgão fiscalizador das relações comerciais do mercado, lançado em 16 de dezembro de

1998, a agenda da indústria publicitária foi ocupada por inúmeros encontros e reuniões para acertar todos os detalhes e amarrar as pontas do acordo. Petrônio Corrêa comandou esse processo e, como era de se esperar, teve mais trabalho com os anunciantes.

Mesmo após a constituição do Cenp, os primeiros anos do órgão foram difíceis. Uma série de diligências eram feitas nas agências para verificar se estavam adequadas às normas-padrão. Iniciou-se um trabalho hercúleo de certificação de agências em todo o Brasil, mecanismo que funciona como uma espécie de selo de qualidade por meio do qual elas podem obter os descontos e as comissões dos veículos. Petrônio viajava pessoalmente aos lugares mais distantes do País para fazer um verdadeiro trabalho de catequese entre os donos das pequenas agências. Em setembro de 2012 havia 2.151 agências certificadas pelo Cenp em âmbito nacional. Há cerca de cinco anos esse número chegou a superar a marca de 4 mil.

No decorrer desse processo, entretanto, não foram raros os questionamentos, as críticas e o não cumprimento das normas acordadas por parte de alguns anunciantes, em particular os multinacionais. Um dos casos que ganhou mais repercussão na mídia foi o da Telefônica. O Cenp constatou, em 2003, que a empresa estava descumprindo o piso mínimo de remuneração pago às suas agências; o cliente, por sua vez, insistiu que era livre para praticar a política comercial que bem entendesse. Após inúmeras reuniões conduzidas por Petrônio e um trabalho exaustivo de negociação, chegou-se a uma solução.

Célia Fiasco, diretora superintendente do Cenp e uma das funcionárias mais antigas do órgão, onde trabalha desde 2000, foi testemunha de muitas dessas reuniões com anunciantes e destaca que, no balanço final, todos esses questionamentos foram positivos.

"Muitas vezes, nessas reuniões com a ABA, os dirigentes do lado deles diziam não, não e não, e o Petrônio pedia mais meia hora de conversa para tentar convencê-los. Essa meia hora virava uma tarde inteira e, no final, ele conseguia fazer todo mundo concordar. Ele é de uma habilidade incrível. Ficava bravo quando tinha que ficar e sabia abaixar a cabeça e recuar quando era necessário. O questionamento pelo qual o Cenp passou foi muito positivo, embora tenha sido bem difícil. Quando você é questionado, é obrigado a repensar uma série de coisas. Isso obrigava a gente a estar o tempo todo atento, alerta, consultando advogados para ver se determinada sugestão fazia sentido. E o resultado é que estamos no 13º ano e em momento nenhum o Cenp caiu".

No dia 31 de dezembro de 2002, portanto, último dia do segundo mandato do governo Fernando Henrique Cardoso, foi publicado um decreto assinado pelo Presidente que estabelecia as regras do Cenp como referencial para a publicidade estatal. A decisão foi amplamente comemorada pelo mercado publicitário, pois dava um aval às normas-padrão importante em um momento de questionamento por parte dos anunciantes.

Quando estava prestes a completar 80 anos, Petrônio Corrêa decidiu que era hora de se afastar do dia a dia do Cenp e preparar um sucessor. A pessoa escolhida foi Caio Barsotti, profissional que conhecera cinco anos antes, quando foi subsecretário de comunicação da Presidência da República, na primeira gestão do governo Luiz Inácio Lula da Silva, e a Secom era chefiada por Luiz Gushiken. Barsotti atravessou um período dificílimo na sua primeira experiência trabalhando no governo: a CPI dos Correios, cuja investigação trouxe à tona o esquema do mensalão, que se configurou como o maior escândalo de corrupção do governo Lula e tinha no centro de sua operação o empresário Marcos Valério, sócio das agências de publicidade mineiras DNA e SMP&B.

Por conta disso, a indústria brasileira de publicidade se viu, pela primeira vez na história, no ponto central de um esquema de desvio de dinheiro público. O mercado como um todo sentiu os efeitos da repercussão negativa do mensalão, em especial as agências que atendiam contas públicas na ocasião.

Gushiken foi arrolado como réu no processo movido pelo Ministério Público e absolvido no julgamento do STF, em agosto de 2012, pelo relator do mensalão, ministro Joaquim Barbosa. De acordo com ele, não há provas contra o ex-integrante do governo Lula acusado de supostos desvios de recursos públicos. Barsotti se recorda do apoio que recebeu de Petrônio naquele momento.

> "Ele estava sempre presente, acompanhando o desenrolar dos fatos e me ajudando a entender todo aquele cenário. Eu nunca havia trabalhado para o governo antes e ele já tinha uma trajetória de acompanhamento político monstruosa, tanto com o atendimento de várias contas públicas ao longo da história da MPM quanto com a articulação do Conar e do Cenp. Ele ajudou muito na interlocução com o mercado inteiro, a fazer com que mais gente percebesse e entendesse o que estava acontecendo para que nós pudéssemos ter uma ação conjunta para a preservação dos profissionais, da atividade e das empresas sérias que existem na atividade".

Essa convivência em um momento turbulento aproximou os dois, e começou ali uma forte amizade. Passado algum tempo, Petrônio comentou com Caio que estava chegando aos 80 anos e que era hora de parar "para que não fizesse nenhuma bobagem". Na época, Barsotti havia se mudado para Curitiba, onde trabalhava na RPC (Rede Paranaense de Comunicação), atual GRPcom. No entanto, sua família não se adaptara à cidade. Ele sentia vontade de voltar para São Paulo e comentou esse desejo com Petrônio.

No encontro seguinte, para surpresa de Caio, Petrônio o convidou para participar do processo de seleção de seu sucessor no Cenp. Na verdade, só havia mesmo um candidato ao cargo. O convite foi feito em 2008 e, ao longo do ano seguinte, iniciou-se um longo período de transição com o convívio diário entre os dois para uma passagem de bastão tranquila. Caio destaca a experiência como uma grande lição de vida.

"Ele fez um processo de transição com tamanha maturidade e altivez que me surpreendeu. No momento em que assumi a presidência do Cenp ele tirou o pé de tudo, não interferiu em nada. Foi uma experiência de vida muito forte. A gente se acha indestrutível, e conviver com ele tão de pertinho, acompanhando todas as suas agruras com a velhice, me fez olhar a vida de outra maneira e refletir sobre ela. Petrônio é um cara muito generoso".

O anúncio da aposentadoria de Petrônio Corrêa após onze anos de Presidência do Cenp ocorreu em novembro de 2009, quando Caio Barsotti foi anunciado oficialmente como seu sucessor. Petrônio é, desde então, presidente do Conselho Consultivo. Sua sala no órgão que fundou continua intacta e é usada por ele pelo menos uma vez por semana.

16

IAP: uma contribuição para a posteridade

Em agosto de 1982, Carlos Átila, então Secretário de Imprensa e Divulgação da Presidência da República durante o último governo militar, de João Baptista Figueiredo, deu uma entrevista ao *Meio & Mensagem* na qual fez revelações surpreendentes, para não dizer chocantes. Questionado sobre qual o valor da verba do governo federal, ele respondeu: "Quanto é ao certo, não sei. Não é minha função controlar gastos. Cada Ministério, cada órgão é uma unidade autônoma e responsável pelos seus gastos setoriais. (...) Além disso, não é minha responsabilidade administrativa. O responsável pela decisão de aplicar recursos para esse fim, de fazer licitações, é o próprio ministro ou o dirigente do órgão interessado, que pode legalmente delegar essa responsabilidade a um coordenador, a um secretário geral ou a um chefe de gabinete. Varia de Ministério para Ministério. O ministro ou quem recebe a delegação – tecnicamente, o 'ordenador da despesa' – responde perante o Tribunal de Contas pela lisura na aplicação desse dinheiro.

O valor pode também estar sob duas rubricas, 'Encargos Diretos' ou 'Serviços de Terceiros'. Da mesma forma que você contrata o serviço de pintar o prédio, pode contratar uma empresa de publicidade – tudo entra na mesma rubrica".

Sem entrar no mérito dos critérios – ou da falta deles – para a contratação de serviços de publicidade por parte do governo, o que chama a atenção nessa declaração é que ela reflete algo corrente nos anos de vigência dos governos militares e que se tornou praxe nos mandatos presidenciais seguintes após a abertura democrática: o total descontrole do poder público federal sobre seus gastos.

A herança inflacionária do Brasil foi um dos legados do período militar. Após a curta fase denominada milagre econômico, entre 1968 e 1971, quando o modelo de crescimento econômico era baseado no binômio segurança-desenvolvimento, contando com recursos do capital externo, do empresariado brasileiro e com a participação do próprio Estado como agente econômico, e quando o PIB cresceu, em média, 8% ao ano, o que se seguiu foi uma época de declínio.

A partir de 1973, o crescimento econômico começou a se arrefecer. No final da década de 1970, a inflação chegou a 94,7% ao ano. Em 1980, bateu em 110%, e em 1983, em 200%. Naquele ano, a dívida externa ultrapassou os 90 bilhões de dólares e 90% da receita com exportações foi utilizada para o pagamento dos juros da dívida. O Brasil mergulhou em uma nova recessão, cuja principal consequência foi o desemprego. Uma das causas desse processo que se estendeu até 1994, com o início do Plano Real, foi exatamente o descontrole dos gastos.

No que tange à publicidade, esse descontrole tem como consequências diretas não só o óbvio – o desperdício e a falta de otimização de recursos que, em última instância, saem dos bolsos dos contribuintes –, mas também a ineficiência dos investimentos em mídia e o uso político em detrimento de critérios técnicos para a alocação das verbas de comunicação.

Essa situação foi corrente por várias décadas. A partir da segunda metade dos anos 1990, durante o primeiro mandato do presidente Fernando Henrique Cardoso, na gestão do embaixador Sergio Amaral na Secom, paralelamente às negociações que se desenrolaram depois da desregulamentação do mercado e que culminaram na formação do Cenp, esse cenário começou a mudar. E novamente teve como um dos protagonistas Petrônio Corrêa, que articulava nos bastidores outra importante iniciativa.

Se por um lado a desregulamentação representava um passo rumo à livre negociação e o fim do poder regulador do Estado, existia outra demanda por parte do então ministro Sergio Amaral com relação aos investimentos realizados pelo governo em comunicação. Mais do que simplesmente ter acesso a números, era necessário saber de que forma esses investimentos eram feitos pelos cerca de 300 anunciantes diretos e indiretos ligados ao governo.

Esse número leva em conta todo o sistema de comunicação federal, com seus diversos ministérios, autarquias, fundações, empresas estatais e sociedades de economia mista, desde as menores até as contas mais relevantes – Banco do Brasil, Correios e Petrobras, por exemplo. Essa falta de acesso a informações trazia problemas à Secom, que não conseguia ter uma visão ampliada do que de fato o governo federal fazia. E sem informação, não há controle nem transparência.

Na ocasião, a interlocução da Secom com Petrônio Corrêa já era intensa, e ele foi consultado sobre esse problema. A partir de sua experiência prévia de articular acordos envolvendo muitos agentes e interesses diversos em torno de uma mesma causa, Petrônio teve a ideia de fazer uma espécie de condomínio reunindo todas as agências que atendiam contas do governo federal.

> "Eu sugeri a ele fazer uma associação que reunisse todas as agências que atendiam o governo. A função dessa entidade era ser uma espécie de depositária dos PIs (pedidos de inserção) de todas as veiculações do governo em qualquer meio e em todo o País. É claro que havia um nível de confidencialidade muito grande por uma série de razões, e a ideia era desenvolver esse know-how. Para tanto, fiz uma aproximação do embaixador com a Abap e a Fenapro, que são entidades que cuidam do negócio da propaganda, e nós tivemos muito apoio delas. Ele me deu a função de montar um projeto que viria a ser aprovado".

Nascia, assim, o Instituto para Acompanhamento da Publicidade, o IAP, fundado originalmente em 12 de maio de 1997. No dia 26 de junho, quando houve a cerimônia no Palácio do Planalto que marcou a desregulamentação do mercado, tomou posse também a diretoria do órgão. No entanto, ele ganhou mais força a partir de 2000, quando foi assinado um convênio de cooperação técnica com a Secom, cujo titular, na época, era Andrea Matarazzo. O objetivo era desenvolver, preparar e implantar relatórios e realizar estudos e análises, além de todo o processamento de dados referentes às veiculações publicitárias do Poder Executivo Federal. Dessa forma, o IAP é um órgão única e exclusivamente de prestação de serviços à Secom.

As veiculações autorizadas pelos anunciantes do governo federal por meio da emissão de pedidos de inserção (PIs), a cargo das agências que os atendem, são processadas pelo IAP. As agências enviam esses PIs diretamente ao órgão. Além disso, o IAP recebe o Plano de Veiculação que os anunciantes que integram o Poder Executivo Federal encaminham previamente à Secom. Assim, tem-se uma visão completa do que foi planejado (por meio do Plano de Veiculação) e do que foi veiculado de fato (por meio das cópias de PIs). Esse processo permite à Secom controlar se o que foi autorizado é o que está no plano anteriormente aprovado.

Ao estruturar o IAP, Petrônio Corrêa também elaborou modelos de gestão e de financiamento próprios a partir de sua experiência na criação de outras entidades. Com base em um orçamento anual que prevê a manutenção da estrutura básica do órgão, composta por um diretor executivo, dois funcionários, aluguel da sede e tecnologia para processamento de dados, ficou estipulada uma contribuição ao IAP de 0,8% do montante que cada agência que atende contas do governo federal recebe de comissão. Atualmente, o número de agências que fazem parte do Sistema de Comunicação do Governo Federal (Sicom) chega a 47.

Na concepção do IAP, ficou determinado que Petrônio Corrêa seria seu Presidente, mas, por se tratar de uma entidade sem fins lucrativos, pelo seu estatuto essa função não poderia ser remunerada. Desde os primeiros meses de atividade do órgão, foi eleito como Presidente Otto de Barros Vidal, sócio do Grupo PPR. Petrônio Corrêa tornou-se diretor executivo ao lado de Paulo Richer, ambos com cargos remunerados. Richer deixou o IAP em 2011 e Petrônio segue até hoje no comando executivo.

maior embasamento técnico

Por meio dos dados fornecidos pelo IAP, a Secom pode acompanhar de perto a execução das campanhas que analisa. Essas informações também servem de subsídio para o preparo anual do Plano de Comunicação de Governo (PCG). Caio Barsotti lembra que quando assumiu a função na Secretaria, em 2003, propôs a Petrônio Corrêa alguns ajustes no processamento de dados do IAP para que as informações pudessem ser mais completas, tornando-se, de fato, uma ferramenta útil para a tomada de decisões na alocação de verbas.

> "Junto com o Petrônio, fomos fazendo um monte de ajustes e botando mais um pouco de tecnologia para que pudéssemos ter informação na ponta dos dedos. Isso nos permitiu fazer com que a distribuição dos anúncios do governo entre as mídias não obedecesse mais a critérios subjetivos e respeitasse algum nível de planejamento. Por exemplo, as revistas semanais de informação têm uma importância muito grande na comunicação de qualquer anunciante de grande porte, e era natural que quando o Banco do Brasil, a Caixa Econômica Federal e a Petrobras fizessem algo eles veiculassem na Veja, na IstoÉ e na Época. No entanto, não era incomum, pela inexistência dessa visão mais ampliada que o IAP nos proporcionou, que em uma mesma edição tivesse, por exemplo, quatro anunciantes do governo federal, e nas duas edições seguintes não tivesse nenhum deles. Com as informações do IAP foi possível começar a fazer um planejamento olhando para o histórico. Dessa forma, iniciamos um

processo de estruturação dessa distribuição de verbas com os órgãos, e hoje já não é tão frequente encontrar esse tipo de situação".

Foi exatamente na gestão de Luiz Gushiken que o governo Lula começou um amplo trabalho de regionalização dos investimentos em mídia – e as informações do IAP foram fundamentais para esse objetivo. Esse processo de descentralização possibilitou um alcance maior do número de veículos e municípios aptos a serem incluídos nos planos de mídia do governo federal.

Os quadros a seguir mostram essa evolução:

Evolução do Cadastro de Veículos por Municípios

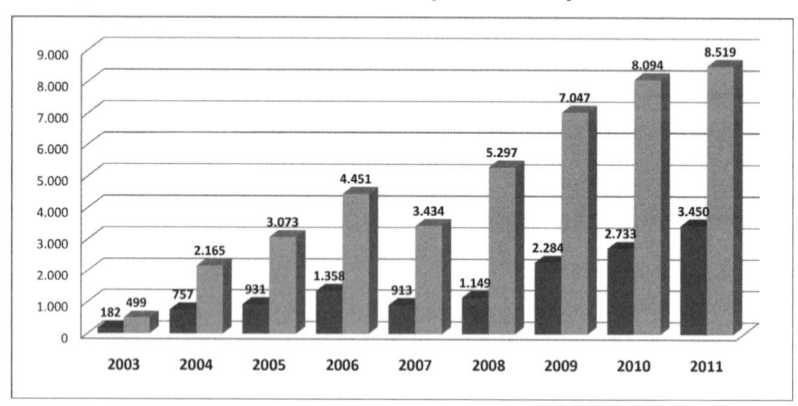

Ano	Valor
2003	182
2003	499
2003	757
2004	931
2004	2.165
2005	3.073
2006	1.358
2006	4.451
2007	913
2007	3.434
2008	1.149
2008	5.297
2009	2.284
2009	7.047
2010	2.733
2010	8.094
2011	3.450
2011	8.519

Fonte: Núcleo de Mídia da Secom   Posição: Jan. 2012

Evolução do Cadastro de Veículos por meio

Meio	2003	2004	2005	2006	2007	2008	2009*	2010
Rádio	270	1.497	2.085	2.627	2.239	2.597	2.809	2.861
Jornal	179	249	664	1.247	643	1.273	1.883	2.097
TV	21	310	257	307	276	297	414	473
Revista	18	20	39	27	73	84	150	151
Outros	11	89	28	243	203	1.046	1.791	2.512
Total	499	2.165	3.073	4.451	3.434	5.297	7.047	8.094

Fonte: Núcleo de Mídia da Secom. Total de Veículos cadastrados em 2011: 8.519

Rádios e jornais prevalecem nas mídias regionais

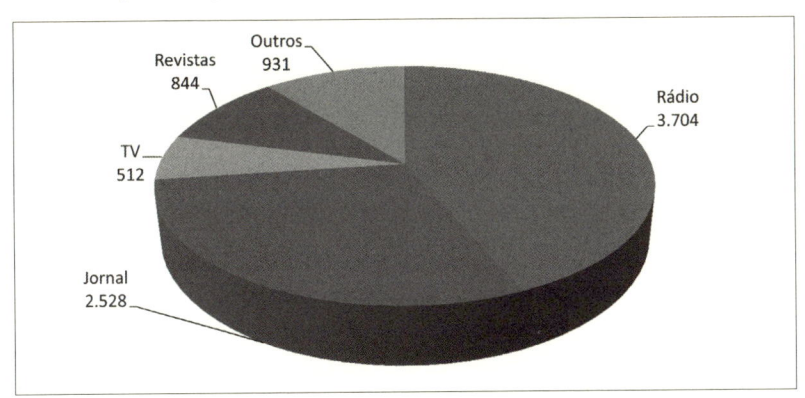

- Rádio: 3.704
- Jornal: 2.528
- Outros: 931
- Revistas: 844
- TV: 512

Fonte: Núcleo de Mídia da Secom   Posição: Jan. 2012

A linha de corte para se chegar a esse panorama dos veículos regionais leva em conta os municípios brasileiros com população acima de 50 mil habitantes. Caio Barsotti revela que as informações do IAP permitem fazer o cruzamento desses dados e, com base nisso, torna-se possível obter argumentos técnicos para o caso de um eventual questionamento por parte de algum veículo sobre o fato de estar ou não em um determinado plano de mídia.

"Nos ajudou muito em todo o processo negocial entender como era a curva de investimento que tínhamos em cada um destes veículos. Isso é fundamental. Por conta disso, eu sempre incentivei o Petrônio a ampliar o IAP e a promover esse mesmo modelo para os níveis estadual e municipal. Uma vez havendo esse tipo de monitoramento dos investimentos dos governos do estado, no mínimo, e por parte de algumas grandes prefeituras, haverá uma evolução no sentido de aumentar a transparência do volume de investimento que é feito".

A conquista maior a partir do processamento de cópias de PIs feitas pelo IAP tem sido o acompanhamento sistemático dos investimentos em mídia do governo federal. Desde o ano 2000, é possível acompanhar essa evolução e verificar como as verbas têm sido distribuídas entre os diferentes meios. No primeiro ano de aferição, o total de investimento do governo federal em publicidade foi de 1,17 bilhão de reais. A televisão abocanhou a maior parte desse volume, com uma participação de 54% desse total, seguida por jornal (21,6%), rádio (10%), revista (9,1%), mídia exterior (1,8%), outdoor (1,6%), internet (1,3%) e cinema (0,6%).

Em 2011, o montante foi de 1,64 bilhão de reais, com uma distribuição diferente por tipo de mídia. A televisão continuou absoluta, com 61,5%, seguida pelo meio jornal, que viu sua participação no bolo do governo despencar para 9%. Revista (8,7%), rádio (8%), mídia exterior (5,9%), internet (5,5%), cinema (0,8%) e outdoor (0,7%) completam a lista.

Na série histórica entre 2000 e 2011, o ano de 2009, penúltimo do governo Lula (e último com a possibilidade de anunciar todos os meses, pois embora o mandato tenha terminado em 2010, por ser ano eleitoral a publicidade foi permitida apenas no primeiro semestre), chama a atenção como o de maior investimento total do governo federal em publicidade na década passada: 1,9 bilhão de reais (conforme tabela a seguir).

Investimento em mídia - Governo federal

Total geral - Administração direta (todos os órgãos) + indireta (todas as emnpresas)

Total geral por ano	
2000	1.171.547.954,74
2001	1.302.180.268,86
2002	1.039.376.936,50
2003	911.627.362,43
2004	1.305.548.883,76
2005	1.320.171.930,34
2006	1.451.137.177,87
2007	1.201.161.109,32
2008	1.315.660.490,15
2009	1.924.622.712,84
2010	1.781.795.421,96
2011	1.646.877.534,43

Notas:
Base de dados fornecida pelo IAP - Instituto para Acompanhamento da Publicidade, atualizada em 29/03/2012;
Os valores não incluem: publicidade legal, produção e patrocínio;
Os valores de 2011 são correntes (nominais).

acesso restrito

Embora o IAP seja uma iniciativa muito positiva, pois propicia o monitoramento de todas as campanhas realizadas pelo governo federal, bem como dos veículos programados para essas ações e das agências responsáveis por elas, o acesso a essas informações é limitado à Secom. O argumento é de que se tratam de informações estratégicas na negociação do governo com a mídia.

Em abril de 2011, a *Folha de S.Paulo* entrou com mandado de segurança no STJ (Superior Tribunal de Justiça) contra a então ministra-chefe da Secretaria de Comunicação da Presidência da República, Helena Chagas. Ela negou pedido da *Folha*, feito um mês antes, para obter os relatórios anuais do Instituto para Acompanhamento de Publicidade. A intenção do jornal é conhecer os "valores totais gastos por todos os órgãos das administrações federais direta e indireta com publicidade e propaganda nos anos de 2000 a 2010, inclusive o atual período, discriminando-os por categoria, por tipo de mídia, por veículo de comunicação e por agência de publicidade".

Helena Chagas alegou que não tem todas essas informações e que não divulgaria os valores destinados a cada veículo para "preservar a estratégia de negociação de mídia promovida anualmente pela Secom com esses veículos".

Em setembro, o Ministério Público Federal enviou parecer ao STJ defendendo o direito da *Folha* de obter informações sobre gastos do governo federal com publicidade. Segundo o subprocurador-geral da República, Antonio Fonseca, só não podem ser divulgados os dados "imprescindíveis à segurança da sociedade e do Estado, ou que digam respeito à intimidade, à vida privada, à honra e à imagem das pessoas".

Em seu parecer ao STJ, Antonio Fonseca diz que "é fácil concluir que a preservação da estratégia de negociação de mídia promovida anualmente pela Secom com os veículos de comunicação não constitui escusa para o fornecimento das aludidas informações", afirmou.

Ele também destaca que a Lei de Responsabilidade Fiscal determina a transparência dos gastos pela "liberação ao pleno conhecimento e acompanhamento da sociedade, em tempo real, de informações pormenorizadas sobre a execução orçamentária". O pedido da *Folha* ainda não foi julgado pelo STJ.

Em novembro, a presidente Dilma Rousseff sancionou a Lei de Acesso à Informação, que defende o direito constitucional de amplo acesso dos cidadãos às informações dos órgãos públicos. Tendo entrado em vigor no dia 16 de maio de 2012, a lei, mais do que garantir transparência, assegura a todos o direito de saber. Um avanço da democracia. As informações do IAP, em algum momento, deverão ficar acessíveis à imprensa e à sociedade.

Petrônio Corrêa tem profundo orgulho de ter colocado o órgão de pé e acredita que ele é uma grande contribuição para aumentar a transparência dos investimentos públicos em comunicação. E sabe que, algum dia, eles terão de ficar disponíveis a todos.

> "De todos os projetos de que participei, o IAP é um dos que mais tenho orgulho, porque ele não é para o mercado, é uma conquista da sociedade. O manancial de informações que o IAP reuniu ao longo desses anos todos é tremendo. Isso dá a nós, cidadãos, muito mais condições de entender o que o governo está fazendo, bem como aos agentes fiscalizadores do governo e à própria imprensa. Quanto mais essas informações se tornarem públicas, mais saudável será. No entanto, o estatuto atual ainda prevê que o acesso é restrito à Secom".

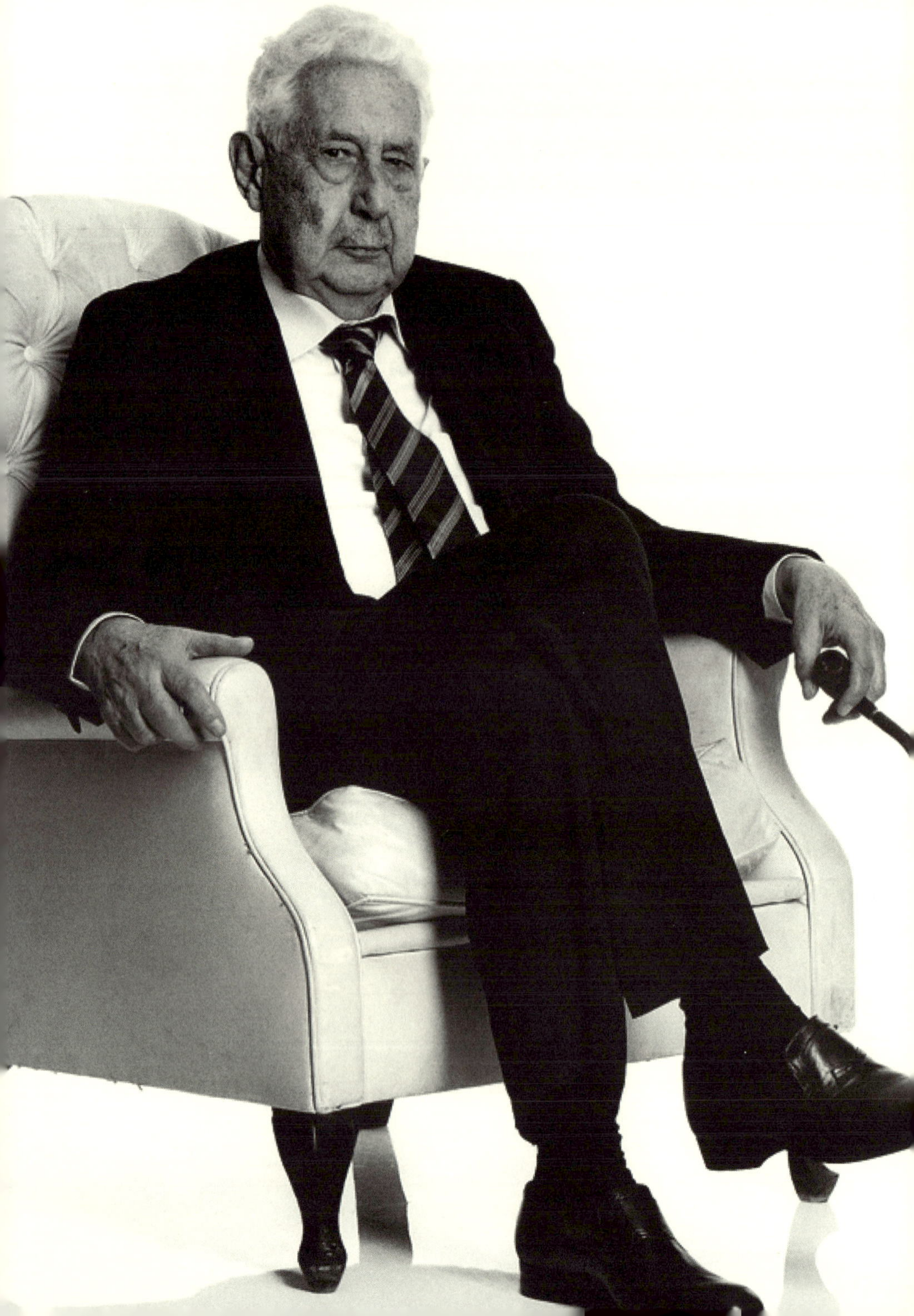

17

um legado incontestável

Em 2001, quando Nizan Guanaes cumpria sua quarentena após a venda da DM9 para a DDB e ficou fora do mercado de agências – período em que presidiu o iG –, comprou a marca MPM do Grupo Interpublic por 1 milhão de dólares. A atitude surpreendeu os executivos da holding norte-americana, que não viam nenhum sentido naquele investimento. Afinal, eles próprios, por uma visão míope do valor do lendário ativo que tinham em mãos, decidiram enterrá-lo cinco anos antes. A mística aura de sucesso em torno da MPM encontrou no supersticioso Nizan o respaldo ideal para o resgate da marca, quando ele decidiu relançar uma agência dois anos depois.

O fundador do Grupo Ypy (rebatizado de ABC em 2007) nunca escondeu de ninguém sua forte obsessão por estar em primeiro lugar em tudo que faz. E beber na fonte de grandes ícones do empreendedorismo brasileiro, especialmente na área de comunicações, tem toda lógica para ele. Não é à toa que, em São Paulo, Nizan mora em uma casa que pertenceu a ninguém menos do que Assis Chateaubriand, o maior magnata das comunicações do Brasil entre as décadas de 1930 e 1960.

Disposto a lançar uma grande agência que tivesse abrangência nacional e forte vocação para atendimento de contas públicas – a mesma fórmula que consagrou a empresa de Antonio Mafuz, Petrônio Corrêa e Luiz Macedo –, um dos publicitários de maior sucesso do mercado brasileiro ressuscitou, no dia 31 de julho de 2003, a marca MPM. Desta vez, o sotaque gaúcho deu lugar a um misto de paulista com baiano. Nizan escalou para capitanear a nova agência a empresária Bia Aydar, de quem se aproximou nas duas campanhas que coordenou e que elegeram o presidente Fernando Henrique Cardoso, e não poupou esforços para dar ao relançamento de uma das marcas mais importantes da publicidade nacional o status que merecia. Fernanda Nigro, sócia de Bya na empresa de eventos Face, e Rui Rodrigues, experiente profissional da área de marketing político, completavam a trinca de comando da agência.

Quem ligava para a nova MPM nos primeiros dias após o lançamento ouvia na espera telefônica o clássico "O Portão", de Roberto Carlos, que tem como versos "Eu voltei agora pra ficar/Porque aqui, aqui é meu lugar/Eu voltei para as coisas que eu deixei/Eu voltei". No entanto, a volta da MPM não foi para ficar: durou apenas seis anos.

Em um primeiro momento, o projeto parecia mesmo fadado ao sucesso. A agência registrou o principal crescimento dentre as 50 maiores do mercado em 2004, conseguindo angariar uma carteira de clientes que incluiu marcas relevantes, como Burger King, C&A Celular, Cia. Vale do Rio Doce-MG, Copasa, Kyocera, Leroy Merlin, GVT e SulAmérica Seguros. As operações abrangiam os mercados de São Paulo, Belo Horizonte, Rio de Janeiro e Brasília. Entre seus projetos está o livro de encargos, feito a pedido da CBF (Confederação Brasileira de Futebol), que ajudou o Brasil a vencer o pleito para sediar a Copa do Mundo de 2014.

Se quando comprou a MPM o Grupo Interpublic errou – em primeiro lugar, ao se desfazer dos três ícones que eram a alma do negócio, e depois, ao enterrar a marca mais importante da história da publicidade nacional naquele momento, levando em consideração apenas números, e não sua história –, Nizan Guanaes admite que também falhou. Só que por outros motivos.

"Eu lamento que o Grupo Interpublic não tenha continuado com a marca naquela ocasião, da mesma forma que lamento – de uma maneira até meio irônica – que eu mesmo não tenha conseguido manter a marca. Na realidade, o erro foi meu, não foi da Bia [Aydar] nem da Fernanda [Nigro]. Eu devia ter selecionado uma pessoa que estivesse em linha com o projeto. A Bia não queria expandir a marca para o Brasil, ela queria uma agência em São Paulo. Como a Bia era voltada para eventos, ela acabou se dedicando a isso, numa época em que o Brasil explodia nessa área. Eu tinha um projeto para a marca MPM, que era fazê-la voltar a ser o que era. Até hoje falta uma marca nacional no mercado. Existem agências cariocas, paulistas, mas não existe uma agência brasileira. A Bia e a Fernanda fizeram uma boa agência em São Paulo; elas só não tinham disposição e vontade de fazer uma agência de ponta a ponta. Então, se era para ter uma agência de São Paulo, a junção com a Loducca, sobretudo após a saída da Bya, fez mais sentido. Foi uma decisão empresarial".

Além desse motivo, após cinco anos a MPM não se mostrava mais uma empresa muito rentável e passava por uma crise de comando, com a decisão de Bia Aydar de deixar a operação após a saída de vários executivos-chave. Na virada de 2009, o Grupo ABC promoveu a fusão da Loducca com a MPM, formando a Loducca MPM, com Celso Loducca como presidente. A Loducca havia terminado o ano de 2008 na 27ª posição, enquanto a MPM, no mesmo período, ocupava o 28º posto. A nova Loducca MPM pulou para o 15º lugar no primeiro ano após a fusão. Em janeiro de 2010, no entanto, a marca MPM foi novamente enterrada, desta vez, provavelmente, para sempre.

A despeito do contexto e das decisões empresariais, o relançamento da MPM só demonstra o quanto esta marca é realmente icônica. A fórmula criada por três gaúchos destemidos e a química existente entre eles geraram um resultado que não é reproduzível. A iniciativa do Grupo ABC também prova que a história de uma marca está intimamente ligada às pessoas que a construíram, a seus sonhos, anseios e projetos pessoais. Assim como o DNA, isso é algo intransferível.

O M, o P e o M produziram uma agência resultante da soma de suas bagagens pessoais em uma Porto Alegre que nem televisão tinha ainda, mas que nascia com uma série de novas práticas no mercado publicitário, inovando e ditando tendências. Os três acreditaram, em um momento de consolidação da indústria da propaganda e décadas antes da internacionalização da economia, que era possível reproduzir no Brasil um modelo tão avançado quanto o que se praticava nos países desenvolvidos. E naquela época, o fosso que separava o País do primeiro mundo tinha uma dimensão muito maior.

É claro que a tecnologia e a revolução digital transformaram não só o mercado publicitário, como o próprio sistema das relações entre consumidores e marcas. Diante disso, fica difícil fazer uma comparação entre a MPM e as agências atuais. Quando a MPM foi vendida para a Lintas, a área de criação ainda não usava computadores e a agência tinha departamento de arte final e de tráfego. O ranking das maiores agências contava apenas com quatro multinacionais entre as dez primeiras. Atualmente, existe uma única marca nacional no Top 10 e, sem dúvida, a propaganda é mais profissional e globalizada. Em contrapartida, os presidentes desses grandes grupos não têm a independência de antes para tomar certas decisões. As configurações mudaram bastante e o jogo de poder hoje é ditado por um poderoso sistema de forças econômicas que passa por ações na bolsa, bônus de executivos e desempenho financeiro.

O cenário mercadológico atual é muito mais complexo. O romantismo da época em que a MPM era absoluta no mercado deu lugar a métricas cada vez mais precisas de medição de retorno do investimento dos clientes, e estes, diante disso, ao invés de ter mais segurança para tomar as decisões, evitam se arriscar. E o mérito da agência fundada no longínquo ano de 1957 é justamente esse: ter sido a melhor agência para o seu tempo. De acordo com Vera Aldrighi, a MPM era a cara do Brasil, no bom e no mau sentido. Entusiasmada, alegre, descontraída e com uma enorme capacidade de disfarçar e rir dos seus problemas. Uma combinação contraditória de elevada autoconfiança com baixa autoestima.

resiliência e rigidez de caráter

Um olhar mais atento para a biografia de grandes empreendedores e de nomes que deixaram sua marca na história da construção de setores estratégicos da economia nacional faz logo vir à tona um traço comum em todas elas: uma inquietação que beira a obsessão por fazer algo grandioso, um inconformismo com o passar em branco na história e o forte desejo de formar um legado. É necessário deixar uma marca, de preferência positiva e perene. E essa marca começa sempre com alguma dificuldade.

No caso da trajetória de Petrônio Corrêa, na MPM e na carreira de líder e articulador do mercado, não foi diferente. Tanto nos tempos da infância carente em Santo Ângelo, que sedimentaram os primeiros traços de resiliência e rigidez de caráter, quanto durante a juventude de descobertas em Porto Alegre, onde o tino para oportunidades começou a ser lapidado, existe claramente um padrão de comportamento forjado ali e que foi fundamental ao longo de toda a sua vida empresarial e de dirigente de setor.

Na carreira profissional de Petrônio Corrêa percebe-se um fascínio por situações adversas para as quais se faz necessário o desenvolvimento de uma estratégia formada por uma intrincada teia, cujos elementos-chave são a articulação política, a paciência, a humildade e um senso de que vale a pena o sacrifício pessoal em prol de algo maior, que possa beneficiar a coletividade.

Foi assim na própria MPM, com o modelo descentralizado e sem a figura de um presidente, bem como no atendimento direto aos clientes principais da agência; no relacionamento com os seus sócios; nas articulações para a aprovação da lei que regulamenta a atividade publicitária; nas reuniões constantes com outros donos de agências para estabelecer as regras do jogo de um setor que começava a ter bases e práticas empresariais, na década de 1960; na longa e trabalhosa negociação para a formação do Conar; no processo de venda da

MPM; na amarração que culminou no Cenp; no inédito modelo de transparência na gestão dos contratos publicitários do governo federal com o IAP; e na sua própria decisão de parar aos 80 anos após ter formado um sucessor.

O reconhecimento da contribuição de Petrônio Corrêa e de sua geração para a construção das bases empresariais do nosso mercado é uma das poucas unanimidades da indústria da comunicação brasileira. Desde os pares de sua geração até as lideranças mais novas, há uma percepção clara de que esse legado é algo muito maior do que se supõe – a começar pela própria aceitação social da profissão de publicitário. Até o início dos anos 1970, esta era uma carreira vista muito mais como um atalho para outras áreas de atuação, um emprego provisório enquanto se estudava para ser engenheiro, advogado ou administrador.

Os Mad Men brasileiros não tinham um status social dos mais cobiçados. Hoje – ou melhor, já há algumas décadas –, a carreira de publicitário está entre as principais opções dos jovens em época de ingressar na universidade, e isso é reflexo de uma mudança de percepção iniciada tempos atrás com a geração de Petrônio Corrêa.

Em sua participação no programa Roda Viva, da TV Cultura, exibido no dia 18 de julho de 2011, Washington Olivetto, o publicitário que talvez mais tenha se beneficiado pessoalmente desse processo, descreve essa contribuição: "Pessoas da geração anterior à minha costumam dizer que, quando eles começaram, a carreira de publicitário não tinha grande aceitação social. Eles contam, inclusive, que quando preenchiam ficha de entrada em hotel ficavam receosos de colocar sua profissão. A minha geração – e eu, particularmente – é caudatária do bom trabalho feito pela geração anterior. Eles construíram o terreno propício para que alguém com o meu perfil surgisse".

De fato, Petrônio Corrêa e sua geração foram responsáveis pela profissionalização e pela construção das bases empresariais da indústria publicitária nacional. Ao estabelecer regras sólidas para o mercado a partir da união de lideranças visionárias, conseguiram criar mecanismos que não só protegeram o setor, como impulsionaram o seu desenvolvimento. Se hoje a publicidade brasileira é próspera e bem-sucedida, a pedra fundamental que propiciou esse processo foi lançada por homens como Petrônio.

um ícone do mercado

A fama de Coronel e o jeitão aparentemente sisudo que todos gostam de imitar, com o indefectível cachimbo na boca e o sotaque gaúcho, representam muito mais do que um folclore em torno de sua imagem. Formam um pequeno mosaico de uma personalidade marcante e firme que acabou conquistando uma legião de fãs.

Paternalista e intuitivo, o Coronel conduzia os negócios mais com o coração do que com a razão. Petrônio Corrêa costumava dizer que uma agência se administra com bom senso e esculhambação. É feita de gente, e gente precisa de liberdade e motivação. Também afirmava que todo o capital da empresa dele subia e descia pelo elevador todos os dias. E ele queria um capital humano sempre feliz.

De certo modo, conseguiu. Um dos pontos fortes que os ex-funcionários da MPM mais destacam é o clima da agência, de liberdade e bom astral. Homem de hábitos simples, sempre teve grande preocupação em não ostentar status – nem pessoalmente, nem na agência. Evitava estimular a inveja entre os clientes, bem como entre os funcionários.

O espírito empreendedor de Petrônio Corrêa e seus sócios deu lastro para a realização de todos os projetos fomentados. De alguma forma, o fato de ter nascido no interior do Rio Grande do Sul lhe mostrou que, para conquistar algo maior, seria preciso partir dali para um novo mundo. A herança gaúcha está no espírito disciplinado e quase militar que manteve até deixar o Cenp, aos 81 anos. Essa herança já dava seus primeiros sinais no jovem que sozinho, aos 17 anos, mudou-se para Porto Alegre em busca do seu sonho.

Esse mesmo espírito o perseguiu na vida profissional e empresarial. Rapidamente, a MPM ficou pequena para o mercado gaúcho, tornando-se necessário expandir sua atuação para outras cidades. Primeiro para o Rio, depois para São Paulo.

O fato de Petrônio ter vindo para uma metrópole como São Paulo, onde enfrentou incontáveis dificuldades durante mais de uma década para consolidar a operação da MPM no maior mercado brasileiro, sinaliza um tino para negócios inabalável e um talento incrível para agregar valores. A compra da Casabranca em 1975 foi um gesto ousado, que representou o grande salto da MPM, pois, devido à conquista da conta da Fiat, a agência alcançou a liderança de mercado – que manteria ao longo dos quinze anos seguintes, à exceção de 1978, quando ficou em segundo lugar.

Essa visão cosmopolita foi única na história do mercado publicitário brasileiro. Nenhuma outra agência conseguiu ter de fato uma atuação nacional como a MPM teve por mais de três décadas. E a tentativa malsucedida do Grupo ABC de relançar uma empresa que resgatasse os valores dessa marca deixou bem claro que não basta a intenção de fazer isso. É preciso uma combinação de fatores cujo elemento principal está em encontrar as pessoas certas, que estejam dispostas a pagar o preço de tocar um projeto desta envergadura. O próprio Nizan reconhece a expressiva contribuição de Petrônio Corrêa ao mercado.

> "Ele é um exemplo claro de profissional que, além de cuidar da sua empresa, cuida da nossa profissão. Ele é um ícone, o grande decano da propaganda brasileira. O papel de Petrônio na propaganda brasileira é inacreditável – ele construiu as fundações institucionais e associativas".

Sem dúvida alguma, foi como líder e articulador do mercado que Petrônio Corrêa pôde colocar em prática toda a sua vocação para negociações difíceis e para agregar interesses divergentes em torno de uma causa comum. Seu bom trânsito entre os líderes dos diversos agentes do mercado, fruto do prestígio que conquistou ao longo de mais de cinco décadas de atividade, complementa o conjunto de competências que pavimentaram uma trajetória de sucesso. Luiz Lara, atual presidente da Abap e a principal liderança de uma geração que hoje está no comando das agências, destaca o espírito desbravador de Petrônio Corrêa como o seu maior legado.

"Ele tem uma fibra e uma garra extraordinárias, não desanima nunca, e acho que foi esse espírito empreendedor que o levou a montar a maior agência brasileira. E depois de vender a MPM, passou mais 20 anos cumprindo um papel determinante para o mercado. Primeiro com o Conar, depois com o Cenp e com o IAP, que é fundamental para a fiscalização e organização dos investimentos em comunicação das empresas estatais e governamentais. Esse é o Petrônio, sempre abrindo horizontes. Abriu com a MPM, veio para São Paulo, tornou-se um líder respeitadíssimo e sempre atuante".

Incansável, desde que deixou a presidência do Cenp, no final de 2009, Petrônio divide seu tempo entre a direção executiva do IAP e o Conselho do próprio órgão, que presidiu por onze anos. Só diminuiu o ritmo mesmo a partir de julho de 2011, quando começou a fazer três sessões semanais de hemodiálise em virtude de uma deficiência irreversível nos rins, sequela do tratamento de câncer ao qual se submeteu há mais de 20 anos. Tem cinco netos e um bisneto, que mora nos Estados Unidos.

posfácio

No dia 21 de dezembro de 2005, quando cheguei em casa após o enterro da minha mulher, Elza, comecei a olhar para trás e relembrar os 57 anos que passamos juntos. Foi ali que tomei a decisão de que era hora de deixar algo registrado sobre a minha trajetória. Afinal de contas, quando alcançamos uma certa idade e começamos a ver pessoas próximas e queridas morrendo, ficamos um pouco mais resignados e aceitamos melhor nossa própria finitude. Continuei fazendo o que sempre fiz: trabalhando muito. Naquele momento, minha atividade profissional – que sempre me orgulhou e me deu tanto prazer, prestígio e poder – também seria a minha válvula de escape para enfrentar a dor daquela terrível perda.

Há tempos amigos próximos me cobram escrever um livro contando minha vida. Eu sempre ouvia aquilo, mas nada respondia. Gostava da ideia, mas, no fundo, não achava que a minha vida merecesse uma obra inteira a ela dedicada. Essa ficha só caiu naquela tarde triste e solitária, quando percebi que a pessoa mais importante da minha vida, que sempre me deu todo o apoio de que precisei na minha atividade profissional, havia partido. No balanço de todos os anos que passamos juntos, dei-me conta de que a Elza foi uma das grandes responsáveis pelo meu sucesso.

Eu tinha apenas 19 anos quando nos casamos, após um namoro de nove meses. Meu pai foi contra, pois achava que eu era jovem demais e devia terminar os estudos antes de tomar uma decisão tão importante quanto esta. No seu melhor estilo durão, não foi ao meu casamento para demonstrar sua desaprovação. Minha mãe, para apoiar o marido e sem ter como ir sozinha de Santo Ângelo a Santa Vitória do Palmar, a terra natal da minha mulher, também não compareceu.

Meu casamento ocorreu no dia 2 de outubro de 1948. Uma semana antes, eu desembarcava na cidade – que se tornaria meu porto seguro durante as férias por quase três décadas – para conhecer a família da Elza. Ela tinha nove tios e fomos à casa de todos eles para uma apresentação formal. Elza dizia que estava apenas me dando uma colher de chá, que o nosso casamento só duraria um ano. Repetia essa história para todos: pais, tios, irmão e primos. Percebi que aquilo não era uma brincadeira – ela estava mesmo falando sério. Isso me deixou um pouco apreensivo, mas fiquei quieto. E internamente, algo me dizia que aquele um ano de casamento duraria um pouco mais.

Elza conheceu meu pai somente um ano após o casamento, pois eu rompi com ele após a desfeita. Para minha felicidade, foi muito bem recebida, por um mérito totalmente dela. Era extremamente amigável e uma excelente companheira. Décadas mais tarde, quando minha mãe e, posteriormente, meu pai ficaram doentes e vieram a falecer, ela cuidou deles até o fim.

O que me atraía em Elza era exatamente isso: ela tinha uma personalidade forte, mas era, ao mesmo tempo, doce e muito justa. Acima de tudo, uma guerreira. Nossas brigas e discussões não foram poucas. Desde o início, porém, fizemos um trato: não poderíamos dormir sem fazer as pazes. Uma regra que sempre funcionou e foi muito útil para estabelecer nossa cumplicidade e o respeito mútuo.

A Elza foi contra minha saída do jornal *A Nação*, onde eu ganhava um salário alto, para aceitar o convite de ser gerente da Grant, em Porto Alegre. Alguns anos depois, também não aprovou o que para ela seria uma aventura: juntar-me a outros dois sócios, um dos quais eu mal conhecia, para formar uma agência, abrindo mão da segurança de trabalhar em uma multinacional onde eu tinha não só bons rendimentos, mas um cargo de responsabilidade e ótimas perspectivas. Usei todo o meu poder de persuasão para fazê-la entender que eram passos importantes naquele momento e que eu só teria sucesso naquelas escolhas se ela me apoiasse. No final, ela acabou cedendo.

A mudança em definitivo para São Paulo foi ideia dela, depois que passei um ano estando aqui durante a semana e voltando a Porto Alegre aos sábados e domingos. Era esse o empurrão de que eu precisava para me estabelecer em definitivo na maior cidade do País e poder conduzir a MPM com mais segurança e propriedade em um mercado tão desafiante naquele momento para nós.

Nossas almas eram tão entrosadas que até câncer tivemos no mesmo período, em 1990. Por sorte, ambos fomos curados. Literalmente, compartilhamos nossas vidas na saúde e na doença. No ano seguinte, quando houve a negociação que resultou na venda da MPM, Elza finalmente concordou comigo: ela também achava que aquela não era a melhor ocasião para vender a agência. Entretanto, tive de ceder a outro acordo que regia a minha vida – no caso, a empresarial –, e aceitei a vontade dos meus sócios, que queriam negociar a empresa e se aposentar.

Alguns anos depois que Elza morreu, em 2008, no IV Congresso Brasileiro de Propaganda, fui convidado a fazer uma palestra sobre o Cenp para encerrar as atividades do último dia do evento. A conferência estava atrasada e eu me sentia tenso, como sempre fico quando tenho de falar em público. Eram mais de 18h quando subi ao palco e fui surpreendido com uma calorosa salva de palmas dos 460 delegados que, em pé, prestaram-me uma espontânea e comovente homenagem. Vi novamente um filme passar pela minha cabeça e decidi, naquele momento, que não faria o discurso que havia preparado.

De improviso, falei que não iria chatear os presentes, pois a hora avançava e todos já conheciam o Cenp. "Quero ser rápido e dizer que fico muito orgulhoso da recepção que tive aqui hoje, mas vocês estão enganados. Ao longo de toda a minha vida profissional, nunca redigi um anúncio, um roteiro, nem escrevi sequer uma linha de tantos acordos que selei, seja no Conar, seja no Cenp. Fui só um coordenador. A única coisa que eu sempre soube fazer foi juntar pessoas".

As pessoas que trabalhavam comigo no Cenp ficaram furiosas com a minha atitude, mas era a primeira vez que eu falava de improviso na minha vida e, por isso, pude ser totalmente leal e sincero em relação ao que sentia naquele instante. E é esse espírito que me fez tomar a iniciativa de abrir minha vida e meus arquivos e convidar a jornalista Regina Augusto para escrever este livro. Eu já acompanhava o trabalho dela havia muitos anos, quando, como repórter, ela cobria as intermináveis reuniões do Cenp, e pude testemunhar sua evolução e seu amadurecimento profissional.

Sempre fui contra livros bajulatórios e homenagens póstumas, pois esse tipo de realização acaba soando como algo falso e forçado. Por isso, quando finalmente decidi que era a hora de ter meu próprio livro, essa foi minha principal preocupação. Quem me conhece sabe o quanto sou objetivo e pragmático. Afinal, estou naquela fase da vida em que não preciso provar mais nada a ninguém nem fingir ser quem não sou.

A Elza sabia disso melhor do que ninguém, pois conviveu comigo durante esses anos todos e levou consigo não só nossos melhores momentos, mas muitos segredos que são apenas nossos. Onde ela estiver agora, sabe que continua sendo o meu esteio. E é a ela que dedico este livro.

PETRÔNIO CORRÊA

referências e fontes

Entrevistas

Alex Periscinito, Anadege Corrêa e Rotta, Caio Barsotti, Célia Fiasco, Eduardo Steiner, Fábio Fernandes, Gilberto Leifert, Ivan Marques, Ivan Pinto, Jayme Sirotsky, Júlio Ribeiro, Luís Sales, Luiz Carlos Cotta, Luiz Fernando Veríssimo, Luiz Lara, Luiz Macedo, Nizan Guanaes, Octávio Florisbal, Odila Ribeiro Urusola, Petrônio Cunha Corrêa, Petrônio Corrêa Filho, Roberto Duailibi, Rodrigo Sá Menezes, Sérgio Amaral e Vera Aldrighi.

Bibliografia

BARBOSA LESSA, Luiz Carlos. *Nativismo: um fenômeno social gaúcho*. São Paulo: L&PM Editores, 1985.

BERGESCH, Walmor. *Os Televisionários*. Porto Alegre: Edições ARdoTEmpo, 2010.

BRUM, Liniane Haag. *Antes do passado: o silêncio que vem do Araguaia*. Porto Alegre: Arquipélago Editorial, 2012.

CANCLINI, Nestor Garcia. *Consumidores e cidadãos*. Rio de Janeiro: Ed. UFRJ, 1997.

CASTELO BRANCO, Renato; MARTENSEN, Rodolfo Lima; REIS, Fernando (plan. coord.). *História da Propaganda no Brasil*. São Paulo: T. A. Queiroz, 1990.

CAVALCANTI, Alberto. *Congressos Brasileiros de Publicidade I, II e III*. Versão Compilada. Abap, 2008.

CONY, Carlos Heitor. *JK e a ditadura*. Rio de Janeiro: Objetiva, 2012.

COSTA, Alexandre Araújo; COSTA, Henrique Araújo. *Direito da Publicidade*. São Paulo: Arcos/Thesaurus, 2008.

D'ARAUJO, Maria Celina. *A Era Vargas*. São Paulo: Moderna, 1997.

DELLA FEMINA, Jerry. *MadMen: Comunicados do Front Publicitário*. Rio de Janeiro: Ed. Record, 2011

DUPONT, Wladir. *Geraldo Alonso: o homem e o mito*. São Paulo: Globo, 1991.

FARHAT, Saïd. *Tempo de gangorra: visão panorâmica do processo político-militar no Brasil de 1978 a 1980*. São Paulo: Tag&Line, 2012.

FAUSTO, Boris (org.). *História Geral da Civilização Brasileira. Sociedade e Política (1930-1964)*. São Paulo: DIFEL, 1983.

FERREIRA, Jorge. *João Goulart: uma biografia*. São Paulo: Civilização Brasileira, 2011.

FERREIRA, Olavo Leonel. *História do Brasil*. São Paulo: Editora Ática, 1984.

GRACIOSO, Francisco; PENTEADO, J. Roberto Whitaker Penteado. *Propaganda brasileira*. São Paulo: Mauro Ivan Marketing Editorial Ltda, 2004.

LODUCCA, Celso (org.). *Grandes publicitários*. Rio de Janeiro: Casa da Palavra/São Paulo: Casa do Saber, 2010.

OLIVEIRA SOBRINHO, J. B. de. *O livro do Boni*. Rio de Janeiro: Casa da Palavra, 2011.

MARCONDES, Pyr; RAMOS, Ricardo. *200 anos de propaganda no Brasil: do reclame ao cyber-anúncio*. São Paulo: Meio & Mensagem, 1995.

Notas

Capítulo 2. O Brasil e a Publicidade em meados do Século XX

MOREIRA, Vânia Maria Losada. *Brasília: a construção da nacionalidade. Dilemas, estratégias e projetos sociais (1956-1961)*. São Paulo, Tese de Doutorado, FFLCH/Universidade de São Paulo, 1995.

"O Brasil dos anos 50 e o plano de metas do governo JK", artigo do engenheiro e economista José Roberto de Souza Pinto publicado no site Wireless Brasil. http://www.wirelessbrasil.org/wirelessbr/colaboradores/j_r_souza_pinto/plano_de_metas_jk.html

"O Brasil de JK: Sociedade e cultura nos anos 1950", artigo de Mônica Almeida Kornis, professora-pesquisadora do CPDOC/FGV. http://cpdoc.fgv.br/producao/dossies/JK/artigos/Sociedade/Anos1950

Capítulo 3. Dos grotões gaúchos

CORRÊA, Petrônio Cunha. *Petrônio Corrêa (depoimento, 2004)*. Rio de Janeiro, CPDOC, ABP – Associação Brasileira de Propaganda, Souza Cruz, 2005.

MACEDO, Luiz Vicente Goulart. *Luiz Macedo (depoimento,2004)*. Rio de Janeiro, CPDOC, ABP – Associação Brasileira de Propaganda, Souza Cruz, 2005.

RODRIGUES, André Iribure. *MPM Propaganda. A história da agência dos anos de ouro da publicidade brasileira*. Dissertação de Mestrado, Faculdade de Biblioteconomia e Comunicação, Universidade Federal do Rio Grande do Sul, Porto Alegre, 2002.

Rasgando as fronteiras do Sul. *Meio & Mensagem*, 1ª quinzena de 1979.

Agências: Profissionalização elevada. *Meio & Mensagem*, Informe Especial Rio Grande do Sul, 1ª quinzena de 1982.

Capítulo 4. Um encontro de perfis complementares

Livro verde da MPM. (não publicado)

MARCONDES, Pyr. 25 anos de MPM: um "case" de sucesso. *Meio & Mensagem*, 2ª quinzena de agosto de 1982.

Capítulo 5. Atravessando a fronteira gaúcha

MPM Sul comprova sucesso da regionalização da agência. *Meio & Mensagem*, 21 de novembro de 1988.

Capítulo 6. Aflora a vocação de articulador

REIS, Fernando. "Precisamos adaptar a Abap aos novos tempos". *Meio & Mensagem*, 2ª quinzena de fevereiro de 1979.

CESAR, João Batista. Petrônio na Abap, por mais um ano. *Meio & Mensagem*, 1º quinzena de maio de 1981.

Petrônio Corrêa, o empresário, publicitário e agora político. *Meio & Mensagem*, 1ª quinzena de abril de 1981.

Capítulo 7. A guinada da liderança

Livro verde da MPM (não publicado)

Capítulo 8. De Veríssimo a Graciotti

Brasil trouxe 11 Leões. *Meio & Mensagem*, 1ª quinzena de julho de 1978, pág. 10.

MACHADO, Sérgio Graciotti. *Sérgio Graciotti (depoimento,2004)*. Rio de Janeiro, CPDOC, ABP – Associação Brasileira de Propaganda, Souza Cruz, 2005.

Capítulo 9. As Sete Irmãs

A concorrência que não houve. *Meio & Mensagem*, 1ª quinzena de julho de 1979, capa e pág. 14.

As polêmicas contas do ministro. *Meio & Mensagem*, novembro de 1979, capa e pág. 18.

Excluída da propaganda governamental nomes, símbolos e imagens pessoais. *Meio & Mensagem*, 29 de agosto de 1988, pág. 12

GADELHA, Simone. Governo volta atrás e elimina concorrência especulativa nas licitações. *Meio & Mensagem*, 23 de julho de 1990, pág. 14.

GADELHA, Simone. Licitação apenas vai "legalizar" o viciado processo das contas públicas. *Meio & Mensagem*, 6 de agosto de 1990, pág. 14.

SANCHES, Sergio. Mercado aceita as novas regras de distribuição das contas públicas. *Meio & Mensagem*, 8 de abril de 1991.

Contas de governo geram briga entre Abap e Fenapro. *Meio & Mensagem*, 1ª quinzena de outubro de 1982.

Capítulo 10. Conar: uma reação à censura

Repulsa geral ao projeto Lindoso. *Meio & Mensagem*, 1ª quinzena de setembro de 1978.

Eliminada a censura prévia a comerciais de rádio e TV. *Meio & Mensagem*, 1ª quinzena de dezembro de 1978.

"Convém reconhecer o Conar por lei". *Meio & Mensagem*, 1ª quinzena de março de 1979.

FALLEIROS, Beatriz. Petrônio reeleito faz balanço do Conar. *Meio & Mensagem*, 2ª quinzena de julho de 1982.

Propaganda para crianças gera polêmica. *Meio & Mensagem*, 2ª quinzena de abril de 1983.

Conar, três anos, 175 processos ... e algumas dúvidas, *Meio & Mensagem*, 1ª quinzena de junho de 1983.

Conar e criação lavam roupa. *Meio & Mensagem*, 1ª quinzena de novembro de 1984, pág. 9.

DELFIM, Denise Bramucci. Os quase 200 anos de censura no Brasil. *Meio & Mensagem*, 2 de fevereiro de 1987, pág. 15

GADELHA, Simone. Petrônio Corrêa. *Meio & Mensagem*, 25 de maio de 1987.

Capítulo 11. Agência chapa branca

GADELHA, Simone. A dança das contas. *Meio & Mensagem,* 19 de março de 1990, pág. 10

Governo suspende contratos de publicidade. *Meio & Mensagem*, 26 de março de 1990, pág. 12

REGINA, Ayne. MPM ganha concorrência da Prefeitura. *Meio & Mensagem*, 18 de junho de 1990, pág. 6

Capítulo 12. Um complexo de comunicação

MPM reestrutura-se para ficar menos vulnerável. *Meio & Mensagem*, 2 de maio de 1988.

Fundador da MPM conta como a agência se tornou líder no Brasil. *Folha de S. Paulo*, 9 de junho de 1988.

Procter & Gamble entrega conta da Phebo para a MPM e a Leo Burnett. *Meio & Mensagem*, 30 de janeiro de 1989.

FRANCO, Célio. MPM e Grey: acordo que tem dado certo. *Meio & Mensagem*, 10 de abril de 1989.

FIORI, Margareth. Segmentação. Ideia da MPM para continuar liderando. *DCI*, 2 de fevereiro de 1990.

GADELHA, Simone. MPM rasga a fantasia e dá um salto para o futuro. *Meio & Mensagem*, 28 de maio de 1990, pág. 12.

PICILLO, Giovanna. MPM muda estrutura e passa a atuar em grupos de trabalho. *Gazeta Mercantil*, 25 de maio de 1990.

SANCHES, Sergio. Ayrton Senna lança-se no mundo dos negócios com MPM e Gouvêa. *Meio & Mensagem*, 24 de dezembro de 1990, pág. 18

Fiat abre para segunda agência: W/Brasil. *Meio & Mensagem*, 14 de janeiro de 1991.

SAYÃO, Filomena. A estratégia da MPM para continuar líder. *Gazeta Mercantil*, 2 de abril de 1991.

Capítulo 13. A venda para a Lintas

SANCHES, Sergio. MPM é vendida para a Lintas e transforma-se em multinacional. *Meio & Mensagem*, 25 de novembro de 1991, pág. 11.

MOURA, Luiz. Raul Pinto troca MPMLintas pela Setembro e leva conta da Parmalat. *Meio & Mensagem*, 13 de janeiro de 1992, pág. 8

FARIA, Lucia. Fusões e incorporações contribuem para o aumento das demissões. *Meio & Mensagem*, 31 de agosto de 1992, pág. 11.

DAMANTE, Nara. Euler deixa MPMLintas Rio e agência altera estrutura. *Meio & Mensagem*, 7 de setembro de 1992, pág. 9

BORGNETH, Sergio. Por que Ivan Pinto foi afastado. *Meio & Mensagem*, 9 de agosto de 1993, pág. 3.

MOURA, Luiz. Desempenho negativo provoca saída de Ivan Pinto do comando da MPMLintas. *Meio & Mensagem*, 9 de agosto de 1993, pág. 10.

AUGUSTO, Regina. DDB NedhamWorldwide torna-se sócia majoritária da DM9. *Meio & Mensagem*, 16 de junho de 1997.

Quais foram as 150 maiores agências em 1991.*Meio & Mensagem*,Agências & Anunciantes,25 de maio de 1992.

As 20 maiores agências de propaganda do País.*Meio & Mensagem,* Agências & Anunciantes, 14 de junho de 1993, pág. 20.

Movimentação de contas foi grande entre as 30 maiores agências do ano passado. *Meio & Mensagem,* Agências & Anunciantes, 27 de junho de 1994, pág. 24.

As 20 maiores de 1994. *Meio & Mensagem,* Agências & Anunciantes, 3 de julho de 1995, pág. 24.

McCann é a primeira de novo e 2º primeiras crescem mais. *Meio & Mensagem,* Agências & Anunciantes, 8 de julho de 1996, pág. 44.

FUKUSHIMA, Francisco. MPMLintas pode mudar de nome. *Meio & Mensagem*, 15 de janeiro de 1996, pág. 6.

Capítulo 14. A vida depois da aposentadoria

Banqueiro atropelado, *IstoÉ Dinheiro*, 7 de junho de 2000.

SCOFIELD Jr., Gilberto. FH chama Macedo para comunicação do governo, *O Globo*, 7 de outubro de 2001.

Cresce influência de Nizan sobre governo e FHC, *Folha de S. Paulo*, 4 de novembro de 2001.

Publicitário desiste de Secretaria de Governo, *Folha de S. Paulo*, 8 de novembro de 2001.

OCTÁVIO, Garibaldi. "Um retiro no extremo sul do Brasil". Relatório da *Gazeta Mercantil*, 10 de junho de 1986, página 12

Capítulo 15. O modelo bem-sucedido do Conar faz escola

MESQUITA, Iracema. Comissão obrigatória não ultrapassa 2010. *Meio & Mensagem*, 26 de fevereiro de 1996, pág. 14 e 15.

MESQUITA, Iracema. Mudança na propaganda é inevitável. *Meio & Mensagem*, 25 de novembro de 1996, pág. 22.

AUGUSTO, Regina. Governo derruba Lei 4.680 e mercado ajusta-se à desregulamentação do setor. *Meio & Mensagem*, 30 de junho de 1997, pág. 23.

LEMOS, Alexandre Zaghi. Petrônio Corrêa: fugindo do risco de se tornar ditador. *Meio & Mensagem*, 3 de dezembro de 2009, pág. 22.

Capítulo 16. IAP: uma contribuição para a posteridade

Carlos Átila: "não tenho controle sobre as verbas do governo". *Meio & Mensagem*, 2ª quinzena de agosto de 1982, pág.14.

Procuradoria apoia Folha contra União. *Folha de S. Paulo*, 27 de setembro de 2011.

Capítulo 17. Um legado incontestável

SAMBRANA, Carlos. A MPM está de vota. *IstoÉ Dinheiro*, 13 de agosto de 2003.

RIBEIRO, Marili. Agências Loducca e MPM anunciam união das operações. *O Estado de S. Paulo*, 7 de dezembro de 2009.

GALBRAITH, Robert. MPM sem Bia Aydar. *Meio & Mensagem*, 7 de dezembro de 2009, pág. 26.

GALBRAITH, Robert. Solução em casa. *Meio & Mensagem*, 14 de dezembro de 2009, pág. 34